STUDENT ACTIVITIES MANUAL

Cecilia Boggio
Università di Torino

Contributions to Video Manual

Cinzia Noble
Brigham Young University

for

PERCORSI

L'ITALIA ATTRAVERSO LA LINGUA E LA CULTURA

Second Edition

FRANCESCA ITALIANO   IRENE MARCHEGIANI

Prentice Hall

Boston   Columbus   Indianapolis
New York   San Francisco   Upper Saddle River
Amsterdam   Cape Town   Dubai   London
Madrid   Milan   Munich   Paris   Montréal   Toronto
Delhi   Mexico City   São Paulo   Sydney
Hong Kong   Seoul   Singapore   Taipei   Tokyo

Executive Editor: *Rachel McCoy*
Editorial Assistant: *Noha Amer*
Executive Marketing Manager: *Kris Ellis-Levy*
Marketing Coordinator: *Bill Bliss*
Development Editor for Assessment: *Melissa Marolla Brown*
Senior Managing Editor for Product Development: *Mary Rottino*
Associate Managing Editor (Production): *Janice Stangel*
Senior Production Project Manager: *Nancy Stevenson*
Media/Supplements Editor: *Meriel Martínez*
Executive Editor, MyLanguageLabs: *Bob Hemmer*
Senior Media Editor: *Samantha Alducin*

Senior Manufacturing & Operations Manager, Arts & Sciences:
  Nick Sklitsis
Operations Specialist: *Cathleen Petersen/Brian Mackey*
Full-Service Project Management: *Francesca Monaco,*
  Emilcomp/Preparé, Inc.
Composition: *Emilcomp/Preparé, Inc.*
Printer/Binder: *Edwards Brothers Malloy*
Cover Printer: *Edwards Brothers Malloy*
Cover Photo Credit: *Gail Dohrmann/Mira.com*
Publisher: *Phil Miller*

This book was set in *11/14 Sabon.*

Prentice Hall
is an imprint of

www.pearsonhighered.com

10 9 8 7 6 5 4 3
ISBN-10: 0-205-79608-7
ISBN-13: 978-0-205-79608-3

CONTENTS

Nome: Morgan Powers   **Data:** _____

Preliminare

Tanto per cominciare

PERCORSO 1

Italian Pronunciation and Spelling: The Italian Alphabet

 0P.01 L'alfabeto. Listen to each letter of the Italian alphabet. Then give your pronunciation of each letter orally. Finally, listen to the audio again to compare your pronunciation with that of the native speaker.

a / b / c / d / e / f / g / h / i / l / m / n / o / p / q / r / s / t / u / v / z

0P.02 Le lettere straniere. Write the five letters of the Italian alphabet that only appear in foreign words.

1. J
2. K
3. W
4. X
5. Y

 0P.03 Le lettere dell'alfabeto. Listen to the sounds of the following letters and write down each letter you hear.

1. l
2. h
3. z
4. d
5. c
6. t
7. n
8. v
9. p
10. m
11. i
12. e

Le vocali *(Textbook, p. 3)*

 0P.04 **Ascolta e ripeti: le vocali.** Listen to the English and Italian vowel sounds. Then give your pronunciation of each Italian word orally. Finally, listen to the audio again to compare your pronunciation with that of the native speaker.

	English	**Italian**
a	f<u>a</u>ther	m<u>a</u>le
e	d<u>ay</u>	s<u>e</u>ra
e	p<u>e</u>t	s<u>ei</u>
i	mach<u>i</u>ne	l<u>i</u>bro
o	c<u>o</u>ld	n<u>o</u>me
o	s<u>o</u>ft	n<u>o</u>ve
u	r<u>u</u>le	l<u>u</u>nedì

Le consonanti *(Textbook, p. 4)*

 0P.05 **Ascolta e ripeti: le consonanti *b, f, m, n* e *v*.** Listen to the pronunciation of the consonants *b, f, m, n,* and *v*, which are pronounced the same as in English, except that in Italian they are articulated more clearly. Then give your pronunciation of each Italian word orally. Finally, listen to the audio again to compare your pronunciation with that of the native speaker.

	English	**Italian**
b	<u>b</u>at	<u>b</u>atto
f	<u>f</u>able	<u>f</u>avola
m	<u>m</u>ad	<u>m</u>atto
n	<u>n</u>ephew	<u>n</u>ipote
v	<u>v</u>eil	<u>v</u>elo

 0P.06 **Ascolta e ripeti: le consonanti *c* e *g*.** Listen to the pronunciation of these consonants, which can have a soft or hard sound, depending on the letter that follows them. Then give your pronunciation of each group of words orally. Finally, listen to the audio again to compare your pronunciation with that of the native speaker.

c	<u>c</u>ena	<u>c</u>inese	pia<u>c</u>ere
c	<u>c</u>alendario	<u>c</u>ome	a<u>c</u>uto
ch	<u>ch</u>e	<u>ch</u>i	Mi<u>ch</u>elangelo
g	<u>g</u>elato	<u>g</u>iorno	og<u>g</u>i
g	<u>g</u>atto	a<u>g</u>osto	au<u>g</u>uri
gh	<u>gh</u>etto	luo<u>gh</u>i	spa<u>gh</u>etti

0P.07 Ascolta e ripeti: le consonanti *d* e *t*. Listen to the following pairs of words and compare the sound of the consonants *d* and *t*. They are almost identical to the English pronunciation, except that the tongue is closer to the upper teeth, and unlike English, *t* is never aspirated. Then give your pronunciation of the Italian words orally (first the ones that begin with *d*, then the ones that begin with *t*). Finally, listen to the audio again to compare your pronunciation with that of the native speaker.

	English	**Italian**
d	debt	debito
	dictator	dittatore
t	telephone	telefono
	too	tu

 0P.08 Ascolta e ripeti: *gli* e *gn*. Listen to the sound of these Italian consonant combinations. Then give your pronunciation of the words orally (first the ones that contain *gli*, then the ones that contain *gn*). Finally, listen to the audio again to compare your pronunciation with that of the native speaker.

gli	luglio
	foglio
	famiglia
gn	cognome
	compagna
	lasagne

 0P.09 Ascolta e ripeti: la consonante *h*. Listen to the following words that begin with the consonant *h*, which is always silent at the beginning of a word. Then give your pronunciation of the words orally. Finally, listen to the audio again to compare your pronunciation with that of the native speaker.

h	ho
	hai
	hanno
	hotel

 0P.10 Ascolta e ripeti: la consonante *l*. Listen to the following pairs of words, paying attention to the pronunciation of the consonant *l*, which is similar to English, but is pronounced with the tongue closer to the upper teeth. Then give your pronunciation of the Italian words orally. Finally, listen to the audio again to compare your pronunciation with that of the native speaker.

	English	**Italian**
l	letter	lettera
	lesson	lezione
	telephone	telefono

OP.11 Ascolta e ripeti: la consonante p. Listen to the following pairs of words, paying attention to the pronunciation of the *p*, which in Italian, unlike in English, is never aspirated. Then give your pronunciation of the Italian words orally. Finally, listen to the audio again to compare your pronunciation with that of the native speaker.

	English	Italian
p	Peter	Pietro
	personal	personale
	present	presente

 OP.12 Ascolta e ripeti: qu. Listen to the sound of the Italian *qu* in each word. Then give your pronunciation of the words orally. Finally, listen to the audio again to compare your pronunciation with that of the native speaker.

	English	Italian
qu	qua	qua
	question	questione
	quota	quota

 OP.13 Ascolta e ripeti: la consonante r. Listen to the following pairs of words, paying close attention to the sound of the *r*, which in Italian is trilled. To pronounce it, the tip of the tongue is flapped on the ridge behind the upper teeth. Then give your pronunciation of the Italian words orally. Finally, listen to the audio again to compare your pronunciation with that of the native speaker.

	English	Italian
r	Rome	Roma
	rose	rosa
	rare	raro

 OP.14 Ascolta e ripeti: la consonante s. Listen to the sound of the consonant *s*, which is pronounced like the English *z*, *s*, or *sh* depending on the letters that follow and precede it. Then give your pronunciation of the words orally, in groups according to the sound (*z, s,* or *sh*). Finally, listen to the audio again to compare your pronunciation with that of the native speaker.

s	frase
	casa
	Pisa
	Lisa
	stadio
sc	scuola
	nascita

Le consonanti doppie *(Textbook, p. 4)*

🔊 **OP.15 Ascolta e ripeti: le consonanti doppie.** Listen to the following pairs of words, paying attention to the pronunciation of double consonants, which are longer and more forceful than a single consonant. Notice how the vowel that precedes a double consonant becomes shorter. Then give your pronunciation of the words orally, in pairs. Finally, listen to the audio again to compare your pronunciation with that of the native speaker.

ca<u>m</u>ino	ca<u>mm</u>ino
spe<u>s</u>o	spe<u>ss</u>o
so<u>n</u>o	so<u>nn</u>o
pe<u>n</u>a	pe<u>nn</u>a
tu<u>t</u>a	tu<u>tt</u>a

🔊 **OP.16 Come si scrive?** You will hear six full names spelled out. Write them down on the lines provided.

1. <u>Giuseppe Berto</u>
2. <u>Sara Vecchiato</u>
3. <u>Raffaella Camera</u>
4. <u>Cristina Tedesco</u>
5. <u>Angela Borgese</u>
6. <u>Lucio Stefanini</u>

🔊 **OP.17 Come si chiamano?** You will hear the last names of four famous people spelled out in Italian. Write them on the lines below.

1. Irene   <u>Grandi</u> (cantante)
2. Sergio   <u>Marchionne</u> (manager, Fiat CEO)
3. Vasco   <u>Rossi</u> (cantante)
4. Raoul   <u>Bova</u> (attore)

🔊 **OP.18 I nomi italiani.** Now listen to the names you wrote in activity OP.17 and give your own pronunciation of the names orally. Then listen to the speaker again to compare your pronunciation with that of the native speaker.

1. …
2. …
3. …
4. …

🔊 **OP.19 Dettato.** You will hear pairs of words dictated twice. Listen and write the words you hear on the lines provided.

1. _____ / _____

2. _____ / _____

3. _____ / _____

4. _____ / _____

5. _____ / _____

6. _____ / _____

PERCORSO II

Useful Expressions for Keeping a Conversation Going

OP.20 Espressioni utili in classe. Match each Italian phrase with its English equivalent.

1. Studiate a casa. _____

2. Leggete la risposta. _____

3. Capite? _____

4. Prendete un foglio di carta. _____

5. Ripetete la frase. _____

6. Aprite il libro a pagina 8. _____

a. *Read the answer.*

b. *Repeat the sentence.*

c. *Study at home.*

d. *Open your books to page 8.*

e. *Get a piece of paper.*

f. *Do you understand?*

OP.21 Ascoltate l'insegnante! Look at the following pictures of a teacher giving several commands to her students. Match each drawing with the command that it illustrates.

1. _____

2. _____

3. _____

4. _____

5. _____

a. Ascolta!

b. Apri il libro!

c. Leggi!

d. Chiudi il libro!

e. Scrivi!

OP.22 Come si dice? What would you say in these situations? Respond in Italian, using the correct expression.

1. You don't know how to spell *Umbria*.

   _____

2. You didn't hear what your classmates said.

   _____

3. You don't know what *capoluogo* means.

   _____

4. You don't know how to pronounce *Perugia*.

   _____

5. You don't know how to say *island* in Italian.

   _____

6. You don't understand what your teacher explained.

   _____

OP.23 Che cosa vuol dire? What do the following words mean? Write the English word next to each cognate.

1. navigare _____
2. manuale _____
3. edizione _____
4. esperto _____
5. numero _____
6. psicologia _____
7. geometria _____
8. telefono _____
9. necessario _____
10. idea _____
11. intelligente _____
12. cinema _____

OP.24 Che cosa vogliono dire? Can you figure out what these services available at an Italian airport mean? On the line next to each Italian word, write the English word that you think it means, using your knowledge of cognates.

1. Informazioni _____

2. Banca _____

3. Controllo passaporto _____

4. Controllo di sicurezza _____

5. Ufficio postale _____

6. Toilette uomo/donna _____

7. Rampa accesso per disabili _____

8. Ristorante _____

Attraverso la penisola italiana *(Textbook, p. 8)*

OP.25 La geografia dell'Italia. Answer the following questions about Italy based on the information in **Capitolo preliminare** of your textbook.

1. Which are the two major islands of Italy?

   _____

2. Which king united the various states of the peninsula and the islands of Sicily and Sardinia?

   _____

3. In what year did the unification become final?

   _____

4. What is it that makes the Italian peninsula distinctive and fascinating?

   _____

OP.26 Come si pronunciano? Listen to the names of the following Italian regions and cities. Then give your pronunciation orally. Finally, listen to the audio again to compare your pronunciation with that of the native speaker.

Regioni	Città
Valle d'Aosta	Aosta
Piemonte	Torino
Trentino	Trento
Liguria	Genova
Sardegna	Sassari
Abruzzo	Pescara
Lazio	Roma
Campania	Napoli
Puglia	Bari
Sicilia	Palermo

OP.27 Sai la regione d'origine? Using the map of Italy provided, write the names of the following famous Italian-American personalities.

"Ecco alcuni Yankee d'Italia"

FRIULI-VENEZIA GIULIA
Roy Jacuzzi (inventore)

LOMBARDIA
Lawrence Ferlinghetti (poeta)
Joe Venuti (musicista)
Andrew Viterbi (ingegnere)

EMILIA-ROMAGNA
Peter Kolosimo (scrittore)

ABRUZZO
Perry Como (cantante)
Pascal D'Angelo (scrittore)
Joseph La Palombara (politologo)
Madonna (cantante)
Henry Mancini (musicista)
Rocky Marciano (pugile)

LIGURIA
Amadeo Giannini (banchiere)

MOLISE
Robert De Niro (attore)
Dean Martin (cantante)

SARDEGNA
Franco Columbu (culturista)

BASILICATA
Francis Ford Coppola (regista)
Nicolas Cage (attore)

PUGLIA
Brian De Palma (regista)
Sylvester Stallone (attore)
John Turturro (regista)
Rodolfo Valentino (attore)

SICILIA
Frank Capra (regista)
Chick Corea (musicista)
Joe Di Maggio (sportivo)
Bon Jovi (musicista)
Jake La Motta (pugile)
Al Pacino (attore)
Antonino Scalia (giudice)
Martin Scorsese (regista)
Frank Sinatra (cantante)
Frank Zappa (musicista)

CAMPANIA
Mario Cuomo (politico)
Geraldine Ferraro (politico)
Jay Leno (conduttore TV)
Mario Puzo (scrittore)
Bruce Springsteen (musicista)

CALABRIA
Danny DeVito (attore)
Connie Francis (cantante)
Leon Panetta (politico)
George Pataki (politico)

1. An actor from Puglia: _____

2. A famous singer from Abruzzo: _____

3. A politician from Campania: _____

4. An actor from Calabria: _____

5. A singer from Molise: _____

6. A sports star from Sicily: _____

Come va, ragazzi?

PERCORSO 1

Ciao, sono...

VOCABOLARIO

Buongiorno! Come ti chiami? *(Textbook, pp. 11–14)*

01.01 Cosa rispondi? How do you respond to the following questions and statements? Select the most appropriate response to each question or exchange.

1. Buongiorno, come va?
   - a. A domani.
   - **b. Bene, grazie.** *(circled)*
   - c. E tu?
2. Ciao, a domani.
   - a. Piacere. Mi chiamo Ugo.
   - b. Buongiorno.
   - **c. Ciao!** *(circled)*
3. Ti presento Carlo.
   - a. Ciao.
   - **b. Piacere. Mi chiamo Sandro.** *(circled)*
   - c. Arrivederci.
4. Buonanotte. Ci vediamo domani.
   - **a. Sì, a domani.** *(circled)*
   - b. Buongiorno.
   - c. Ti presento Claudia.

01.02 Incontri. At a back-to-school party people are greeting each other. Complete the following dialogues with the correct word or phrase from the word bank.

ti presento	~~Molto bene~~	~~Mi chiamo~~	come si chiama
~~Come ti chiami~~	Le presento	~~Come sta~~	

A. LUIGI: (1) *Come ti chiami*?
   PAOLO: Mi chiamo Paolo, e tu?
   LUIGI: Luigi. Come stai?
   PAOLO: (2) *molto bene*, grazie. E tu?
B. RENATA: Giovanni, (3) *ti presento* Rita.
   GIOVANNI: Piacere.
C. DOTTOR PASTORE: Buonasera, professoressa. (4) *Come sta*?
   PROFESSORESSA LODI: Benissimo, grazie. Dottor Pastore, (5) *Le presento* il professor Agresti.
   DOTTOR PASTORE: Piacere, professore. Scusi, (6) *Come si chiama*?
   PROFESSOR AGRESTI: (7) *Mi chiamo* Antonio Agresti.

01.03 Saluti e presentazioni. The new semester is beginning, and people are introducing each other. You will hear six different greetings. Select the most appropriate response to each greeting.

1. _____
2. _____
3. _____
4. _____
5. _____
6. _____

a. Piacere, Luca.
b. A domani!
c. Abbastanza bene, grazie.
d. Si chiama Fabio.
e. Io mi chiamo Sofia.
f. Piacere.

 01.04 Come si salutano? Listen to the following dialogues. Then select the letter of the dialogue that corresponds to each drawing.

1.

a.   b.   c.

2.

a.   b.   c.

3.

a.   b.   c.

GRAMMATICA

I pronomi soggetto *(Textbook, p. 15)*

01.05 Chi è? Indicate whether each of the following personal pronouns are **singolare** or **plurale** and **maschile** or **femminile**. More than one answer will apply for each.

1. io:	(singolare)	plurale	(maschile)	(femminile)
2. tu:	(singolare)	plurale	(maschile)	(femminile)
3. lei:	singolare	plurale	maschile	(femminile)
4. lui:	(singolare)	plurale	(maschile)	femminile
5. Lei:	(singolare)	plurale	maschile	femminile
6. noi:	singolare	(plurale)	maschile	femminile
7. voi:	singolare	(plurale)	maschile	femminile
8. loro;	singolare	(plurale)	maschile	femminile
9. Loro:	singolare	(plurale)	maschile	femminile

01.06 Che pronome usi? Fill in the blanks with the pronouns you would use in the following social situations.

A. You are talking <u>about</u> the following people:

1. il signor Lippi _____
2. la signora Tonello _____
3. Carla e Giulia _____
4. Fabio e Damiano _____
5. tu (*yourself*) _____
6. tu e Sandra _____

B. You are talking <u>with</u> the following people:

7. il professore d'italiano _____
8. il dottor Rossi e la dottoressa Vigna _____
9. un amico _____
10. la signora Bonino _____
11. Gianni e Roberto _____
12. una bambina _____

01.07 Tu o Lei? Complete the following brief dialogues with **tu** or **Lei** as appropriate.

1. LUISA: Ciao, Pietro. Come stai?
   PIETRO: Bene, grazie, e _____tu_____?

2. SIGNOR LENTINI: Buongiorno, signora. Come va?
   SIGNORA ANTONACCI: Non c'è male. E _____Lei_____, signor Lentini?

3. ANDREA: Mi chiamo Andrea. E _____tu_____, come ti chiami?
   SILVIA: Mi chiamo Silvia.

4. SIGNORA MILANI: Buonasera, dottor Guarnero. Come sta?
   DOTTOR GUARNERO: Bene, grazie, e _____Lei_____?

🔊 **01.08 Formale o informale?** You will hear four different dialogues that take place at a party. Indicate whether each dialogue is **formale** or **informale**.

1. formale   informale
2. formale   informale
3. formale   informale
4. formale   informale

Il presente di *stare* *(Textbook, pp. 16–18)*

01.09 Come stanno? Complete the following sentences with the correct form of the verb **stare**.

1. Giulio, come _____stai_____?
2. Paolo e Giovanni, come _____state_____?
3. Signori Rossi, come _____stanno_____?
4. Signora Gilardini, come _____sta_____?
5. Noi _____stiamo_____ bene.
6. Come _____state_____, Patrizia e Licia?

01.10 Un incontro ai giardini. Dr. Benedetti sees Mr. Amarante and his children, Clara and Matteo, at the park and asks how they are. Complete their conversation with the correct forms of **stare**.

DOTTOR BENEDETTI: Buongiorno. Come (1) _____state_____ (voi)?

CLARA E MATTEO: Noi (2) _____stiamo_____ molto bene, grazie.

DOTTOR BENEDETTI: E Lei, signor Amarante?

SIGNOR AMARANTE: Io (3) _____sto_____ abbastanza bene ma mia moglie (*my wife*) (4) _____sta_____ male. Ha una brutta influenza.

DOTTOR BENEDETTI: Ah…

SIGNOR AMARANTE: E Lei, dottore, come (5) _____sta_____?

DOTTOR BENEDETTI: Non c'è male, grazie. Arrivederci.

SIGNOR AMARANTE, CLARA E MATTEO: Arrivederci, dottor Benedetti!

🔊 **01.11 Chi parla?** Listen to the following statements. For each one, write the missing subject pronoun.

1. _____
2. _____
3. _____
4. _____
5. _____
6. _____

01.12 Come va? A group of friends is talking about each other's health. Complete each sentence with the correct form of **stare**.

1. Oggi io e Giulia non _____stiamo_____ molto bene.
2. Io _____sto_____ così così.
3. Voi come _____state_____ stasera?
4. Luisa _____sta_____ male.
5. Noi _____stiamo_____ benissimo!
6. E tu, come _____stai_____?

PERCORSO II

Le date, i giorni e i mesi

VOCABOLARIO

Che giorno è oggi? Qual è la data di oggi? *(Textbook, pp. 19–20)*

01.13 Date importanti da ricordare. Write the dates of the following holidays in Italian. Be sure to follow the model closely as you give your answer.

ESEMPIO: il Natale (*Christmas*)   *il 25 dicembre*

1. Il giorno dell'indipendenza americana   _____

2. Capodanno (*New Year's Eve*)   _____

3. San Valentino   _____

4. *Halloween*   _____

01.14 Trova i giorni della settimana. Complete the following crossword puzzle by writing the seven days of the week in the appropriate boxes.

01.15 Le feste italiane. Listen to the dates of five different Italian holidays and write them on the lines provided.

1. la festa della Donna   _____

2. la festa del Papà   _____

3. la festa della Liberazione   _____

4. la festa della Repubblica   _____

5. Ferragosto   _____

I numeri da 0 a 100 *(Textbook, pp. 21–22)*

01.16 Che numero è? Fill in the missing vowels in the words you see.

1. TRĒNTĀSĒI
2. DĪCĪOTTŪ
3. SĒDĪCĪ
4. VENTĪNŪVE

5. DĪCĪĀSSETTĒ
6. QŪINDĪCĪ
7. CĒNTŪ
8. QŪĀTTRŪ

01.17 I numeri. You will hear ten numbers. Write them, using numerals.

1. 0
2. 5
3. 14
4. 26
5. 37

6. 40
7. 66
8. 78
9. 80
10. 99

01.18 Quanto fa? Write out the answers to the following math operations in words, as in the model.

ESEMPIO: uno + quattro = *cinque*

1. venti + diciotto = _____
2. quaranta − dodici = _____
3. sessanta + ventidue = _____
4. ottanta − nove = _____
5. otto × sette = _____
6. settantanove + undici = _____

01.19 La serie di Fibonacci. You will first hear the multiplication table of 2 and then the first thirteen numbers of the famous Fibonacci number sequence. As you listen, write the missing numbers.

1. due, quattro, _____, otto, _____, dodici, _____, sedici, _____, venti

2. zero, uno, _____, due, _____, cinque, _____, tredici, _____, trentaquattro, _____, ottantanove, centoquarantaquattro

PERCORSO III

Informazioni personali

VOCABOLARIO

Di dove sei? Qual è il tuo numero di telefono? *(Textbook, pp. 23–27)*

01.20 Qual è la nazionalità? On Facebook, Paolo has friends from all over the world. For each of the people below, give the correct nationality.

1. Emma abita negli Stati Uniti.   Lei è _Americana_ .
2. Enrique abita in Messico.   Lui è _Messicano_ .
3. Han abita in Corea.   Lui è _coreano_ .
4. Heather abita in Canada.   Lei è _canadese_ .
5. Vicente abita in Argentina.   Lui è _argentino_ .
6. Pierre abita in Francia.   Lui è _Francese_ .
7. Dieter abita in Germania.   Lui è _tedesco_ .
8. Alba abita in Brasile.   Lei è _brasiliana_ .
9. Zoe abita in Australia.   Lei è _Australiana_ .
10. Wang abita in Cina.   Lui è _cinese_ .

01.21 La rubrica. Your address book was ruined in the rain and you are having difficulty reading the information. You call a friend who gives you all the information again. Listen to what he says and fill in the missing items.

A.

1. Nome: _____

2. Cognome: _____

3. Indirizzo: via Faenza, 78, _____

4. Numero di telefono: 055/_____

B.

5. Nome: _____

6. Cognome: _____

7. Indirizzo: Piazza del Popolo, 12, _____

8. Numero di telefono: 06/_____

C.

9. Nome: _____

10. Cognome: _____

11. Indirizzo: via Massaia, 42, _____

12. Numero di telefono: 081/_____

01.22 La nazionalità. Professor Cortese has a very international group of people at his department luncheon. Select the nationality of each of the following people.

1. Il signor Vasilakis è di Atene. È…
   a. greca.
   b. greco.
   c. turco.
   d. turca.

2. Ian Ritchie è di Sidney. È…
   a. americano.
   b. australiana.
   c. inglese.
   d. australiano.

3. La signora Yamaguchi è di Tokio. È…
   a. giapponese.
   b. cinese.
   c. coreano.
   d. coreana.

4. Il dottor Lear è di Londra. È…
   a. americano.
   b. americana.
   c. inglese.
   d. irlandese.

5. Il professor Ruiz è di Madrid. È…
   a. messicana.
   b. argentina.
   c. brasiliano.
   d. spagnolo.

6. La professoressa Hansen è di Berlino. È…
   a. tedesco.
   b. tedesca.
   c. russa.
   d. francese.

01.23 Di dove sono? You will hear several people talking about themselves and their families and friends. Select the correct nationality of each person.

1. Io: italiana   americana
   Mio padre: australiano   americano
   Mia madre: francese   irlandese

2. Paul: inglese   francese
   Suo padre: libanese   russo

3. Io: cinese   francese
   La mia amica: tedesca   giapponese

4. Michel: francese   inglese

5. Raúl: spagnolo   messicano

6. Io: coreana   argentina
   Jutta: tedesca   brasiliana

01.24 Italiani famosi. Listen to the following statements about four famous Italian designers and complete each line with the missing information.

Nome	Cognome	Luogo di nascita	Data di nascita
1. Valentino	_____	Voghera	11 maggio 19___
2. _____	Armani	_____	___ luglio 1934
3. _____	Versace	Reggio Calabria	2 _____ 1955
4. _____	Dolce	Polizzi Generosa	___ agosto 1958
5. _____	Gabbana	_____	14 novembre 19___

GRAMMATICA

Il presente di *essere*   *(Textbook, pp. 27–30)*

01.25 *Essere o non essere?* Read the following dialogues and select all the forms of the verb **essere** in each.

1.

1. Mi chiamo Franco. Piacere.
2. Piacere. (Sono) Steve.
3. Di dove (sei)?
4. (Sono) di Toronto.
5. Ah! (Sei) canadese. Anche i miei amici Paula e Tim (sono) canadesi.

2.

6. Jorge e Juana, (siete) i nuovi studenti, vero?
7. Sì, professore.
8. Di dove (siete)?
9. (Siamo) messicani. E Lei professore, di (dov'è)?
10. (Sono) americano, ma la mia famiglia (è) italiana.

01.26 I Paesi e le città d'origine. Some students and professors are talking about their nationalities and countries of origin. Complete the following sentences with the correct forms of the verb **essere**.

1. Io _____Sono_____ di Firenze.
2. Giuliano _____è_____ di Siena.
3. Io e Carlo _____siamo_____ italiani.
4. Di dove _____sono_____ Rosalba e Mariella?
5. Lui _____è_____ greco.
6. Tu e John _____siete_____ americani?
7. Gina, di dove _____sei_____ tu?
8. Professore, Lei _____è_____ italiano?
9. Io? _____sono_____ francese.
10. Noi _____siamo_____ tedeschi; loro _____sono_____ messicani.

01.27 Chi sono? You will hear a series of statements using the verb **essere**. For each one, give the correct subject pronoun.

1. _____
2. _____
3. _____
4. _____
5. _____
6. _____

01.28 Presentazioni tra studenti. Listen to the following conversation. For each set of statements, write the form(s) of the verb **essere** that is (are) used.

1. _____

2. _____   _____

3. _____

4. _____

5. _____

6. _____

7. _____

 01.29 Qual è la risposta corretta? You will hear a series of questions. For each one, select the most appropriate response.

1. _____   **a.** Corso Marconi, 18.

2. _____   **b.** No, non sono sposata.

3. _____   **c.** La mia email è marisa.speziale@libero.it.

4. _____   **d.** A Genova.

5. _____   **e.** Sono nata a Perugia.

6. _____   **f.** 02/53 24 687

 01.30 Conosciamo meglio Tommaso. Tommaso, a new Italian student, introduces himself to the class. Select the correct response to each question you hear.

1. **a.** Sono studente.
   b. Sono di Milano.
   c. Siamo di Milano.

2. **a.** Sono nato a Los Angeles.
   b. Sei nato a Roma.
   c. Ho diciotto anni.

3. **a.** Ho diciannove anni.
   b. Sì.
   c. A Napoli.

4. **a.** Il suo indirizzo è via delle Quattro Fontane, 38.
   b. Il mio indirizzo è via delle Quattro Fontane, 38.
   c. Il tuo indirizzo è via delle Quattro Fontane, 38.

In pratica

PARLIAMO

01.31 Conosciamoci meglio. You are meeting Ilaria, an Italian exchange student, for the first time. Greet her, give your name, and say how you are doing today. Then ask her name and how she is doing.

 01.32 I tuoi dati personali. You are at the job placement office applying for an on-campus job. The front desk assistant asks you some questions to be able to fill out the application form. Listen to each of her questions and answer them aloud.

LEGGIAMO

01.33 Prima di leggere. Look at the following ad and examine its design as well as the capitalized words. Try to understand the main idea of the ad, and then select the statement that best describes it.

Offriamo corsi di lingua italiana a tutti i livelli in immersione totale.

Affinché un programma d'insegnamento di lingua abbia successo, dovete vivere la lingua. Dovete vivere e fare esperienza nel Paese in cui la lingua è parlata. Per questo motivo, oltre ad organizzare attività culturali, escursioni, gite in montagna e al mare e attività di socializzazione con studenti madrelingua, offriamo soggiorni in famiglie italiane selezionate per una esperienza completa, un rapido progresso e un'immersione totale nello stile di vita italiano.

Scopri Firenze, Roma o Torino e impara l'italiano!

Come? È molto facile:
1. Completa il modulo d'iscrizione allegato a questo volantino e spediscilo al seguente indirizzo: Casella Postale 1313, 20100 Milano.
2. Chiama il numero gratuito 800–77 79 799 (puoi ottenere informazioni sia in inglese che in italiano).

IL NOSTRO METODO GARANTISCE OTTIMI RISULTATI E... DIVERTIMENTO ASSICURATO. CHE COSA ASPETTI? TELEFONACI SUBITO!

Nome e cognome: _____

Indirizzo: _____ C.A.P. _____

Numero di telefono: _____

Numero di fax: _____

Email: _____

In quale città vuoi studiare?

_____ Firenze _____ Roma _____ Torino

1. The ad offers Italian language courses in major American cities.
2. The ad offers a unique opportunity to learn Italian in one of the major cities.
3. The ad offers a trip to Milan.
4. The ad offers cheap hotel rates in Torino, Rome, or Florence.

01.34 Mentre leggi. Now read the ad in activity **01.33** again and make a list of all the words or expressions that you understand.

_____

_____

_____

_____

01.35 Dopo la lettura. After reading the ad in activity **01.33**, indicate whether each statement below is **vero** (*true*) or **falso** (*false*).

1. You can learn Italian in any city you want in Italy.	Vero	Falso
2. The ad suggests that the only way to truly learn Italian is by enrolling in a full-immersion language program.	Vero	Falso
3. The ad asks you not to waste time and call right away.	Vero	Falso
4. To enroll, you must do two things: fill out the form and call on the phone.	Vero	Falso

SCRIVIAMO

01.36 Prima di scrivere. Prepare a student identification card for yourself, giving the following personal information: **Nome, indirizzo, telefono, età e professione.**

_____

_____

_____

_____

_____

01.37 Scriviamo. Write a note to a classmate and give him/her information about yourself. Be sure to include your phone number and address and to obtain information about him/her as well. *Ciao! Sono…*

_____

_____

_____

_____

_____

_____

GUARDIAMO

 01.38 Prima di guardare. You will see several Italian people of various ages and interests introducing themselves in this portion of the video. In each group of expressions, select the phrase or statement of greeting.

1. a. Ciao, come ti chiami?
   b. Di dove sei?
   c. Domani è lunedì!
   d. È il primo gennaio.

2. a. Oggi è il primo dicembre.
   b. Dopodomani è mercoledì.
   c. Piacere, mi chiamo Giovanni!
   d. Hans abita a Berlino.

3. a. Silvio Berlusconi è italiano.
   b. Che cosa significa «giorno»?
   c. Che giorno è oggi?
   d. Buongiorno, signora. Sono il dottor Perilli.

4. a. Il mio compleanno è il diciassette marzo.
   b. Signor Bianchi, le presento il professor Crivelli.
   c. Non sto bene oggi.
   d. A domani!

5. a. Ho venti anni.
   b. Noriko è giapponese.
   c. Sei studente?
   d. Molto lieto/a.

 01.39 Mentre guardi. As you watch the video, listen for and write the name of the place where each person is from.

1. Fabrizio Patriarca: _____

2. Ilaria Brandini: _____

3. Tina Pelosi: _____

4. Vittorio La Monica: _____

5. Felicita Foglia: _____

01.40 Dopo aver guardato. Now take a look at the pictures of the following people from the video. What information have they given about themselves? Write it on the lines provided.

Chiara Paolilli

_____

_____

_____

Ilaria Brandini

_____

_____

_____

Plinio Perilli

_____

_____

_____

Attraverso il Piemonte

01.41 Il Piemonte. Read the following passage about the Mole Antonelliana, and then give short answers to each of the questions below.

MUSEO NAZIONALE DEL CINEMA
FONDAZIONE MARIA ADRIANA PROLO - Torino Mole Antonelliana

Tariffe ingressi

Museo		Ascensore panoramico	
Intero	€7,00	Intero	€5,00
Ridotto	€5,00	Ridotto	€3,50
(Studenti universitari fino a 26 anni, over 65, gruppi min. 15 persone)		(Studenti universitari fino a 26 anni, over 65, gruppi min. 15 persone)	
Giovani e scuole	€2,00	Gratuito	
(da 6 a 18 anni, gruppi scolastici)		(fino a 10 anni, disabili e accompagnatore)	
Gratuito			
(fino a 10 anni, disabili e accompagnatore)			

La Mole Antonelliana

La Mole Antonelliana è il monumento simbolo della città di Torino. Situata nel centro storico di Torino, prende il nome dall'architetto che la costruisce, Alessandro Antonelli. Costruita originariamente come sinagoga, è comprata nel 1878 dal Comune di Torino per farne un monumento all'unità nazionale. È alta 167,5 metri ed è l'edificio più alto d'Italia.

Dal 19 luglio 2000 la Mole Antonelliana è sede permanente del Museo Nazionale del Cinema. All'interno della Mole c'è un ascensore panoramico (*panoramic elevator*) che permette di salire fino al «tempietto» (*small temple*), un balcone dal quale si può ammirare la città di Torino e il magnifico anfiteatro delle Alpi.

1. La Mole Antonelliana è il simbolo di quale città del Piemonte?

_____

2. Come si chiama l'architetto che ha costruito la Mole Antonelliana?

_____

3. Qual è la principale caratteristica della Mole Antonelliana?

_____

4. In quale data la Mole Antonelliana è diventata la sede del Museo Nazionale del Cinema?

_____

5. Che cosa ammiriamo dal «tempietto» della Mole Antonelliana?

_____

2

Che bella la vita da studente!

PERCORSO 1

In classe

VOCABOLARIO

Cosa c'è in classe? *(Textbook, pp. 41–43)*

02.01 L'aula d'italiano. Below are some of the objects and people you can find in your Italian classroom. Complete each word you see by filling in the missing vowels.

Oggetti persone

1. B_RS_
2. G_RN_LE
3. Z__N_
4. G_MM_
5. SCHERM_
6. TELEV_S_RE

7. PR_F_SS_RE
8. C_MP_GN_
9. _M_C_
10. R_G_ZZ_
11. D_NN_
12. __MU

 02.02 L'aula della professoressa Bianchi. Listen to Professor Maria Bianchi describe her classroom. As you listen, write down the objects and people she mentions. Be sure to write them in the order in which you hear them.

1. una clasec
2. una lavagne
3. uno schermo
4. un televisore
5. un ragazzo
6. un giornale
7. una ragazza
8. una bora
9. un compagno
10. un dizionario

02.03 Tante domande! To practice Italian vocabulary, Professor Rossi asks his class questions about the things and people in their classroom. Match each question with the statement that logically answers it.

1. Chi è quel ragazzo? _f_
2. Dov'è una borsa? _g_
3. Dov'è uno schermo? _c_
4. Mi dai un giornale italiano? _d_
5. Questo è un giornale? _l_
6. Siete tutti presenti? Dov'è Sara? _b_
7. Come ti chiami? _h_
8. Che cos'è? _e_
9. Chi è quell'uomo? _i_
10. Dov'è il televisore? _a_

a. È vicino alla lavagna elettronica.
b. Non c'è. Oggi è assente.
c. Ecco uno schermo. Guardiamo un film?
d. Ecco un giornale italiano! È il *Corriere della sera* di oggi.
e. È una gomma. È la gomma di Antonio.
f. È un nuovo compagno, si chiama James.
g. Ecco una borsa, professore! È di Giulia.
h. Mi chiamo Lisa.
i. È un professore. È il professor Jones.
l. No, non è un giornale, è un dizionario.

GRAMMATICA

Il genere dei nomi *(Textbook, pp. 43–44)*

02.04 Informazioni. Complete the following short dialogues by filling in the missing noun endings.

1. Dov'è la lezione d'italiano?
   È nella classe al terzo piano.
2. C'è uno schermo in classe?
   No, ma c'è un computer.
3. Chi è la ragazza in prima fila?
   È una nuova compagna. È australiana.
4. Che cos'è?
   È il giornale di oggi.
5. Apro la porta?
   Sì, va bene.
6. Che cos'è?
   La foto della mia ragazza.
7. Chi è?
   Un amico di Luigi.
8. La madre di Gianna è molto simpatica.
   Sì, è vero. Il padre invece è molto timido.

02.05 Parole, parole, parole... Listen to the following Italian words and complete them by writing the missing letters. The last two letters of each word are given.

1. _____le
2. _____ca
3. _____ne
4. _____re
5. _____ce
6. _____ci
7. _____to
8. _____io
9. _____zo
10. _____er

02.06 Maschile o femminile? Now determine which of the words from activity 02.05 are **femminile** or **maschile** and select the correct answer.

1. giornale: maschile   femminile

2. amica: maschile   femminile

3. lezione: maschile   femminile

4. scrittore: maschile   femminile

5. attrice: maschile   femminile

6. bici: maschile   femminile

7. auto: maschile   femminile

8. orologio: · maschile   femminile

9. ragazzo: maschile   femminile

10. computer: maschile   femminile

L'articolo indeterminativo *(Textbook, pp. 44–45)*

02.07 Qual è l'articolo corretto? Complete the following short dialogues with the correct indefinite articles. Try to remember the gender of the nouns in question by looking at their endings and the words adjacent to them.

1. —Chi è Roberto Benigni?

   —Come, non lo sai? È _____ attore italiano!

   —E chi è Cecilia Bartoli?

   —Anche lei è italiana. È _____ cantante lirica.

2. —Ecco _____ autobus!

   —È il nostro?

3. —Io ho _____ zaino nuovo.

   —Io, invece, ho _____ orologio nuovo.

4. —C'è _____ studente con _____ auto molto bella.

   —Ah... io ho solo _____ bici vecchia.

02.08 Che cos'è? Look at the following drawings and write the name of each item with the correct indefinite article.

1. *una carta di geografica*

2. *una finestra*

3. *un computer*

4. *un calendario*

5. *una porta*

6. *uno zaino*

7. *una lavagna*

8. *una sedia*

9. *un orologio*

10. *un banco*

Il presente di *avere* (Textbook, pp. 45–47)

02.09 Io, tu, lei... loro. Match each subject with the correct verb phrase to form complete sentences.

1. Laura __e__
2. Tu __a__
3. Sabrina e Anna __d__
4. Io e Pietro __c__
5. Tu e Lorenzo __f__
6. Io __b__

a. hai uno zaino nuovo.

b. ho una penna rossa.

c. abbiamo l'indirizzo di Simona.

d. hanno il quaderno degli esercizi.

e. ha una calcolatrice.

f. avete il libro d'italiano.

02.10 Renato e co. Listen to Renato's statements about some of his friends and acquaintances. Then complete the sentences with the correct form of **avere** and the item that each person owns.

ESEMPIO: Matteo *ha un computer.*

1. I signori Rossi _____.
2. Io e Giulio _____.
3. Giovanni _____.
4. Loredana e Alberto _____.
5. Il professore d'italiano _____.
6. Marta _____.
7. Tu _____.
8. Io _____.

PERCORSO II

L'università

VOCABOLARIO

I palazzi, gli edifici e le strutture (Textbook, pp. 48–51)

02.11 L'intruso. Select the word or expression that does not belong in each group.

1. a. vecchio   b. basso   c. alto
2. a. bello   b. nuovo   c. brutto
3. a. grande   b. bello   c. piccolo
4. a. antico   b. brutto   c. moderno
5. a. bello   b. sotto   c. sopra
6. a. davanti a   b. dietro a   c. qui vicino
7. a. a sinistra di   b. sotto   c. a destra di
8. a. tra   b. fra   c. vicino a

02.12 Alla scoperta dell'università. Look at the map of the university buildings below and complete the sentences giving the logical location of each building.

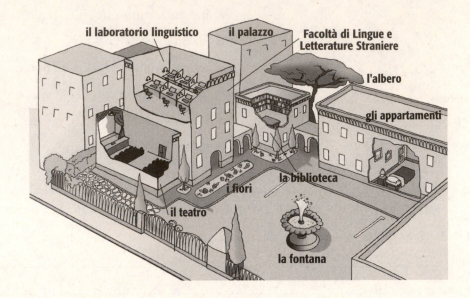

il laboratorio linguistico · il palazzo · Facoltà di Lingue e Letterature Straniere · l'albero · gli appartamenti · la biblioteca · i fiori · il teatro · la fontana

ESEMPIO: La fontana *è vicino agli appartamenti degli studenti.*

1. Il teatro _____.

2. Il laboratorio linguistico _____.

3. Gli appartamenti _____.

4. La biblioteca _____.

 02.13 Una nuova studentessa. Elena is a third-year student at the Università di Bologna. Elisa, a freshman (**una matricola**), asks her for information about the university's facilities. Listen to the conversation between Elisa and Elena and select the phrase that best completes each sentence.

1. Elena studia
   a. lingue e letterature straniere.
   b. psicologia.
   c. inglese.

2. All'Università di Bologna
   a. c'è una mensa.
   b. ci sono due mense.
   c. ci sono tre mense ma due sono lontane.

3. Al Centro Universitario Sportivo Record
   a. ci sono due piscine.
   b. non c'è una piscina.
   c. c'è una piscina.

4. La libreria CLUEB
   a. è vicino al bar.
   b. è davanti al bar.
   c. è davanti alla mensa.

5. Il numero di telefono di Elena è
   a. 340–3644552.
   b. 340–3684551.
   c. 331–3684551.

6. Elena oggi va alla mensa
   a. con Elisa.
   b. da sola.
   c. con due amiche e Elisa.

GRAMMATICA

Il plurale dei nomi *(Textbook, pp. 51–52)*

02.14 Quanti sono? Complete the following questions with the correct plural form of the nouns in parentheses.

1. Quante (penna) _____ penne _____ ci sono?
2. Quante (gomma) _____ gomme _____ ci sono?
3. Quanti (quaderno) _____ quaderni _____ ci sono?
4. Quanti (computer) _____ computer _____ ci sono?
5. Quante (sedia) _____ sedie _____ ci sono?
6. Quanti (banco) _____ banchi _____ ci sono?
7. Quanti (ragazzo) _____ ragazzi _____ ci sono?
8. Quanti (ragazza) _____ ragazze _____ ci sono?

02.15 Più di uno! In each sentence, change the noun to the plural, as in the example.

ESEMPIO: Ho un compagno. Ho molti *compagni*.

1. Ho un'amica del cuore.

   Ho due _____ amiche _____ del cuore.

2. Il giornale è sul banco.

   I _____ giornali _____ sono sui _____ banchi _____.

3. Il numero di telefono del professore è nel libro.

   I _____ numeri _____ di telefono del professore sono nei _____ libri _____.

4. La lezione d'italiano è interessante.

   Le _____ lezioni _____ d'italiano sono interessanti.

5. La biblioteca dell'università è grande.

   Le _____ biblioteche _____ delle _____ università _____ sono grandi.

6. C'è un campo da tennis, uno stadio e una piscina.

   Ci sono dieci _____ campi _____ da tennis, due _____ stadi _____

   e tre _____ piscine _____.

L'articolo determinativo *(Textbook, pp. 53–55)*

02.16 Quale articolo? For each word, select the appropriate definite article.

1. edificio
   a. il
   b. l' ⬅
   c. i

2. piscina
   a. la ⬅
   b. le
   c. il

3. giornale
   a. lo
   b. la
   c. il ⬅

4. laboratori linguistici
   a. le
   b. il
   c. i ⬅

5. zaini
   a. gli ⬅
   b. i
   c. le

6. ristoranti
   a. le
   b. gli
   c. i ⬅

7. foto
   a. gli
   b. i
   c. le ⬅

8. studente
   a. il
   b. lo ⬅
   c. le

02.17 Scegli il nome giusto. Complete each of the following sentences by filling in the blanks with the correct noun from the word bank.

studenti	classe	stadio	borse
professori	studentesse	campi	cinema

1. Federica e Gaia sono ___studentesse___.

2. Gli ___studenti___ americani sono simpatici.

3. Ecco i ___professori___ d'italiano!

4. Loro hanno due ___borse___ rosse.

5. La ___classe___ d'italiano è vicino alla biblioteca.

6. Ci sono due ___campi___ da tennis vicino al cinema.

7. Il ___cinema___ è davanti al museo.

8. Lo ___stadio___ è di fronte alla palestra.

02.18 Il campus di un'università americana. Look at the following drawings and write down the name of the each building with its correct definite article.

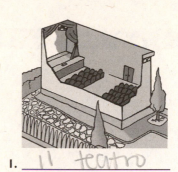

1. _Il teatro_

2. _la biblioteca_

3. _la fontana_

4. _Gli apartamenti_

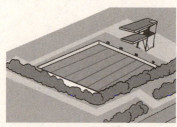

5. _la piscina_

6. _Il campo sportivo_

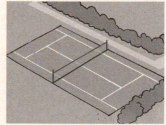

7. _Il campo da tennis_

8. _Il laboratorio linguistico_

02.19 Dove sono? Complete the sentences with the correct definite article.

1. _____Le_____ matite sono sopra _____i_____ quaderni.

2. _____Gli_____ orologi sono sotto _____i_____ libri.

3. _____I_____ giornali sono sotto _____i_____ banchi.

4. _____Il_____ professore è vicino al televisore.

5. _____I_____ ragazzi e _____le_____ ragazze sono vicino alla porta.

6. _____Gli_____ zaini sono sotto _____le_____ sedie.

7. _____Lo_____ schermo è sopra _____la_____ cattedra.

8. _____Le_____ studentesse sono davanti alle lavagne.

Le attività a scuola

VOCABOLARIO

Cosa fai ogni giorno a scuola? *(Textbook, pp. 56–58)*

02.20 Cosa fai? As a college student, you have a busy schedule. Write down the activities you usually do at each place during the given times of day.

La mattina:

1. alla mensa

   mangiare

2. in piscina

   nuotare

3. in classe

   imparare

4. in libreria

Il pomeriggio:

5. al laboratorio linguistico

   lavorare

6. al bar

   mangiare

7. in classe

   imparare

8. al campo da tennis

La sera:

9. alla mensa

   mangiare

10. in biblioteca

    comprare un libro

11. al cinema

    guardare la televisione

12. a teatro

    guardare un film

Nome: _____   Data: _____

02.21 I corsi di laurea e le materie. Depending upon your major (**corso di laurea**), you are required to take certain classes. Select the classes that each of these students might take, according to their majors. More than one answer may be correct for each student.

1. Viviana:	2. Stefano:	3. Matteo:	4. Tiziana:	5. Fabio:
Fisica	Storia	Letteratura inglese	Ingegneria	Scienze politiche
Sociologia	Sociologia	Sociologia	Sociologia	Sociologia
Letteratura Nord-americana	Letteratura Nord-americana	Letteratura Nord-americana	Letteratura Nord-americana	Letteratura Nord-americana
Chimica	Chimica	Chimica	Chimica	Chimica
Lingua inglese	Lingua inglese	Lingua inglese	Lingua inglese	Lingua inglese
Matematica	Matematica	Matematica	Matematica	Matematica
Geografia	Geografia	Geografia	Geografia	Geografia
Storia contemporanea	Storia contemporanea	Storia contemporanea	Storia contemporanea	Storia contemporanea
Economia	Economia	Economia	Economia	Economia
Informatica	Informatica	Informatica	Informatica	Informatica

 02.22 Che cosa studiano? Listen to the following students talk about the classes they are taking this semester and about their interests. Then write down their majors (**corso di laurea**) and two of their classes (**corsi**).

1. Renato Fabrizi

   Corso di laurea: _____

   Corsi: _____

2. Sabrina Semeria

   Corso di laurea: _____

   Corsi: _____

3. Roberta Biagi

   Corso di laurea: _____

   Corsi: _____

GRAMMATICA

Il presente dei verbi in -are *(Textbook, pp. 59–60)*

02.23 Gli studenti si confessano. Complete the following questions or statements with the correct form of the verbs in parentheses.

1. Io e la mia compagna d'appartamento (ascoltare) _ascoltiamo_ spesso musica classica.
2. Tu (guardare) _guardi_ volentieri la TV?
3. Anna (studiare) _studia_ poco o molto?
4. Noi non (fumare) _fumiamo_ .
5. Lei, professoressa, (giocare) _gioca_ a tennis?
6. Tu e Gianni (mangiare) _mangiate_ alla mensa tutti i giorni.
7. Il professor Riva (spiegare) _spiega_ e (insegnare) _insegna_ molto bene.
8. Io (suonare) _suono_ il pianoforte.
9. Chiara e Simona (cercare) _cercano_ sempre corsi facili!
10. Voi (parlare) _parlate_ spesso al telefono.

02.24 Studenti superimpegnati. Listen to the following sentences, paying attention to the verb forms. Then match each one with the corresponding subject pronoun.

1. _d_   a. tu
2. _c_   b. io
3. _f_   c. lei/lui
4. _b_   d. noi
5. _a_   e. voi
6. _e_   f. loro

Il presente di *fare* *(Textbook, pp. 60–62)*

02.25 Chi fa che cosa? Complete the following short dialogues with the correct forms of **fare**.

1.
   ANTONIO: Che lavoro _____ Luca?

   MARIA: Non lavora, studia. _____ ingegneria.

   ANTONIO: Anch'io _____ ingegneria.

2.
   LUCIA: Sandra e Oriana, che cosa _____ stasera?

   SANDRA E ORIANA: _____ i compiti d'italiano. E tu?

   LUCIA: Io _____ una partita a tennis.

3.
   STEFANO: Signori Gandino, che cosa _____ le vostre figlie?

   SIGNORI GANDINO: _____ le insegnanti.

Nome: _____   **Data:** _____

 02.26 La vita universitaria. Fill in the verbs as you hear them in the following passages or dialogues.

A. Claudia (1) _____Studia_____ Scienze politiche all'Università di Palermo. Molti suoi

compagni (2) _____abitano_____ vicino all'università. Claudia, però, non

(3) _____abita_____ vicino all'università.

B. La mattina io e Patrizia (1) _____facciamo_____ colazione alle 7. Poi

(2) _____studiamo_____ in biblioteca per tre ore. Alle 10 io (3) _____nuoto_____ in

piscina e Patrizia (4) _____fa_____ aerobica in palestra. A mezzogiorno

(5) _____incontriamo_____ gli amici alla mensa e (6) _____pranziamo_____ tutto insieme.

C. — Che cosa (1) _____fate_____ tu e Leonardo il pomeriggio?

— Io (2) _____faccio_____ i compiti al laboratorio di lingue e poi (3) _____gioco_____

a pallavolo. Leonardo (4) _____suona_____ il violino e poi (5) _____gioca_____ a

calcio. Alle 5 (6) _____facciamo_____ uno spuntino al bar dell'università. Io

(7) _____ordino_____ un panino e Leonardo (8) _____mangia_____ una brioche e

(9) _____fuma_____ una sigaretta. Tu (10) _____fumi_____?

— No, non (11) _____fumo_____.

In pratica

PARLIAMO

 02.27 La tua giornata a scuola. Isabella is a freshman and she's having a hard time organizing her daily activities on campus. She wants to know what your campus life is like and asks you a lot of questions. Listen to each of her questions and answer them aloud.

02.28 Dove fanno queste attività gli studenti? A friend asks you some questions to see if you remember some campus vocabulary that you studied in your Italian class. Listen to each question and answer it aloud.

02.29 Prima di leggere. Examine the following text and then choose the appropriate answer to each question.

Vuoi studiare Business o Economia all'Università di Bologna? Partecipa alle Giornate di Orientamento!

La Facoltà di Economia (*School of Economics and Business*) dell'Università di Bologna apre le porte della sua sede (*main campus*) di Bologna, venerdì 17 e sabato 18 marzo dalle ore 9 alle ore 15, alle Giornate di Orientamento per i ragazzi impegnati nella scelta dell'università. Sono in programma:

- presentazione dei corsi di laurea;
- informazioni sulle strutture dell'Università di Bologna e sugli aiuti finanziari;
- simulazione del test di ammissione;
- visite guidate e virtuali della Facoltà di Economia-Bologna.

La novità assoluta delle Giornate di Orientamento di quest'anno è la zona video con proiezioni nonstop della struttura Multicampus della Facoltà formata dalla sede di Bologna e dai Poli (*campus branches*) di Cesena, Forlì, Ravenna e Rimini. Inoltre, sabato 18 marzo alle ore 11.00, è previsto un incontro con i genitori per spiegare anche a loro tutto quello che la Facoltà di Economia offre.

Infine va ricordato che tutti possono partecipare alle Giornate di Orientamento, ma possono iscriversi effettivamente alla Facoltà di Economia solo gli studenti che passano il test di selezione. Sabato 22 aprile tutti gli interessati possono sostenere il test di selezione in una di queste città dell'Emilia-Romagna: Bologna, Cesena, Forlì, Ravenna e Rimini. I candidati sono valutati per il 50% sulla base del risultato del test di selezione e per il restante 50% sulla base del curriculum scolastico.

1. Che cos'è?

   a. una pubblicità   **b.** un articolo   **c.** una lettera   **d.** un'email

2. Su che cosa?

   a. una scuola   **b.** un hotel   **c.** un'università   **d.** un museo

3. Dov'è la sede?

   a. Milano   **b.** Bologna   **c.** Venezia   **d.** Roma

02.30 Mentre leggi. Read the passage from activity 02.29. As you read, identify the cognates (words that are similar to English) and write at least 10 of them below.

_____

_____

_____

02.31 Dopo la lettura. Read the passage from activity 02.29 again. Then indicate whether each of the following statements is **vero** (*true*) or **falso** (*false*).

1. Le Giornate di Orientamento sono tre.	Vero	Falso
2. Le Giornate di Orientamento sono giorni in cui molti ragazzi decidono che cosa studiare all'università.	Vero	Falso
3. Durante le Giornate di Orientamento i ragazzi possono visitare la sede della Facoltà.	Vero	Falso
4. I padri e le madri dei ragazzi non partecipano alle Giornate di Orientamento.	Vero	Falso
5. Non è necessario fare un test di ammissione per studiare in questa università.	Vero	Falso
6. Sabato 22 aprile c'è il test di selezione.	Vero	Falso

02.32 Prima di scrivere. Read the following letter. Then look at the list below the letter and complete it with information about your major, your classes, your campus, and the activities in which you like to engage.

> *Bologna, 15 marzo 2010*
>
> *Caro Matt,*
>
> *come stai? Quest'anno sono una matricola all'Università di Bologna. Studio filosofia. I corsi sono difficili ma molto interessanti. Abito nella Casa dello studente.*
>
> *Bologna è una città antica e bella e la Facoltà di Filosofia è nel centro storico. Non è lontana dalla famosa Basilica di San Petronio e, andando a scuola, vedo la famosa Torre degli Asinelli (la torre pendente più alta d'Italia) tutti i giorni. Ti immagini?*
>
> *Il palazzo della facoltà è vecchio e basso ma le aule sono nuove e grandi. C'è una bella biblioteca dove studio spesso con le mie amiche e c'è anche un'aula informatica molto moderna. Tre pomeriggi alla settimana lavoro nella libreria CLUEB dell'università. Non è facile essere indipendente! Come puoi ben immaginare, ho poco tempo libero per fare sport ma qualche volta gioco a tennis con la mia amica Alessandra. Non ho la televisione e quindi, la sera, studio o leggo un libro. Qualche volta vado al Cineforum dell'università e guardo un film.*
>
> *Insomma, sto bene e mi piace la vita della studentessa universitaria. E a te piace l'università? Quando torni in Italia?*
>
> *Un abbraccio.*
>
> *Cristiana*

Cristiana Giannotti
via Schiavonia, 1/3
40121 Bologna
Italia

Matt Mitchell
1140 West 35th Street
Los Angeles, CA 90007
U.S.A.

La mia università:

1. Città _____

2. Anno di corso _____

3. Corso di laurea _____

4. Corsi frequentati questo semestre _____
_____
_____

5. Attività della mattina _____
_____
_____

6. Attività del pomeriggio _____
_____
_____

7. Attività della sera _____
_____
_____

Nome: _____   Data: _____

02.33 Scriviamo. Now with the help of the list, write an e-mail to an Italian friend in which you talk about your university and your daily routine.

_____
_____
_____
_____
_____
_____
_____
_____
_____
_____

GUARDIAMO

02.34 Prima di guardare. You will meet again with some of the people who were introduced in the first chapter. They are all young, attend either high school or a university, and use the following terminology to describe their studies. Match each Italian word relating to school and studies with its English definition.

1. storia dell'arte _____   **a.** *ancient*

2. scienze sociali _____   **b.** *classroom*

3. aula _____   **c.** *difficult*

4. appartamento _____   **d.** *art history*

5. periferia _____   **e.** *building*

6. edificio _____   **f.** *social sciences*

7. antico _____   **g.** *apartment*

8. difficile _____   **h.** *outskirts*

02.35 Mentre guardi. As the different people talk about their lives, select the response that best answers each question.

1. A che ora entra a scuola Emma?
   a. alle sette di mattina
   b. alle dieci di mattina
   c. alle due del pomeriggio

2. Qual è l'interesse principale di Dejan?
   a. lo sport
   b. i libri
   c. la musica

3. Dove vive Gaia?
   a. in appartamento
   b. a casa con i genitori
   c. all'università

02.36 Dopo aver guardato. After watching the video answer the following questions about each of them in complete sentences.

1. Quali materie studia Emma al liceo classico?

_____

_____

2. Dove vive Laura?

_____

_____

3. Che cosa studia Dejan?

_____

_____

4. Dov'è la facoltà di Gaia?

_____

_____

5. Che cosa studia Ilaria?

_____

_____

Attraverso l'Emilia-Romagna

02.37 L'Emilia-Romagna. Read the following passage about Bologna, the capital city of the Emilia-Romagna region, and then answer the questions below.

Curiosità su Bologna

L'Università di Bologna è considerata la più antica del mondo occidentale. La data ufficiale di fondazione è il 1088. La vita della città e la vita dell'università sono intimamente connesse fin dal medioevo. Ecco perché Bologna è chiamata «la Dotta». Ma il detto «Bologna la Dotta» va a braccetto con il detto «Bologna la Grassa» perché anche la cucina bolognese è strettamente legata all'università. Infatti, la mescolanza di tanti studenti e professori di nazionalità diverse ha reso la cucina bolognese varia e ricca. Le specialità bolognesi più famose sono la mortadella, i tortellini, le lasagne e le tagliatelle al ragù. Un'altra curiosità? In Italia, una nazione dominata dalla passione per il calcio, Bologna è chiamata «*Basket City*» perché lo sport più popolare è il basket. Le due squadre di basket di Bologna si chiamano Fortitudo e Virtus, e sono tra le più forti squadre italiane e europee.

1. Qual è la data ufficiale di fondazione dell'Università di Bologna?

   _____.

2. Perché Bologna è chiamata «la Grassa»?

   _____.

3. Quali sono le specialità più famose della cucina bolognese?

   _____.

4. Perché Bologna è chiamata «*Basket City*»?

   _____.

5. Come si chiamano le squadre di basket di Bologna?

   _____.

3

Mi riconosci?

PERCORSO I

La descrizione delle persone

VOCABOLARIO

Come sono? *(Textbook, pp. 73–76)*

03.01 L'intruso. Select the word or expression that does not belong in each group.

1. **a.** atletico	**b.** calmo	**c.** nervoso
2. **a.** allegro	**b.** espansivo	**c.** elegante
3. **a.** avaro	**b.** buffo	**c.** generoso
4. **a.** noioso	**b.** generoso	**c.** pigro
5. **a.** stanco	**b.** bravo	**c.** comprensivo
6. **a.** antipatico	**b.** cattivo	**c.** espansivo

(answers circled: 1a, 2c, 3b, 4b, 5a, 6c)

03.02 Come sono queste persone? Describe the following famous people in complete sentences, giving your opinion. Select two adjectives from the word bank for each person.

bravo	carina	allegra	alto	espansivo
atletico	noiosa	elegante	calma	buffo

ESEMPIO: Com'è Roberto Benigni?
È *espansivo e buffo*.

1. Com'è Miley Cyrus?
È _È carina e allegra_ .

2. Com'è Leonardo Di Caprio?
È _È elegante e bravo_ .

3. Com'è Kobe Bryant?
È _È atletico e alto_ .

4. Com'è Hillary Clinton?
È _È calma e noiosa_ .

03.03 Chi sono? You're at a gathering where there are several Italian students. Look at the drawing and indicate which Italian student fits each description.

1. Lucia ha i capelli biondi, corti e lisci.   a. b. c. d. e. f. (g.)

2. Matteo ha i capelli neri e corti. È molto timido.   a. b. c. d. (e.) f. g.

3. Mario ha i capelli scuri e ricci. È allegro ed espansivo.   a. b. c. d. e. (f.) g.

4. Amanda ha i capelli neri e lunghi e gli occhi scuri.   a. b. c. (d.) e. f. g.

5. Fabio è di fronte a Chiara. Lui è molto studioso.   a. (b.) c. d. e. f. g.

6. Chiara ha i capelli lisci e lunghi e porta gli occhiali. (a.) b. c. d. e. f. g.
    È la ragazza di Fabio.

7. Ugo è il fratello di Fabio. È serio e intelligente.   a. b. (c.) d. e. f. g.

03.04 Paragoni e contrasti. Write six comparison or contrast statements about yourself and a friend, as shown in the example. The following adjectives and connectors will help you.

molto	poco	proprio	o / oppure
anche	invece	ma / però	

ESEMPIO: *Io sono allegra ma Amanda è nervosa.* o
Io sono allegra e anche Amanda è allegra.

1. _____
2. _____
3. _____
4. _____
5. _____
6. _____

 03.05 La prima impressione. When we see someone for the first time, we often form an impression of his/her personality (**personalità**). Listen to the following descriptions. Then select the description that best fits each person.

1. _____   2. _____   3. _____

4. _____   5. _____   6. _____

L'aggettivo *(Textbook, pp. 76–80)*

03.06 Opinioni. For each descriptive adjective given, choose the person or people from the list that it applies to.

1. simpatici:
   a. le professoresse
   (b.) gli studenti
   c. il bibliotecario

2. estroverse:
   a. il padre di Luisa
   b. il professore
   (c.) le atlete professioniste

3. dinamica:
   (a.) la famiglia Agnelli
   b. il Presidente della Repubblica
   c. le attrici

4. antipatiche:
   a. la donna
   (b.) le amiche di Giulia
   c. l'insegnante d'italiano

5. intelligente:
   (a.) l'architetto Renzo Piano
   b. le mie compagne di appartamento
   c. Mario e Anna

6. avaro:
   (a.) il figlio dei signori Rispoli
   b. le studentesse
   c. la signora Calvi e la signora Andreasi

03.07 Femminile o maschile? Change the following sentences from masculine to feminine or from feminine to masculine, as appropriate. Be sure to keep all words in the same order as in the original sentence and follow the example carefully.

ESEMPIO: Il professore è basso e bruno.
   La professoressa è bassa e bruna.

1. Il tuo amico spagnolo è un ragazzo bravo e studioso.
La tua amica spagnola e una ragazza brava e studiosa

2. L'amica di Serena è sempre allegra.
L'amico di Serena è sempre allegro

3. La professoressa di storia è gentile ma severa.
Il professore di storia è gentile ma severo

4. Il signor Paolini è anziano e simpatico.
La signora Paolini è anziana e simpatica

5. Paolo è alto e magro.
Paola è alta e magra

6. Gina è spesso triste.
Gino è spesso triste

Nome: _____ Data: _____

03.08 Singolare o plurale? Complete the following sentences, changing them from singular to plural or from plural to singular, as appropriate. Remember to keep the gender (masculine or feminine) the same.

ESEMPIO: La tua amica italiana è timida e pigra.
Le tue amiche italiane *sono timide e pigre.*

1. Io sono estroversa.
Noi _siamo estroverse_.

2. Le ragazze americane sono carine.
La ragazza americana _è carina_.

3. Gli studenti sono magri e muscolosi.
Lo studente _è magro e muscoloso_.

4. L'adolescente è avaro ma simpatico.
Gli adolescenti _sono avari ma simpatici_.

5. La professoressa di matematica è brava.
Le professoresse di matematica _sono brave_.

6. Tu sei sempre elegante.
Tu e Pietro _siete sempre eleganti_.

03.09 Università e dintorni. Transform the following students' statements about their university using correct adjective placement, according to the example.

ESEMPIO: Lo studente è giovane.
È un giovane studente.

1. Carlo è un amico vero.
Carlo è un vero amico

2. Il professore di matematica è bravo.
È un bravo professore di matematica

3. La giacca rossa è bella.
È una bella giaca rossa

4. L'università è grande.
È una grande università

5. Lo stadio di calcio è nuovo.
È un nuovo studio di calcio

6. La biblioteca è vecchia.
È una vecchia biblioteca

7. Il cinema è piccolo.
È un piccolo cinema

8. Il caffè è cattivo.
È un cattivo caffè

03.10 Commenti tra amici. You will hear two Italian students making statements about their university. After you hear each statement, select whether it is **singolare** or **plurale**.

1. singolare   plurale   6. singolare   plurale
2. singolare   plurale   7. singolare   plurale
3. singolare   plurale   8. singolare   plurale
4. singolare   plurale   9. singolare   plurale
5. singolare   plurale   10. singolare   plurale

03.11 Come sono? Listen to the following descriptions of various people. Then select the description that best corresponds to each person pictured.

1. _____

2. _____

3. _____

4. _____

5. _____

6. _____

7. _____

PERCORSO II
L'abbigliamento

VOCABOLARIO

Che cosa portano? *(Textbook, pp. 81–83)*

03.12 In un negozio d'abbigliamento. Label each piece of clothing by writing the correct Italian word, including its definite article.

1. _la maglia_

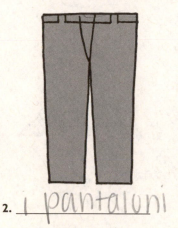

2. _i pantaloni_

3. _la gonna_

4. _un vestito_

5. _le scarpe_

6. _la cravatta_

03.13 Il cruciverba. Complete the following crossword puzzle by giving the Italian word for each clothing item you see. Do not use articles.

Orizzontali

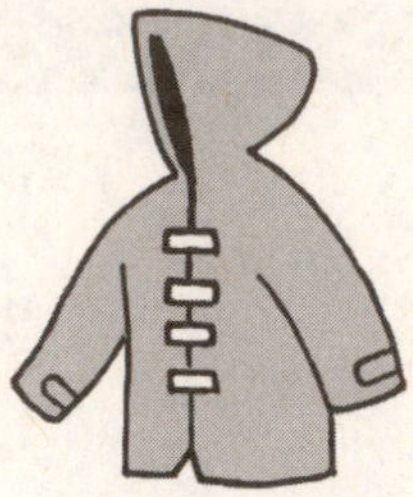

3.

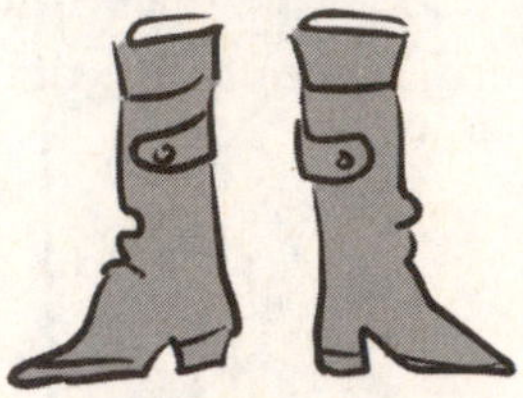

5.

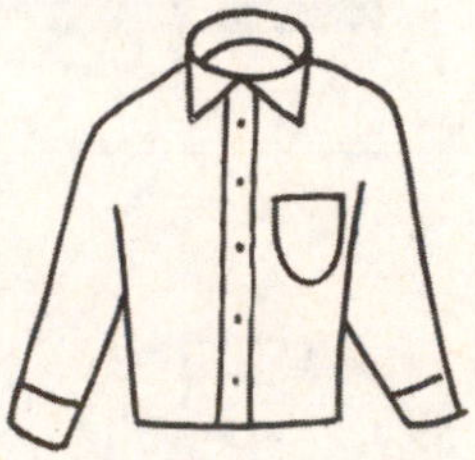

7.

Verticali

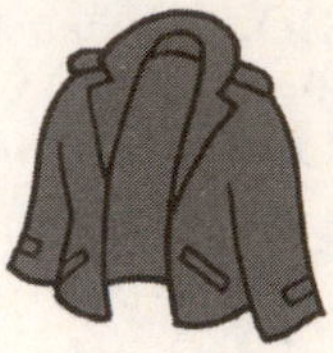

1.

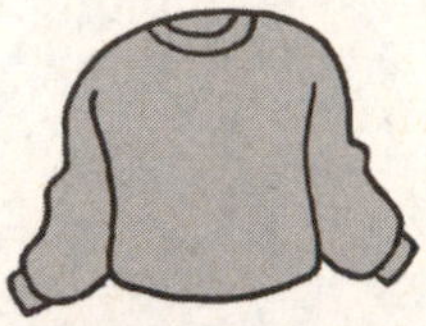

2.

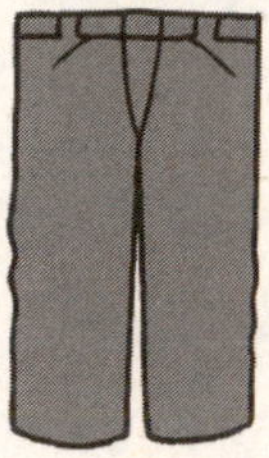

4.

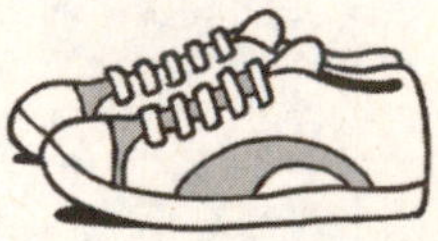

6.

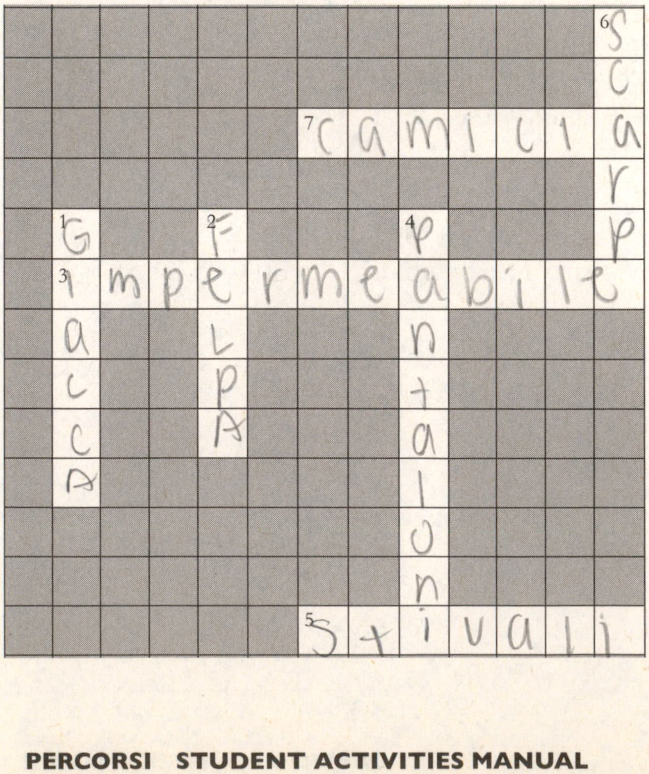
1 Giacca
2 Felpa
3 impermeabile
4 pantaloni
5 Stivali
6 Scarpe
7 camicia

🔊 **03.14 Che cosa portano?** Listen to the following dialogue between Camilla and Sara and select each item of clothing that you hear mentioned.

vestito	felpa
scarpe	maglia
camicia	pantaloni
zaino	occhiali

GRAMMATICA

La quantità: *dei, degli, delle* *(Textbook, pp. 83–84)*

03.15 Chiacchiere tra amiche. Marina and Giulia are talking about the students in their Italian class. Complete their comments with the correct word of indefinite quantity: **dei, degli,** or **delle**.

1. Oggi Carlo ha _____dei_____ pantaloni molto belli.
2. Luisa porta _____delle_____ magliette fuori moda.
3. Giorgio ha _____degli_____ zaini sempre pieni di libri.
4. Laura ha sempre _____delle_____ belle gonne.
5. Oggi Mariella porta _____degli_____ stivali neri.
6. Anna porta spesso _____delle_____ scarpe rosse.

03.16 Articoli d'abbigliamento. Write the correct indefinite quantities (**dei, degli, delle**) for each word given.

1. _delle_	cravatte		6. _dei_	vestiti
2. _degli_	impermeabili		7. _degli_	zaini
3. _delle_	giacche		8. _delle_	felpe
4. _delle_	scarpe da ginnastica		9. _degli_	occhiali
5. _dei_	blu jeans		10. _delle_	camicie

03.17 E se è uno solo? Write the singular form of each item listed with the corresponding indefinite article (**un, una, uno**).

ESEMPIO: maglie   *una maglia*

1. giacche _una giaccha_
2. stivali _un stivale_
3. zaini _uno zaino_
4. vestiti _un vestito_
5. calze _una calza_
6. borse _una borsa_

🔊 **03.18 Che cosa compri?** Listen to the following list of clothing items and select the correct word of indefinite quantity for each.

1. delle	dei	degli		**5.** delle	dei	degli
2. delle	dei	degli		**6.** delle	dei	degli
3. delle	dei	degli		**7.** delle	dei	degli
4. delle	dei	degli		**8.** delle	dei	degli

Bello e quello *(Textbook, pp. 84–87)*

03.19 Che cosa compriamo? You and your friends are shopping in a clothing and accessories store. Tell what you want to buy by completing the phrases with the correct forms of **quello**.

ESEMPIO: *quelle* maglie

1. _quella_ gonna 　　　　**5.** _quei_ pantaloni

2. _quell'_ impermeabile 　　**6.** _quelle_ scarpe da ginnastica

3. _quegli_ occhiali 　　　　**7.** _quel_ vestito

4. _quelle_ cravatte 　　　　**8.** _quell'_ orologio

03.20 Gli amici americani di Alberto. Alberto is describing a picture of some American friends to his parents. Complete his description by selecting the correct forms of the definite article **quello** or **bello**.

Kim ha (1) (bei / begli) capelli biondi e (2) (bei / begli) occhi verdi. Il ragazzo di Kim, Kyle, ha (3) (i / gli) capelli castani e (4) (i / gli) occhi azzurri. John e Spencer sono (5) (quei / quelli) ragazzi con (6) (la / le) biciclette gialle. Lindsey è (7) (quel / quella) ragazza con un (8) (bello / bel) vestito a fiori (*floral*). (9) (Quell' / Quel) uomo che vedete sullo sfondo (*background*) è (10) (il / lo) maestro di tennis dell'università. È molto simpatico.

03.21 Un pomeriggio di shopping. Two roommates are taking the afternoon off to relax and do some shopping. Complete the following sentences with the correct form of **quello**.

1. Scusi, _quell'_ autobus va in via Verdi?

2. Vedi _quel_ ragazzo vicino alla porta? È Lucio, il fratello di Clara.

3. Quanto costa _quella_ camicia di seta (*silk*) in vetrina?

4. Guarda _quegli_ occhiali! Che belli!

5. _Quei_ jeans di Armani sono proprio belli.

6. I pantaloni blu che mi piacciono sono vicino a _quelle_ magliette bianche.

7. _Quei_ pantaloni blu di lino (*linen*) sono molto eleganti.

8. Ma quanto costa _quel_ impermeabile nero?

PERCORSO III

Le attività preferite

VOCABOLARIO

Cosa ti piace fare? *(Textbook, pp. 88–90)*

03.22 Sei una persona socievole (*sociable*) oppure no? What are your favorite activities to do during your free time? For each activity listed, describe how frequently you do it (**raramente, qualche volta, spesso, sempre**).

1. seguire le partite alla televisione _____

2. parlare al telefono con gli amici _____

3. scrivere poesie _____

4. rispondere alle mail _____

5. leggere un libro _____

6. discutere di sport con gli amici _____

7. vedere un film _____

8. prendere un caffè al bar _____

9. dipingere _____

10. conoscere gente nuova _____

03.23 Associazioni. For each item or place mentioned, write an activity that you associate with it.

ESEMPIO: Ajax o Lysol: *pulire la casa*

1. Nike o Adidas: _____

2. AMC Theaters: _____

3. Optimum Online: _____

4. Starbucks: _____

5. iPhone: _____

6. Barnes & Noble: _____

03.24 Che cosa fanno questi studenti? Listen to the brief dialogues among college students, and then complete the sentences telling what the following people do.

1. Al bar Giovanna _____.

2. Stasera Mario _____.

3. Gli amici di Ruggero sono noiosi perché _____.

4. Francesca _____ con sua madre.

03.25 **Questione di gusti...** You will hear a student expressing her likes and dislikes. Listen to her, and then indicate whether each of the following statements is **vero** (*true*) or **falso** (*false*).

I. Non le piace Carla.	Vero	Falso
2. Le piace giocare a tennis.	Vero	Falso
3. Non le piace conoscere gente nuova.	Vero	Falso
4. Non le piace il caffè.	Vero	Falso

GRAMMATICA

Il presente dei verbi in -ere e in -ire *(Textbook, pp. 90–92)*

03.26 Che cosa fanno? Emma and Alice are discussing what they and their friends often do. Complete each sentence with the correct form of the verb in parentheses.

I. Rosanna (scrivere) _____ molte mail agli amici.

2. (Noi) (prendere) _____ l'autobus per andare all'università.

3. Alessia e Arianna (dormire) _____ fino a tardi tutti i giorni.

4. (Tu) (pulire) _____ spesso la tua camera?

5. Perché Paolo e Fulvio (discutere) _____ sempre di politica?

6. Io (finire) _____ le lezioni alle 5 del pomeriggio.

7. Tu e Silvia (leggere) _____ il giornale raramente.

8. Melissa è una nuova studentessa. (Lei) (capire) _____ l'italiano?

03.27 Che cosa preferiscono fare? Emma tells some of her friends what she does in her free time and asks them what they prefer to do in theirs. Complete the short dialogues, following the example.

ESEMPIO: Io guardo la televisione. E tu?
   Io *preferisco ascoltare* la radio.

I. Io dipingo nature morte (*still life*). E tu, Ada?

   Io _____ ritratti (*portraits*).

2. Io discuto spesso di politica con Marco. E voi?

   Noi _____ di sport.

3. Lucia scrive poesie. E Federica?

   Federica _____ racconti (*short stories*).

4. Io prendo un cappuccino al bar. E Matteo e Luca?

   Loro _____ un caffè.

5. Oggi Leonardo segue la partita di calcio allo stadio. E io che cosa faccio?

   Tu _____ la partita alla televisione, non ti piace andare allo stadio.

6. Io ascolto musica rock. E tu e Nadia?

   Noi _____ musica classica.

03.28 Una serata a casa di Sandro e Ugo. Listen to Sandro, a college student who shares an apartment with his friend Ugo, describing the evening activities at his place. Then select the statement that best completes each sentence.

1. Sandro e Ugo
   a. prendono l'autobus per tornare a casa dall'università.
   b. prendono l'automobile per tornare a casa dall'università.

2. Prima di cena Sandro
   a. corre e Ugo nuota.
   b. nuota e Ugo corre.

3. Dopo cena, qualche volta Sandro
   a. dipinge.
   b. corre.

4. Dopo cena, Ugo
   a. preferisce leggere un libro o ascoltare la musica.
   b. preferisce guardare la televisione o scrivere mail.

5. Sandro e Ugo invitano degli amici
   a. sempre.
   b. qualche volta.

6. Quando Ugo discute con gli amici, Sandro preferisce
   a. anche discutere di politica.
   b. non intervenire (*interfere*).

In pratica

PARLIAMO

 03.29 Che cosa ti metti? You will hear several questions asking about what you would wear on specific occasions. Answer the questions orally, mentioning three items of clothing for each.

 03.30 Come sei? Your new Italian roommate calls you over the summer and wants to know how he/she will recognize you before the start of the fall semester. He also wants to get to know you a bit before you meet. Answer the questions he asks about your physical appearance and personality and give your responses orally.

LEGGIAMO

03.31 Prima di leggere. Examine the text of the contest *Milano di Moda,* published by an Italian fashion magazine, and make a list of all the cognates you recognize or understand.

Grande Concorso MILANO DI MODA

Partecipa al gioco «ModaMust» e spedisci subito il tagliando con il risultato. In palio c'è un soggiorno nella capitale italiana della moda durante la settimana di presentazione delle prossime collezioni primavera estate e un pass per vivere da vicino, nella sezione riservata ai VIP, l'emozione di una sfilata di Dolce & Gabbana!

_____

_____

_____

03.32 Mentre leggi. Now play the game by matching the names of the looks with their descriptions.

Gioca a «ModaMust»

Il nome del *look*:

1. *Il denim strappato* _____
2. *Atmosfere indiane* _____
3. *La city jacket* _____
4. *Il total white* _____
5. *La sahariana* _____
6. *Shanghai girl* _____

a. Jeans, camicia rossa e scarpe rosse. Tutto Dolce & Gabbana.

b. Giacca blu e rossa in stile cinese, pantaloni blu. Tutto Armani.

c. Maglietta, gonna di seta (*silk*) blu e gialla con fiori ricamati (*with embroidered flowers*). Tutto Roccobarocco.

d. Tutto in bianco luminoso. Tutto Versace.

e. Giacca marrone con bottoni d'oro, gonna e scarpe di plastica. Tutto Gucci.

f. Giacca di marrone chiaro con cintura in stile safari, gonna di cotone. Tutto MaxMara.

03.33 Dopo la lettura. Answer the following questions about the looks described in the game. Then mix the items and colors you prefer to create a new style.

Gioca a «ModaMust»

- Jeans, camicia rossa e scarpe rosse. Tutto Dolce & Gabbana.
- Giacca blu e rossa in stile cinese, pantaloni blu. Tutto Armani.
- Maglietta, gonna di seta (*silk*) blu e gialla con fiori ricamati (*with embroidered flowers*). Tutto Roccobarocco.
- Tutto in bianco luminoso. Tutto Versace.
- Giacca marrone con bottoni d'oro, gonna e scarpe di plastica. Tutto Gucci.
- Giacca di marrone chiaro con cintura in stile safari, gonna di cotone. Tutto MaxMara.

1. Qual è il tuo stile preferito?

_____

2. Qual è lo stile più elegante per te?

_____

3. Per te, qual è lo stile più sportivo?

_____

4. Come si chiama il tuo stile nuovo? Descrivi.

_____

_____

_____

Nome: _____   Data: _____

SCRIVIAMO

03.34 Prima di scrivere. Look at the list below and complete it with adjectives that describe your physical characteristics, your personality, your likes and dislikes, and your tastes in clothing.

1. Le mie caratteristiche fisiche:

_____

_____

2. Le mie caratteristiche psicologiche:

_____

_____

3. Il mio abbigliamento preferito:

_____

_____

4. Le mie attività preferite:

_____

_____

03.35 Scriviamo. Now with the help of the list, write a paragraph in which you introduce yourself to a friend from Brescia that you met online. Make your description as interesting as possible, highlighting different aspects of your appearance, your temperament, and your tastes.

_____

_____

_____

_____

_____

_____

_____

03.36 Prima di guardare. Based on the pictures of the following people and the video segment, indicate whether each statement is **vero** (*true*) or **falso** (*falso*).

1. Felicita è bionda.
Vero   (Falso)

2. Gaia ha gli occhi chiari.
(Vero)   Falso

3. Ilaria ha i capelli lunghi e biondi.
(Vero)   Falso

4. Vittorio porta una giacca azzurra.
Vero   (Falso)

5. Emma ha i capelli ricci.
(Vero)   Falso

03.37 Mentre guardi. In this videoclip, the people talk about their friends. Select the best answer to complete each of the following sentences.

1. Alessandra, l'amica di Felicita,
   a. è bassa e grassa.
   b. non ride mai.
   c. è alta, carina e mora.

2. L'amico di Gaia si chiama
   a. Roberto.
   b. Tommaso.
   c. Giovanni.

3. A Tommaso piace
   a. il motocross.
   b. giocare a tennis.
   c. discutere di politica.

4. Jacopo, il ragazzo di Ilaria,
   a. ha un carattere sensibile ed espansivo.
   b. porta un impermeabile giallo.
   c. ha i capelli biondi e lunghi.

5. Fabrizio, l'amico di Vittorio,
   a. ha vent'anni.
   b. è eccentrico e creativo nel vestirsi.
   c. si mette sempre i jeans, una maglietta e le scarpe da ginnastica.

03.38 Dopo aver guardato. What clothes has Gaia bought lately? Describe two of the three items that she mentions in the video, including the type of clothing and its color.

_____

_____

_____

_____

_____

Attraverso la Lombardia

03.39 La Lombardia. Read the following passage about La Scala Theater in Milano, and then give short answers to each of the questions below.

Il Teatro alla Scala

Il Teatro alla Scala di Milano, chiamato spesso più semplicemente «La Scala», è un teatro famoso in tutto il mondo ed è conosciuto come «il tempio della lirica». È situato in una delle piazze più eleganti di Milano, l'omonima Piazza della Scala.

Il Teatro alla Scala viene costruito per volontà dell'Imperatrice Maria Teresa d'Austria, e inaugurato nel 1778 con *Europa riconosciuta* (*Europa Revealed*) di Antonio Salieri. Il nome del teatro deriva dal luogo sul quale il teatro viene edificato: la chiesa di Santa Maria alla Scala, demolita (*demolished*) per fare posto (*to make room*) al teatro. A partire dal 1812, con le opere di Gioacchino Rossini (*Il barbiere di Siviglia*), la Scala diventa il luogo deputato (*appointed place*) del melodramma italiano. Nel 1839 si apre l'era (*age*) di Giuseppe Verdi (1813–1901), il compositore che più di ogni altro è legato alla storia della Scala. L'opera *Nabucco* (1842) è il suo primo grande successo e viene replicato alla Scala sessantaquattro volte (*times*) solo nel suo primo anno di esecuzione.

Oggi la stagione teatrale (*season*) del Teatro alla Scala è un evento molto importante della vita culturale milanese ed è composta da opera lirica, balletto e concerti di musica classica.

1. Che cos'è La Scala?

_____

2. Qual è l'anno d'inaugurazione della Scala?

_____

3. Qual è il compositore italiano più legato alla storia della Scala?

_____

4. Quante volte viene replicata l'opera *Nabucco* nel 1842?

_____

5. Che cos'è oggi la stagione teatrale della Scala per la città di Milano?

_____

4

Giorno per giorno

PERCORSO I

Le attività di tutti i giorni

VOCABOLARIO

Cosa facciamo ogni giorno? *(Textbook, pp. 103–107)*

04.01 Alle sette suona la sveglia di Riccardo e ... Look at the following drawings describing Riccardo's daily routine. Then match each drawing with the corresponding statement to reflect the correct order.

1. C

2. b

3. f

4. a

5. e

6. d

a. Si fa la doccia.
b. Si alza.
c. Si sveglia.

d. Fa colazione.
e. Si veste.
f. Si lava i denti.

04.02 La routine mattutina di Marina e Mirella. Marina and Mirella are best friends, but they have different personalities and habits. Read the description of each girl's daily routine, and then answer the questions by selecting the correct names.

Marina: Non mi piace svegliarmi presto. Mi sveglio ogni giorno alle otto e mezza e mi faccio una doccia di venti minuti. Poi mi guardo allo specchio (*look in the mirror*) per truccarmi. Non faccio colazione perché sono in ritardo. Generalmente arrivo all'università tardi.

Mirella: Di solito mi alzo alle sei della mattina. Mi faccio subito una doccia veloce (*quick*). Poi mi guardo allo specchio e mi pettino in fretta. Alle sette meno un quarto faccio colazione e poi mi lavo i denti. Alle sette e mezza prendo l'autobus per andare all'università. Arrivo sempre presto all'università, così ho il tempo per leggere le mail.

1. Chi si alza presto?	Marina	Mirella
2. Chi fa colazione?	Marina	Mirella
3. Chi si fa una lunga doccia?	Marina	Mirella
4. Chi si trucca?	Marina	Mirella
5. Chi si pettina?	Marina	Mirella
6. Chi arriva sempre in ritardo all'università?	Marina	Mirella

04.03 Che ore sono? Match the time of day in digits with the most appropriate expression in words.

1. 20.30 ___g___   **a.** È l'una e dieci di notte.
2. 16.15 ___f___   **b.** Sono le otto meno dieci di mattina.
3. 7.50 ___b___   **c.** È mezzanotte.
4. 24.00 ___c___   **d.** Sono le undici meno venti di sera.
5. 1.10 ___a___   **e.** Sono le tre e mezza del pomeriggio.
6. 12.00 ___h___   **f.** Sono le quattro e un quarto del pomeriggio.
7. 22.40 ___d___   **g.** Sono le otto e mezza di sera.
8. 15.30 ___e___   **h.** È mezzogiorno.
9. 6.45 ___i___   **i.** Sono le sette meno un quarto di mattina.
10. 00.25 ___l___   **l.** È mezzanotte e venticinque.

04.04 Chi è più efficiente? Sara and Irene have the same routine every day. Sara, however, is more efficient. Listen to the narration and write the times in digits that each girl does the activities in her morning routine.

Sara:

1. Si sveglia alle _____.
2. Si alza alle _____.
3. Si lava i denti e si fa la doccia alle _____.
4. Si pettina e si trucca alle _____.
5. Fa colazione alle _____.
6. Prende l'autobus alle _____.

Irene:

7. Si sveglia alle _____.
8. Si alza alle _____.
9. Si lava i denti e si fa la doccia alle _____.
10. Si pettina e si trucca alle _____.
11. Fa colazione alle _____.
12. Prende l'autobus alle _____.

04.05 E tu, a che ora fai queste attività? Complete the sentences giving the times of the day that you do each activity.

ESEMPIO: Mi sveglio *alle sette di mattina.*

1. Mi alzo _alle sette_.
2. Mi lavo i denti _alle sette e menno_.
3. Mi faccio la doccia _alle sette e un quarto_.
4. Mi pettino _alle otto meno une quarto_.
5. Pranzo _alle nove_.
6. Mi riposo _alle dieci_.
7. Mi diverto con gli amici _alle quatro_.
8. Ceno _alle sei_.

04.06 Uno studente molto impegnato. Listen to Oliviero as he describes his daily routine. Then complete the statements by selecting the appropriate phrase.

1. Il lunedì Oliviero
   a. si sveglia alle sei e mezza.
   b. si sveglia alle sette e mezza.
   c. si sveglia alle otto e mezza.
2. Alle nove di mattina Oliviero
   a. è al bar.
   b. è a casa.
   c. è all'università.
3. All'una del pomeriggio Oliviero
   a. pranza.
   b. beve un caffè al bar.
   c. si riposa.
4. Dopo la lezione di statistica, Oliviero
   a. va a casa.
   b. va a lezione.
   c. va nell'aula d'informatica.
5. Alle otto di sera Oliviero
   a. cena.
   b. prende l'autobus.
   c. arriva a casa.
6. Alle undici di sera Oliviero
   a. si addormenta.
   b. si lava i denti.
   c. si fa la doccia.

Il presente dei verbi riflessivi *(Textbook, pp. 107–110)*

04.07 Anche noi... Rewrite the following sentences using reflexive verbs and **noi** as the subject pronoun.

ESEMPIO: Ti alzi tardi la mattina. Anche noi *ci alziamo tardi la mattina.*

1. Ti svegli presto la mattina. Anche noi _____.
2. Ti vesti in fretta. Anche noi _____.
3. Ti trucchi sempre. Anche noi _____.
4. Ti riposi spesso il pomeriggio. Anche noi _____.
5. Ti lavi i denti ogni sera. Anche noi _____.
6. Qualche volta ti addormenti tardi. Qualche volta anche noi _____.

04.08 Che domanda fai? Based on the answers provided, complete the following questions logically, using a reflexive verb.

ESEMPIO: — *A che ora ti svegli* la mattina?
— Alle sette e un quarto.

1. — _____ la mattina?
   — Alle sette e mezza.
2. — _____ tutti i giorni?
   — Sì, tutti i giorni.
3. — _____ qualche volta?
   — No, mai.
4. — _____ un vestito elegante per andare a scuola?
   — No, i jeans e una camicia.
5. — _____ dopo pranzo?
   — No, mai.
6. — _____ di solito?
   — A mezzanotte.

04.09 Qual è il verbo giusto? Some friends are discussing their daily routines. Complete the following sentences with the correct reflexive verb from the word bank.

ci divertiamo	ti fai	si mettono
vi vestite	mi sveglio	si fa

1. Di solito (io) __mi sveglio__ molto presto, alle 6.
2. Tu e Giorgia __vi vestite__ sempre molto bene.
3. (Tu) __ti fai__ la doccia adesso? Ma è tardi!
4. Renato __si fa__ la barba tutti i giorni.
5. Qualche volta Giada e Sonia __si mettono__ la gonna ma di solito portano i pantaloni.
6. Io e Paolo giochiamo a tennis il sabato mattina e __ci divertiamo__ molto.

🔊 **04.10 Che cosa facciamo?** While waiting for their Italian class to start, two classmates talk about what they and their friends do most weekdays. Listen to the statements and complete each one with the reflexive verb or verb phrase that you hear.

1. Tu e Arianna _*vi svegliate*_ sempre tardi.
2. Gioia e Stefano _*si alzano*_ presto la mattina.
3. Fabrizio _*si fa la barba*_ solo il sabato.
4. Io _*mi lavo*_ prima di fare colazione.
5. Ilaria _*si pettina*_ davanti allo specchio.
6. Elena, _*ti trucchi*_ qualche volta?
7. Io e Matteo _*ci divertiamo*_ a giocare ai videogiochi.
8. Il professor Ghirardato _*si veste*_ sempre molto bene.

PERCORSO II

I pasti e il cibo

VOCABOLARIO

Cosa mangiamo e beviamo? *(Textbook, pp. 111–113)*

04.11 A quale categoria appartengono? For each food item listed, select whether it is a **primo piatto**, **secondo piatto**, **contorno**, or **dolce**.

1. bistecca: primo piatto   ~~secondo piatto~~   contorno   dolce
2. carote: primo piatto   secondo piatto   ~~contorno~~   dolce
3. macedonia: primo piatto   secondo piatto   contorno   ~~dolce~~
4. gelato: primo piatto   secondo piatto   contorno   ~~dolce~~
5. fagiolini: primo piatto   secondo piatto   ~~contorno~~   dolce
6. insalata: primo piatto   secondo piatto   ~~contorno~~   dolce
7. arrosto: primo piatto   ~~secondo piatto~~   contorno   dolce
8. pasta: ~~primo piatto~~   secondo piatto   contorno   dolce

04.12 Primo, secondo, contorno o dolce? It's your first day in Italy and you are a bit confused about Italian dishes. Read the statements below and indicate whether each one is **vero** or **falso**.

1. Il riso è un secondo piatto.   Vero   ~~Falso~~
2. Il gelato è un contorno.   Vero   ~~Falso~~
3. Il vino è una bevanda.   ~~Vero~~   Falso
4. Il pollo è un secondo piatto.   ~~Vero~~   Falso
5. L'arrosto è un primo piatto.   Vero   ~~Falso~~
6. I pomodori sono un contorno.   ~~Vero~~   Falso
7. L'aragosta è un secondo piatto.   ~~Vero~~   Falso
8. Il tiramisù è un dolce.   ~~Vero~~   Falso
9. L'acqua minerale è una bevanda.   ~~Vero~~   Falso
10. Gli spaghetti alle vongole sono un secondo piatto. Vero   ~~Falso~~

🔊 **04.13 Tre amici al bar.** Listen to the following conversation among three friends and indicate whether each statement is **vero** or **falso**.

1. Enzo prende un cappuccino e un croissant.	Vero	Falso
2. Alessio non fa colazione perché non ha fame.	Vero	Falso
3. Enzo ha molta fame.	Vero	Falso
4. Lucia prende un cappuccino e un biscotto.	Vero	Falso
5. Enzo ordina un cappuccino, due caffè, due croissant e un bicchiere di succo di frutta.	Vero	Falso
6. Enzo offre la colazione agli amici.	Vero	Falso

GRAMMATICA

La quantità: *del, dello, dell', della* (Textbook, pp. 113–115)

04.14 Il partitivo. Match the correct form of indefinite quantity to each food item.

1. il vino _d_   a. della
2. l'olio d'oliva _b_   b. dell'
3. lo zucchero _f_   c. degli
4. la pasta _a_   d. del
5. le patate _e_   e. delle
6. i fagiolini _g_   f. dello
7. gli spinaci _c_   g. dei

4.15 Cosa c'è in tavola? An Italian friend has invited you over for dinner. Take a look at the foods and beverages she served and write the name of each item with the correct form of indefinite quantity.

1. della pasta
2. delle patate
3. dei cavolfiore
4. dell'arrosto
5. della birra
6. dell'acqua
7. del pesce
8. della minestra

70   PERCORSI STUDENT ACTIVITIES MANUAL

04.16 La lista della spesa. Antonio is going to the grocery store. Cristiano, his roommate, tells him what to buy. Listen to what Cristiano says and write down the foods on their shopping list in the order that you hear them, with the correct form of indefinite quantity.

La lista della spesa:

1. _____

2. _____

3. _____

4. _____

5. _____

6. _____

7. _____

8. _____

Il presente di *bere* *(Textbook, pp. 115–116)*

04.17 Che cosa bevono? Complete each sentence with the correct form of **bere**.

1. A colazione, Anna ____bere____ un cappuccino.

2. Paolo e Pietro ____bevono____ sempre Coca-Cola.

3. Signor Calzolari, cosa ____beve____ Lei di solito a cena?

4. Io ____bevo____ solo vino rosso.

5. Signori Odasso, cosa ____bevete____ a pranzo?

6. Noi siamo dei salutisti, perciò ____beviamo____ sempre e solo acqua minerale.

04.18 Che sete! Listen to the subjects given and for each of them, select the correct form of the verb **bere**.

ESEMPIO: You hear: *Liliana*
            You select: *beve*

1. bevo	bevi	beve	beviamo	bevete	bevono
2. bevo	bevi	beve	beviamo	bevete	bevono
3. bevo	bevi	beve	beviamo	bevete	bevono
4. bevo	bevi	beve	beviamo	bevete	bevono
5. bevo	bevi	beve	beviamo	bevete	bevono
6. bevo	bevi	beve	beviamo	bevete	bevono
7. bevo	bevi	beve	beviamo	bevete	bevono
8. bevo	bevi	beve	beviamo	bevete	bevono

Le stagioni e il tempo

VOCABOLARIO

Quale stagione preferisci? *(Textbook, pp. 117–119)*

04.19 Le previsioni del tempo. Describe the weather conditions shown in each of the following drawings, using appropriate weather expressions.

1. _____piove_____

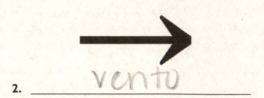

2. _____vento_____

3. _____sole_____

4. _____nevica_____

5. _____nuvoloso_____

6. _____nebbia_____

04.20 Il tempo. Select the phrase that best completes each sentence.

1. Quando il tempo è brutto,
   a. c'è il sole.
   b. fa freddo.
   c. fa caldo.

2. Quando è nuvoloso, molto spesso
   a. c'è il sole.
   b. il tempo è bello.
   c. piove.

3. Quando il tempo è bello, fa caldo e
   a. c'è il sole.
   b. è nuvoloso.
   c. nevica.

4. Quando non fa caldo ma non fa neanche freddo, diciamo che
   a. c'è nebbia.
   b. fa fresco.
   c. è nuvoloso.

5. A Chicago («the windy city»), in autunno spesso
   a. nevica molto.
   b. c'è molta nebbia.
   c. tira vento.

6. In Canada, in inverno
   a. fa molto freddo.
   b. fa molto caldo.
   c. c'è molta nebbia.

04.21 Dipende dal tempo... What do people usually do in different weather conditions? Match each statement with the appropriate weather description.

1. Tutto è bianco. _f_

2. Le persone portano l'ombrello. _d_

3. Nicoletta va al mare e prende il sole. _a_

4. Facciamo un picnic perché il tempo è perfetto. _c_

5. Cesare e Marco restano a casa e bevono un caffè. _e_

6. Non fa caldo, ma ti metti una giacca e esci a fare una passeggiata. _b_

a. Fa caldo e c'è il sole.

b. Fa fresco.

c. Il tempo è bello.

d. Piove.

e. Fa freddo.

f. Nevica.

04.22 Che tempo fa? Some friends are talking about the weather over a cup of coffee. Listen to the short dialogues and select all the weather conditions you hear mentioned in each one.

1. bello   caldo   freddo   nuvoloso   nebbia   pioggia   vento
2. bello   caldo   freddo   nuvoloso   nebbia   pioggia   vento
3. bello   caldo   freddo   nuvoloso   nebbia   pioggia   vento
4. bello   caldo   freddo   nuvoloso   nebbia   pioggia   vento

4.23 Cosa fai e in quale stagione? Next to each season, write two activities that you do during that time of the year.

1. In primavera:

_____

2. In estate:

_____

3. In autunno:

_____

4. In inverno:

_____

04.24 Che stagione è? Listen to the following weather descriptions. Then write the name of the season that corresponds to each description.

1. _____

2. _____

3. _____

4. _____

Il presente di *andare, venire* e *uscire* (Textbook, pp. 119–120)

04.25 C'è chi viene e c'è chi va. You will hear ten conjugated forms of the verbs **andare**, **venire**, and **uscire**. For each verb form, select the corresponding personal pronoun.

1. io	tu	lei/lui/Lei	noi	voi	loro/Loro
2. io	tu	lei/lui/Lei	noi	voi	loro/Loro
3. io	tu	lei/lui/Lei	noi	voi	loro/Loro
4. io	tu	lei/lui/Lei	noi	voi	loro/Loro
5. io	tu	lei/lui/Lei	noi	voi	loro/Loro
6. io	tu	lei/lui/Lei	noi	voi	loro/Loro
7. io	tu	lei/lui/Lei	noi	voi	loro/Loro
8. io	tu	lei/lui/Lei	noi	voi	loro/Loro
9. io	tu	lei/lui/Lei	noi	voi	loro/Loro
10. io	tu	lei/lui/Lei	noi	voi	loro/Loro

04.26 *Vanno o escono?* Paolo, Marcello, and Giulio are roommates and Paolo describes their typical daily routine. Complete the following passage with the correct form of the verbs in parentheses.

Io, Marcello e Giulio siamo compagni di appartamento. Il lunedì noi (1. uscire) *usciamo* di casa alle otto e mezza del mattino e (2. andare) *andiamo* all'università. Marcello (3. andare) *va* in biblioteca a studiare e Giulio (4. andare) *va* nell'aula d'informatica a leggere le mail e i quotidiani sportivi online. Io (5. andare) *vado* a nuotare in piscina. Alle dieci Marcello e Giulio (6. andare) *vanno* alla lezione di biologia e io (7. andare) *vado* alla lezione di fisica. Loro (8. uscire) *escono* dall'università alle cinque del pomeriggio e (9. andare) *vanno* in palestra a giocare a basket. Io, invece (10. uscire) *esco* dalla lezione di chimica alle 7 di sera e (11. andare) *vado* subito a casa. Dopo cena, verso le nove, noi (12. uscire) *usciamo* con gli amici.

04.27 Che domanda fai? Write the most appropriate question for each answer given, using the correct forms of **andare**, **venire**, or **uscire**.

ESEMPIO: — *A che ora esci?* — Esco alle sette e mezza di sera.

1. — _____ — Sì, vengo in discoteca.
2. — _____ — Usciamo alle otto.
3. — _____ — Lui va a lezione alle nove di mattina.
4. — _____ — Andiamo a letto alle undici.
5. — _____ — No, non vengono in piscina.
6. — _____ — Sì, veniamo al bar.
7. — _____ — Sì, vado al mare in estate.
8. — _____ — No, esco soltanto il sabato sera.

Espressioni con *avere* *(Textbook, pp. 121–124)*

04.28 Ma perché? Marco explains what his friends do and why. Match their activities with the most appropriate idiomatic expression with **avere**.

1. Emma e Alice corrono perché ___b___   *f*
2. Tu e Gianni mangiate un panino perché ___f___
3. Enrico oggi festeggia un compleanno importante perché ___a___
4. Oggi c'è il sole e fa caldo ma noi siamo in biblioteca perché ___d___
5. Sandra va al mare perché ___g___
6. Beviamo un bicchiere d'acqua perché ___e___
7. Loro si vestono perché ___h___
8. Questa sera Enrico va a letto tardi perché ___c___

a. ha diciotto anni!
b. hanno fretta.
c. non ha sonno.
d. abbiamo bisogno di studiare.
e. abbiamo sete.
f. avete fame.
g. ha voglia di prendere il sole.
h. hanno freddo.

04.29 Che vita dura! Giacomo is an Italian college student. Complete the description of what he does on a Monday morning with the correct expressions with **avere** from the word bank.

ha fame	ha ventun'anni	hanno bisogno di studiare
ha fretta	non ha sete	ha sonno
ha voglia di andare al bar	hanno freddo	

Giacomo (1) _ha ventun'anni_ e vive a Pesaro ma studia a Bologna. Il lunedì mattina (2) _ha fretta_ perché deve prendere il treno per Bologna. Alla stazione di Pesaro ci sono molti studenti universitari che aspettano il treno delle 7 per Bologna. Loro (3) _hanno freddo_ perché tira molto vento. Giacomo sale sul treno e si addormenta perché (4) _ha sonno_. Quando si sveglia, (5) _ha fame_ perché non ha fatto colazione. Per fortuna ha un panino nello zaino. Quando arriva alla stazione di Bologna, incontra la sua amica Mara. Giacomo e Mara (6) _hanno bisogno di studiare_ perché alle tre hanno l'esame di chimica. Giacomo (7) _ha voglia di andare al bar_ a bere un succo d'arancia ma Mara (8) _non ha sete_ e vuole andare subito in biblioteca a studiare.

In pratica

PARLIAMO

 04.30 Ma che curiosona! One of your classmates is very curious about you and wants to know if and when you do certain activities. Listen to the questions and answer them orally.

04.31 Che cosa fai? You are trying to get to know a new friend better. Think about some questions you might want to ask about his/her daily schedule, and then ask the questions orally.

04.32 Prima di leggere. Look at the title of the brief passage below and try to deduce the meaning of it. What do you think the article is about? Write your answer.

Temperature in calo ad Ascoli Piceno

_____

_____

04.33 Mentre leggi. As you read the article, make a list of the words and expressions that help you confirm the assumptions you made about the main ideas.

Temperature in calo ad Ascoli Piceno

Un violento temporale con forti raffiche (*gusts*) di vento si è abbattuto nelle ieri mattina su Ascoli Piceno e sull'hinterland. La perturbazione ha provocato un forte abbassamento della temperatura (21 gradi al mattino) anche se la sensazione non è di benessere per il forte grado di umidità presente nell'aria. Nessuna conseguenza per il traffico, già assai scarso in città per le vacanze estive.

Per quanto riguarda i prossimi giorni, sono previste pioggia, temporali diffusi e sensibile calo termico fino a venerdì. Da venerdì è atteso poi un miglioramento, anche se permarrano (*will persist*) in parte condizioni di variabilità fino all'inizio della prossima settimana. Nei prossimi giorni le temperature massime saranno comprese tra i 25 e 30°C.

_____

_____

04.34 Dopo la lettura. Read the article in activity 04.33 again and decide whether the following statements are **vero** or **falso**.

1. Ad Ascoli Piceno fa fresco ma è molto umido.	Vero	Falso
2. C'è molto traffico a causa (*due to*) della pioggia molto forte.	Vero	Falso
3. Siamo in estate.	Vero	Falso
4. Ad Ascoli Piceno il tempo è brutto per le prossime due settimane.	Vero	Falso

SCRIVIAMO

04.35 Una compagna di stanza. You are studying for a semester at the University of Urbino. You need a roommate to share your rent and you want someone whose schedule doesn't conflict with yours. Answer the following questionnaire for the roommate-finder service.

1. A che ora ti alzi la mattina? _____

2. Fai colazione di solito? _____

3. A che ora vai a letto la sera? _____

4. Cosa studi? _____

5. Ti piace studiare? _____

6. Esci spesso con gli amici? _____

7. Come vi divertite? _____

8. Mangi carne? _____

9. Scrivi tre aggettivi che descrivono la tua personalità: _____

04.36 Scriviamo. Now read the e-mail you received from Flavia Penna and compare your daily routine to hers. Reply to her e-mail describing your routine, and decide whether the two of you would make good roommates.

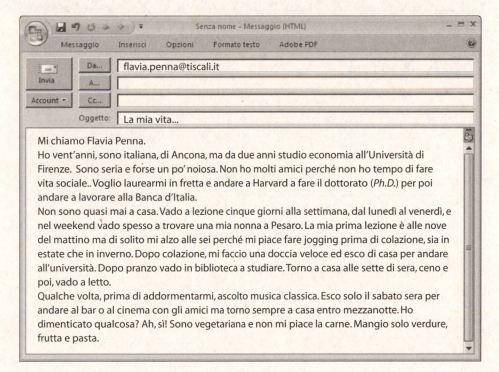

Senza nome - Messaggio (HTML)

Messaggio   Inserisci   Opzioni   Formato testo   Adobe PDF

Invia   Da... flavia.penna@tiscali.it

Account ▾   A...

Cc...

Oggetto: La mia vita...

Mi chiamo Flavia Penna.
Ho vent'anni, sono italiana, di Ancona, ma da due anni studio economia all'Università di Firenze. Sono seria e forse un po' noiosa. Non ho molti amici perché non ho tempo di fare vita sociale.. Voglio laurearmi in fretta e andare a Harvard a fare il dottorato (*Ph.D.*) per poi andare a lavorare alla Banca d'Italia.
Non sono quasi mai a casa. Vado a lezione cinque giorni alla settimana, dal lunedì al venerdì, e nel weekend vado spesso a trovare una mia nonna a Pesaro. La mia prima lezione è alle nove del mattino ma di solito mi alzo alle sei perché mi piace fare jogging prima di colazione, sia in estate che in inverno. Dopo colazione, mi faccio una doccia veloce ed esco di casa per andare all'università. Dopo pranzo vado in biblioteca a studiare. Torno a casa alle sette di sera, ceno e poi, vado a letto.
Qualche volta, prima di addormentarmi, ascolto musica classica. Esco solo il sabato sera per andare al bar o al cinema con gli amici ma torno sempre a casa entro mezzanotte. Ho dimenticato qualcosa? Ah, sì! Sono vegetariana e non mi piace la carne. Mangio solo verdure, frutta e pasta.

_____

_____

_____

_____

_____

_____

_____

_____

_____

GUARDIAMO

 04.37 Prima di guardare. In this videoclip, Chiara, Plinio, Felicita, and Ilaria talk about their daily routines and Fabrizio talks about his favorite foods. Complete the following sentences with the logical word or phrase from the word bank.

beve	telefono	cucinare	si alza	mangia

1. Chiara parla al _____ con le amiche.

2. Plinio _____ tardi.

3. Felicita _____ spesso fuori e mangia un sandwich.

4. A colazione Ilaria mangia un toast e _____ un caffè.

5. A Fabrizio piace _____.

04.38 Mentre guardi. As you watch the video segment, listen carefully for the answers to the following questions. For each question, select all answers that are correct.

1. Chiara
   a. lavora sempre di pomeriggio.
   b. va spesso al cinema.
   c. va spesso a teatro.

2. Plinio
   a. si alza presto.
   b. di sera cena alle nove o alle dieci.
   c. mangia quando ha finito di scrivere.

3. Felicita
   a. la mattina si alza e passa molto tempo in bagno.
   b. a pranzo mangia sempre la pasta.
   c. cena con il marito.

4. Ilaria
   a. si alza alle 7.00 di mattina.
   b. di solito pranza a casa.
   c. va all'università in autobus.

04.39 Dopo aver guardato. Based on the activities and habits of each character, state which one you would most likely share a friendship with and why.

_____

_____

_____

_____

_____

_____

_____

_____

_____

Attraverso le Marche

04.40 Le Marche. Read the following passage about the Marche region, and then answer the questions in complete sentences.

Mare e Spiagge delle Marche

Le Marche offrono ben 180 chilometri di bellissime spiagge di sabbia dorata, ghiaia (*gravel*) o scogli (*rocks*) con verdi palme che si specchiano nell'azzurro del mar Adriatico. La costa settentrionale (*northern*) è conosciuta come «riviera delle colline» e le sue spiagge sono principalmente sabbiose (*sandy*). Questa costa è attraversata da una piacevole strada panoramica (*scenic road*) che, attraversando pittoreschi paesi di pescatori (*fishermen's villages*), conduce sino a Pesaro, la città del grande compositore Gioachino Rossini. Da Pesaro, proseguendo sulla strada panoramica, si giunge a Senigallia, città dalle origini molto antiche, famosa in tutta Europa per la sua «spiaggia di velluto», dodici chilometri di sabbia finissima (*very fine*). Procedendo verso sud si arriva ad Ancona che è il capoluogo (*capital*) di regione. Qui la spiaggia sabbiosa finisce improvvisamente ed inizia la meravigliosa «riviera del Conero», vari chilometri di spiagge rocciose (*rocky*) e scogliere (*cliffs*) raggiungibili soltanto percorrendo piccoli sentieri (*trails*) o con la barca.

1. Qual è il mare delle Marche?

   _____

2. Come sono le spiagge della costa settentrionale?

   _____

3. Quale personaggio famoso è nato a Pesaro?

   _____

4. Per che cosa Senigallia è molto famosa?

   _____

5. Qual è il capoluogo delle Marche?

   _____

6. Come si chiama la spiaggia a sud di Ancona?

   _____

5

Ecco la mia famiglia

PERCORSO 1

La famiglia e i parenti

VOCABOLARIO

Com'è la tua famiglia? *(Textbook, pp. 135–138)*

05.01 La famiglia Ghirardato. Look at the family tree below. Then match each name with the phrase that completes the sentence correctly.

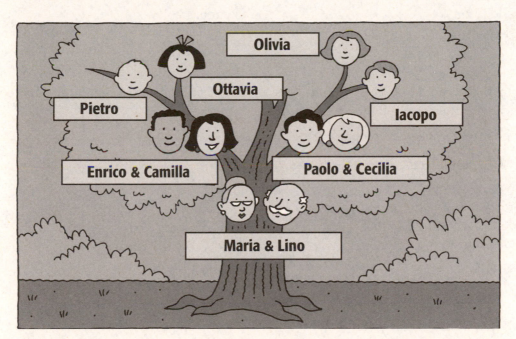

1. Lino ___C___   **a.** è il padre di Olivia e Jacopo.

2. Paolo ___a___   **b.** è la moglie di Enrico.

3. Enrico ___e___   **c.** è il nonno di Olivia, Jacopo, Ottavia e Pietro.

4. Ottavia e Olivia ___f___   **d.** sono marito e moglie.

5. Camilla e Paolo ___g___   **e.** è lo zio di Olivia e Jacopo.

6. la madre di Pietro ___h___ **f.** sono le nipoti di Lino e Maria.

7. Camilla ___b___   **g.** sono fratelli.

8. Lino e Maria ___d___   **h.** è la figlia di Maria.

05.02 Il tuo albero genealogico. Think of your own family tree and describe the relationships between three members of your family, giving their names.

ESEMPIO: *La mia famiglia è grande.*
I miei nonni paterni si chiamano Maria e Michele, e hanno molti figli...

1. _____

2. _____

3. _____

05.03 La famiglia allargata. Match each family member with its description.

1. il papà della mamma _C_   a. la bisnonna

2. il marito della zia _f_   b. il cugino

3. il figlio dello zio _b_   c. il nonno materno

4. la mamma della nonna _a_   d. la nonna paterna

5. la figlia della zia _e_   e. la cugina

6. la madre del padre _d_   f. lo zio

05.04 La famiglia di Filippo. Listen to the description of Filippo's extended family and complete each sentence with the correct family relationship.

ESEMPIO: Lorenzo è *il fratello* di Filippo.

1. Teresa e Sara sono _le cugine_ di Filippo.

2. Mario e Edda sono _gli zii_ di Filippo.

3. Edda è _la sorella_ del padre di Filippo.

4. Maria e Nando sono _i genitori_ di Filippo.

5. Filippo e Lorenzo sono _i figli_ di Maria e Nando.

6. Anna è _la sorella_ di Filippo.

7. Sandro è _il marito_ di Anna.

8. Marta è _la figlia_ di Anna e Sandro.

GRAMMATICA

Gli aggettivi possessivi *(Textbook, pp. 138–140)*

05.05 Qual è il femminile? Match each masculine possessive adjective with the corresponding feminine possessive adjective.

1. mio _d_
2. Suo _i_
3. i nostri _f_
4. il tuo _h_
5. vostri _c_
6. i suoi _l_
7. i loro _a_
8. miei _b_
9. i tuoi _e_
10. nostri _g_

a. le loro
b. mie
c. vostre
d. mia
e. le tue
f. le nostre
g. nostre
h. la tua
i. Sua
l. le sue

05.06 I possessivi con la famiglia. Fill in the blanks with the correct possessive adjective, including the article when necessary.

1. Di dov'è _____ tuo _____ padre? (tu)
2. _____ mio _____ marito è inglese. (io)
3. _____ I loro _____ zii sono socievoli. (loro)
4. _____ le mie _____ nonne sono simpatiche. (io)
5. _____ sua _____ zia è americana. (lei)
6. _____ vostro _____ fratello studia all'università. (voi)
7. _____ le nostre _____ cugine sono di Roma. (noi)
8. _____ la tua _____ mamma è fantastica! (tu)

05.07 Chi sono? Complete the following sentences with the correct possessive adjective.

1. Che bel bambino, signora Dini! È _____ Suo _____ nipote?
2. Quest'estate passo le vacanze al mare con _____ i miei _____ nonni.
3. Signor Casu, Le presento _____ mia _____ moglie.
4. Erica, quella ragazza è _____ tua _____ cugina?
5. Giulia e Edoardo, _____ i vostri _____ genitori vi chiamano.
6. Amedeo è molto simpatico, ma _____ le sue _____ sorelle sono antipatiche.

05.08 Chiara descrive i suoi parenti. Listen to Chiara's narration and indicate whether the sentences are **vero, falso,** or **non menzionato** (*not mentioned*).

1. La sua famiglia è molto grande.	Vero	Falso	Non menzionato
2. I suoi genitori, suo fratello e sua nonna vivono a Livorno.	Vero	Falso	Non menzionato
3. Il suo gatto si chiama Bea.	Vero	Falso	Non menzionato
4. Chiara adora andare in bicicletta.	Vero	Falso	Non menzionato
5. La moglie di suo zio si chiama Mirella.	Vero	Falso	Non menzionato
6. Suo cugino si chiama Giovanni.	Vero	Falso	Non menzionato
7. Il cugino di Chiara vive a Siena.	Vero	Falso	Non menzionato
8. Le sue cugine sono gemelle.	Vero	Falso	Non menzionato
9. Chiara e le sue cugine d'estate vanno al mare insieme.	Vero	Falso	Non menzionato

05.09 Scambio d'informazioni tra amici. Rewrite the sentences below, using a possessive adjective and an article when necessary.

ESEMPIO: Antonio ha un orologio nuovo.
 Il suo orologio è nuovo.

1. Io ho una bicicletta rossa.
 La mia bicicletta è rossa

2. Tu hai due compagni di appartamento simpatici.
 I tuoi due compagni di appartamento simpatici

3. Marta e Barbara hanno un professore americano.
 Il loro professore è americano

4. Voi avete un appartamento grande.
 Il nostro appartamento è grande

5. Il cugino di Arianna si chiama Enrico.
 Suo cugino si chiama Enrico

6. Susan ha un'amica italiana.
 la sua amica è italiana

I pronomi possessivi *(Textbook, pp. 140–141)*

05.10 Studenti smemorati. Some of your classmates cannot remember which objects belong to whom. Complete the following answers by writing the correct possessive pronoun.

ESEMPIO: Quel libro è di Sofia? Sì, è *il suo*.

1. Quella borsa è di Silvia? Sì, è ___la sua___.
2. Quello zaino è di Carlo? Sì, è ___il suo___.
3. Quelle penne sono di Nadia? No, non sono ___le sue___.
4. Quei quaderni sono di Ugo e Piero? Sì, sono ___i loro___.
5. Professor Rossi, sono Suoi quei giornali? No, non sono ___i miei___.
6. Anna e Sara, sono vostre quelle matite? Sì, sono ___le nostre___.

Il presente di *conoscere* e *sapere* (Textbook, pp. 141–143)

05.11 *Conoscere e sapere.* Write the correct form of the verbs **conoscere** and **sapere** next to each personal pronoun.

	Conoscere	Sapere
1. io	conosco	so
2. tu	conosci	sai
3. mia cugina	conosce	sa
4. io e mio fratello	conosciamo	sappiamo
5. tu e i tuoi cugini	conoscete	sapete
6. i tuoi genitori	conoscono	sanno

05.12 *Conoscere o sapere?* Complete the following questions by selecting the correct verb form.

1. Loro (sanno / conoscono) giocare a calcio?
2. Dario, (sai / conosci) mia sorella?
3. Signor Borasio, (sa / conosce) Firenze bene?
4. Ragazzi, (sapete / conoscete) fare l'esercizio d'italiano?
5. Tu (sai / conosci) dov'è la Facoltà di Economia?
6. Ragazze, (sapete / conoscete) un bar che fa dei buoni panini?

05.13 *Davvero?* Write complete sentences using the expressions below and either **sapere** or **conoscere**, as appropriate.

ESEMPIO: Tu / cucinare   *Tu sai cucinare.*

1. La professoressa Davis / l'Italia bene

La professoressa Davis conosce l'Italia bene

2. Susan / recitare bene

Susan sa recitare bene

3. Voi / molti studenti stranieri

Voi conoscete molti studenti stranieri

4. Io e Lorella / il nome di quel nuovo studente

Io e Lorella sappiamo il nome di quel nuovo studente

5. Io / le opere di Dario Fo

Io conosco le opere di Dario Fo

6. I miei compagni di appartamento / parlare l'italiano

I miei compagni di appartamento sanno parlare l'italiano

Le feste in famiglia

VOCABOLARIO

Che cosa festeggiate? *(Textbook, pp. 144–146)*

05.14 L'intruso. Select the word or expression that does not belong in each group.

1. **a.** dare una festa   **b.** invitare   **c.** fare una foto
2. **a.** il diploma   **b.** il bicchiere   **c.** la laurea
3. **a.** mandare un invito   **b.** laurearsi   **c.** fare una festa
4. **a.** la torta   **b.** lo spumante   **c.** il biglietto
5. **a.** la candelina   **b.** il compleanno   **c.** l'anniversario
6. **a.** il ricevimento   **b.** il diploma   **c.** gli invitati
7. **a.** invitare   **b.** regalare   **c.** fare gli auguri
8. **a.** festeggiare   **b.** spedire   **c.** fare una festa

05.15 Che cosa dici? Next to the description of each event, complete the appropriate response by filling in the rest of the expressions. The first letter of each word is given.

1. Tuo cugino si sposa.   C_____!

2. Un tuo amico si laurea.   A_____!

3. È il tuo compleanno e ti fanno un regalo.   G_____!

4. È il compleanno di tuo fratello.   B_____ C_____!

5. I tuoi genitori festeggiano vent'anni di matrimonio.   B_____ A_____!

05.16 Che festa è? Listen to the following short dialogues and select the answer that best completes each statement.

Dialogo 1

1. Marta chiama Matteo per invitarlo
   a. a un matrimonio.
   b. a una festa di laurea.
   c. a una festa di compleanno.
2. Marta e Matteo regalano
   a. un libro.
   b. un DVD.
   c. una torta.

Dialogo 2

3. Gloria e Stefania danno una festa per
   a. la laurea di una loro amica.
   b. il diploma di una loro amica.
   c. l'anniversario di matrimonio dei genitori di Gloria.
4. Gloria e Stefania invitano alla festa
   a. gli amici di Rita.
   b. gli amici e i parenti di Rita.
   c. gli amici e i genitori di Rita.
5. Per la festa, Gloria e Stefania comprano
   a. solo una torta.
   b. una torta e dieci bottiglie di spumante.
   c. un torta, dieci bottiglie di spumante e anche le candeline.

GRAMMATICA

Il presente di *dare* e *dire* *(Textbook, p. 146)*

05.17 Dire e dare. Write the missing verb forms on the lines provided.

	Dire	**Dare**
1. io	dico	_do_
2. tu	_dici_	dai
3. lui/lei/Lei	dice	_da_
4. noi	_diciamo_	_diamo_
5. voi	_dite_	date
6. loro	dicono	_danno_

05.18 Dire o dare? Match each subject to the correct verb phrase to form complete sentences.

1. Luca e Claudio _d_
2. Io _e_
3. Io e Gabriella _b_
4. Voi _f_
5. Tu _a_
6. Sabrina _c_

a. dai un biglietto di auguri ai tuoi zii.
b. diamo un regalo a Riccardo.
c. dice sempre «No!»
d. danno una festa domani.
e. dico: «Piacere, mi chiamo Alberto» quando incontro un nuovo studente.
f. dite «Buongiorno!» alla professoressa.

05.19 Festeggiamenti. What do people do or say on certain occasions? Complete the following sentences with the correct forms of **dare** or **dire**.

1. Io _do_ un libro a mia sorella per il suo compleanno.
2. Voi _dite_ «Grazie» ai nonni del bel regalo.
3. Loro _danno_ la torta e lo spumante agli invitati.
4. L'invitato _dice_ «Grazie dell'invito».
5. Noi _diamo_ una festa per l'anniversario dei nostri genitori.
6. Tu _dici_ sempre «Buongiorno» la mattina.

I pronomi diretti: *lo, la, li, le* (Textbook, pp. 147–150)

05.20 Quattro amici fanno una festa. Identify the direct-object nouns in the following sentences of dialogue. Then write the correct object pronoun(s) next to each sentence. There are more than one in some sentences.

ESEMPIO: Io porto i bicchieri.   *li*

1. Giorgia: Io faccio la torta! _____ la _____
2. Carlotta: Ma non sai cucinare! Compro io la torta e le candeline. _____ la _____ le _____
3. Giorgia: Va bene... allora io compro lo spumante. _____ lo _____
   Marco: Scusate, ma chi invitiamo?
4. Cristiano: Invitiamo gli amici e i compagni di università. _____ li _____ li _____
5. Giorgia: Io voglio invitare anche le mie amiche del Conservatorio, sono simpatiche! _____ le _____
6. Marco: E io invito Tim, lo studente americano. _____ lo _____
7. Carlotta: Chi manda gli inviti? Cristiano? _____ li _____

05.21 Cosa offri e chi inviti? You and your friends are organizing a party. Answer the questions with the correct direct-object pronouns and the verbs in parentheses, as in the example.

ESEMPIO: Tu fai la torta?
Sì, (cucinare) *la cucino* io.

1. Offri il vino?
   Sì, (portare) _____ lo porta _____ mio cugino.
2. Chi prepara i dolci?
   (cucinare) _____ li cucinano _____ Mirella e Loredana.
3. Servi le pizze?
   Sì, (comprare) _____ le compra _____ Ciro.
4. Servi gli antipasti?
   No, non (preparare) _____ li preparo _____.
5. Inviti l'amica di tuo cugino?
   No, non (conoscere) _____ la conosco _____.
6. E le tue sorelle?
   Sì, (invitare) _____ le invito _____.

05.22 Una cena complicata. Anna has invited three friends over for dinner. Since they have dietary restrictions, she has to think carefully about what to serve. Listen to what she says and complete the following sentences using the appropriate direct-object pronoun.

ESEMPIO: You hear: Claudia non mangia la pasta.
You write: Claudia *non la mangia*.

1. Claudia _____ non le mangia _____
2. Renata _____ non lo mangia _____
3. Vincenzo _____ non la beve _____.
4. Io e Renata _____ non lo beviamo _____
5. Io _____ le compro _____.
6. Io _____ li preparo _____.
7. Io _____ lo cucino _____.
8. Claudia _____ la porta _____.

PERCORSO III

Le faccende di casa

VOCABOLARIO

Che cosa devi fare in casa? *(Textbook, pp. 151–153)*

05.23 Le faccende di casa. Write the household chores that correspond to each drawing.

1. <u>apparecchiare la tavola</u>

2. <u>rifare il letto</u>

3. <u>lavare i piatti</u>

4. <u>cucinare</u>

5. <u>passare l'aspirapolvere</u>

6. <u>portare fuori la spazzatura</u>

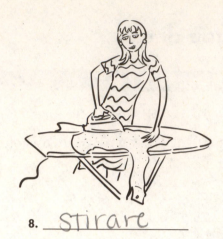

7. __spazzare__   8. __stirare__

05.24 Ogni quanto? You will hear Beatrice talking about her household chores. The first time you hear her description, write what her chores are. Then, after listening to her description a second time, write how often she does each one.

Che cosa?	Ogni quanto?
1.	
2.	
3.	
4.	
5.	
6.	
7.	
8.	

GRAMMATICA

Il presente di *dovere, potere* e *volere* (Textbook, pp. 147–150)

05.25 *Dovere, potere* e *volere*. Complete the following conjugations by filling in the missing verb forms.

	Dovere	Potere	Volere
1.	devo	posso	voglio
2.	devi	puoi	vuoi
3.	deve	può	vuole
4.	dobbiamo	possiamo	vogliamo
5.	dovete	potete	volete
6.	devono	possono	vogliono

05.26 Opinioni. Everyone seems to have a contradicting opinion about what to do. Rewrite each sentence to reflect a different idea from the one suggested, as in the example.

ESEMPIO: Carlo vuole andare al cinema.
Io *voglio andare in palestra.*

1. Vogliamo andare in pizzeria.
Loro _vogliono andare in restauranto_.

2. Devo fare il bucato.
Tu _devi fare la spesa_.

3. Devi fare la spesa.
Sandra _deve fare il bucato_.

4. Carlo e Sandra possono spazzare.
Tu e Maria _potete cucinare_.

5. Io posso stirare.
Enrico _può spazzare_.

6. Maria vuole un cappuccino.
Tu _vuoi un bere_.

05.27 Chi lo fa? Complete the following short dialogues by writing the correct form of **dovere**, **potere**, or **volere**.

A. — Anna, (1. potere) _puoi_ fare la spesa tu oggi?

— No, non (2. potere) _posso_. Ho lezione all'università fino alle otto stasera.

B. — Giochiamo a tennis domani mattina?

— Noi non (3. potere) _possiamo_. Io (4. dovere) _devo_ pulire la casa, Ugo (5. dovere) _deve_ fare la spesa e Luca (6. volere) _vuole_ andare in biblioteca.

C. — Ragazzi, andiamo al cinema stasera?

— Noi (7. dovere) _dobbiamo_ studiare stasera. Abbiamo un esame domani.

D. — Paola, Lucia e Stefano (8. volere) _vogliono_ conoscere i tuoi amici.

— Va bene. (9. Potere) _possono_ (loro) venire a casa mia sabato sera?

E. — Perché (10. volere) _vuoi_ (tu) un computer nuovo?

05.28 *Dovere, potere, volere e i pronomi.* You volunteered to house-sit for a friend during his vacation; but first, you want to know what your responsibilities are and what you can and cannot do in the house. Look at the list below and write down your friend's answers to your questions, as in the example. Be sure to use object pronouns when needed.

annaffiare le piante	tre volte alla settimana
passare l'aspirapolvere	spesso
spolverare i mobili	una volta alla settimana
fare la spesa	X
fare il bucato	X
invitare gli amici a cena	una volta alla settimana
fare una festa	X
cucinare	ogni tanto
usare il computer	X

ESEMPIO: Devo annaffiare le piante?
Sì, le devi annaffiare tre volte alla settimana.

1. Devo passare l'aspirapolvere?
   Sì, la devi passare spesso

2. Devo spolverare i mobili?
   Sì li devi spolverare una volta alla settimana

3. Devo fare la spesa?
   No, non la devi fare

4. Devo fare il bucato?
   No non devi fare

5. Posso invitare gli amici a cena?
   Sì li puoi invitare una volta alla settimana

6. Posso cucinare?
   Sì puoi cucinare ogni tanto

7. Posso fare una festa?
   No non la puoi fare

8. Posso usare il computer?
   No non lo puoi usare

05.29 C'è ancora molto da fare prima della festa! Anna and Agnese are having a party at their parents' house tonight. However, there are certain chores that need to be done before the party. Listen to the chores and activities their mom is telling them to do and select all the ones you hear from the list below.

fare la spesa	pulire la cucina
cucinare	fare il bucato
passare l'aspirapolvere	fare le torte
spolverare	mettere i vestiti sporchi in lavanderia
innaffiare le piante	stirare
lavare i piatti	rifare i letti

In pratica

05.30 Occasioni importanti. Your new Italian friends want to know what people in your country do to celebrate important events. Explain orally four activities you would do at each of the following events.

1. il compleanno del/della tuo/a amico/a
2. la laurea di una tua amica
3. il matrimonio di tua cugina

05.31 I lavori domestici. One of your roommates is very untidy and your apartment is a mess. Read the following prompts, and for each of them, tell him/her aloud what he/she has to do to clean up the mess.

1. i piatti sono sporchi (*dirty*)
2. la casa è in disordine
3. c'è molta polvere in casa
4. ci sono i suoi vestiti sporchi in lavanderia (*laundry room*)
5. ci sono le sue magliette da stirare in lavanderia
6. le piante hanno bisogno di acqua
7. il bidone della spazzatura (*trash can*) è pieno (*full*)
8. il frigorifero è vuoto (*empty*)

05.32 Prima di leggere. Read the title and the first sentence of the brief magazine article, and then choose the best answer for each of the following questions.

Casalinghe disperate o mamme *multitasking*?

Un'indagine (*investigation*) sul rapporto tra le donne italiane sopra i 40 e la tecnologia rivela alcuni interessanti aspetti socio-culturali del «gentil sesso» nell'era della *digital home*.

1. Chi è una casalinga?
   a. una donna che si dedica ai lavori di casa e non ha un lavoro fuori casa
   b. una donna che ha un lavoro fuori casa
2. Le donne «sopra i 40» quanti anni hanno?
   a. meno di quaranta
   b. più di quaranta
3. Con quale parola possiamo sostituire l'espressione «gentil sesso»?
   a. donne
   b. uomini

05.33 Mentre leggi. As you read the complete article, make a list of all the words and expressions you are familiar with.

Casalinghe disperate o mamme *multitasking*?

Un'indagine (*investigation*) sul rapporto tra le donne italiane sopra i 40 e la tecnologia rivela alcuni interessanti aspetti socio-culturali del «gentil sesso» nell'era della *digital home*. Secondo il 75% delle italiane, le donne sono molto più multitasking, ovvero capaci di fare più attività in simultanea, degli uomini. Ma quante e quali sono le attività che le donne fanno in casa, anche contemporaneamente? Moltissime. Il 77% delle donne, oltre a seguire i figli, farli giocare o studiare, fanno anche altre cose mentre sono in casa: cucinare, lavare, stirare e pulire.

Tutte le donne italiane si riconoscono questa qualità *multitasking*, tipica dei computer avanzati. Che aiuto vogliono dalla tecnologia? Le italiane hanno le idee molto chiare a questo proposito: la tecnologia deve semplificare e evitare (*avoid*) i lavori di casa, che prendono loro molto più tempo che alle altre donne europee. In altre parole, vogliono che i computer e le altre tecnologie elettroniche le aiutino a fare le faccende di casa più rapidamente.

_____

_____

_____

05.34 Dopo la lettura. Answer the following questions based on the article in complete sentences.

1. Perché le donne italiane sono più *multitasking* degli uomini?

_____

_____

2. Scrivi tutte le attività che le donne italiane fanno spesso in casa simultaneamente.

_____

_____

3. Che cosa vogliono le donne italiane dalla tecnologia?

_____

_____

Nome: _____ **Data:** _____

SCRIVIAMO

05.35 Scriviamo. Your friend Fabrizio wrote you an e-mail telling you about an upcoming surprise birthday party. First, read his e-mail and take note of the information Fabrizio gives about his family. Then, write an e-mail of five to six lines back to Fabrizio, telling him about an upcoming party you are going to attend. Tell him what the occasion is and which of your family members are going to be there.

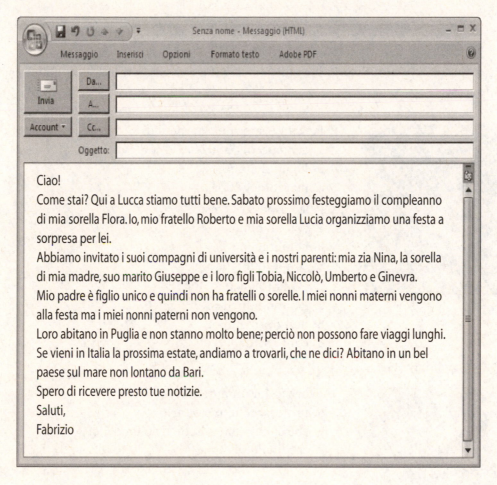

_____

_____

_____

_____

_____

_____

_____

05.36 Prima di guardare. In this videoclip, Felicita, Fabrizio, and Ilaria talk about their families and their lives at home. Before watching the segment, jot down some tasks and activities that pertain to the home.

_____

_____

 05.37 Mentre guardi. As you watch the video, select the answer that best completes each of the following sentences.

1. Felicita è sposata dal mese di
   a. gennaio del 2001.
   b. luglio del 2004.
   c. marzo del 2006.

2. Felicita passa le feste
   a. con gli amici.
   b. al mare.
   c. con la famiglia.

3. Il cane di Felicita
   a. è buono anche con i gatti.
   b. non dorme mai.
   c. è un gatto.

4. Fabrizio ha un antenato
   a. professore universitario.
   b. che si chiamava Leonardo da Vinci.
   c. cardinale.

5. La madre di Ilaria
   a. non lavora.
   b. lavora sempre la domenica.
   c. lavora tutto il giorno.

05.38 Dopo aver guardato. Write a short paragraph comparing your family with that of one of the characters, and using the following information as ideas:

- How many people are in your family? Is it large or small?
- What activities do you do together?
- What kinds of chores do you do at home? Do your family members also participate?

_____

_____

_____

_____

_____

_____

_____

_____

Attraverso la Toscana

05.39 La Toscana. Read the following passage about the Tuscan Riviera, and then answer the questions below in complete sentences.

La Versilia

La Versilia è la costa toscana compresa tra le stazioni balneari (*seaside resorts*) di Forte dei Marmi e Viareggio. È uno dei distretti balneari più esclusivi d'Italia, con spiagge e pinete (*pine forests*) sullo sfondo (*background*) spettacolare delle Alpi Apuane (*Apuan Alps*). Oggi la Versilia è meta di turismo d'élite. In estate le sue spiagge e le vie dello shopping pullulano di (*are swarming with*) attori e personaggi famosi italiani e internazionali. Le spiagge sabbiose, però, sono ancora come ai tempi in cui «vestivamo alla marinara», per citare il titolo di un celebre romanzo di Susanna Agnelli. Un'importante parte dell'economia locale è senza dubbio il marmo bianco delle Alpi Apuane (detto anche marmo di Carrara), uno dei marmi più pregiati. Le cave di marmo (*marble quarries*) delle Alpi Apuane sono già utilizzate in età romana (*Roman era*). Diventano però famose nel Rinascimento, epoca in cui il marmo è usato in grandi quantità per la costruzione di edifici e chiese. E come dimenticare che il marmo di Carrara è il marmo utilizzato da Michelangelo, che tra il 1495 e il 1520 va spesso sulla Alpi Apuane a scegliere i blocchi di marmo sui quali realizza le proprie sculture.

1. Che cos'è la Versilia?

_____

2. Come si chiamano le montagne che fanno da sfondo alla Versilia?

_____

3. Com'è oggi il turismo della Versilia?

_____

4. Per che cosa sono famose le Alpi Apuane?

_____

5. Perché tra il 1495 e il 1520 Michelangelo va spesso sulle Alpi Apuane?

_____

6

Casa mia, casa mia...

PERCORSO 1

Le stanze e i mobili

VOCABOLARIO

Cosa c'è nel palazzo? E nell'appartamento? E nelle stanze? *(Textbook, pp. 167–171)*

06.01 Il palazzo e l'appartamento. Look at the drawing of an apartment building and label each structure and room by writing the correct Italian word, including the definite article.

1. le scale
2. l'ascensore
3. il garage
4. il soggiorno
5. la cucina
6. la sala da pranzo
7. la camera da letto
8. il bagno

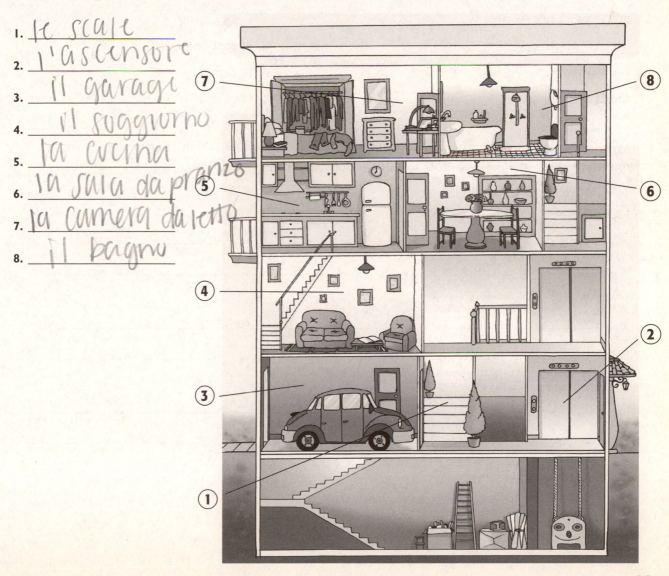

06.02 In quale stanza li trovi? Select the room in which you usually find the following pieces of furniture and objects.

1. il cassettone: sala da pranzo   studio   (camera da letto)   bagno
2. la poltrona: sala da pranzo   (studio)   camera da letto   bagno
3. l'armadio: sala da pranzo   studio   (camera da letto)   bagno
4. la doccia: sala da pranzo   studio   camera da letto   (bagno)
5. la vasca: sala da pranzo   studio   camera da letto   (bagno)
6. il letto: sala da pranzo   studio   (camera da letto)   bagno
7. il tavolo: (sala da pranzo)   studio   camera da letto   bagno
8. il lampadario: (sala da pranzo)   studio   camera da letto   bagno

06.03 In quale stanza fai queste attività? Match each activity with the room in which it most logically takes place.

1. svegliarsi ___e___
2. cenare con i parenti ___d___
3. guardare la televisione ___c___
4. lavare i piatti ___f___
5. farsi la barba ___b___
6. annaffiare le piante ___a___

a. il balcone
b. il bagno
c. il soggiorno
d. la sala da pranzo
e. la camera da letto
f. la cucina

06.04 Cercasi urgentemente appartamento. Aurora is looking for an apartment to rent. As you listen to what she says, write as much information as possible about her, what she is looking for, and why.

1. Chi è Aurora?

_____

_____

2. Che cosa cerca?

_____

_____

3. Perché?

_____

_____

GRAMMATICA

Le preposizioni *(Textbook, pp. 171–174)*

06.05 Quale preposizione articolata? For each word or expression, select the appropriate preposition.

1. periferia di Bari
   a. nel
   b. nell'
   c. nella ⟵ (circled)

2. quartiere San Paolo
   a. nel ⟵ (circled)
   b. nella
   c. nell'

3. appartamento
   a. nella
   b. nell' ⟵ (circled)
   c. nel

4. balcone
   a. sull'
   b. sulla
   c. sul ⟵ (circled)

5. studio
   a. nel
   b. nello ⟵ (circled)
   c. nella

6. pareti
   a. sui
   b. sulle ⟵ (circled)
   c. sugli

7. gatti
   a. dei ⟵ (circled)
   b. delle
   c. degli

8. tappeto
   a. sullo
   b. sulla
   c. sul ⟵ (circled)

06.06 Dove? Complete each of the following phrases with the correct form of the prepositions.

A. a

1. vicino _____alla_____ porta
2. _____al_____ pianterreno
3. di fronte _____all'_____ ascensore

B. in

4. _____nello_____ zaino
5. _____nell'_____ armadio
6. _____nel_____ cassettone

C. su

7. _____sul_____ letto
8. _____sulla_____ sedia
9. _____sulle_____ pareti

06.07 Con o senza l'articolo? Read the following sentences and select the correct prepositions in each.

1. L'università è (**in** / nel) centro ma io abito (**in** / nella) periferia.
2. La Facoltà di Matematica è vicino (**a** / al) cinema, davanti (a / **alla**) biblioteca.
3. Torno (**a** / alla) casa alle sette e alle otto vado (**in** / nella) piscina.
4. I libri sono (in / **nello**) zaino e lo zaino è vicino (a / **allo**) stereo.
5. Il quaderno è (su / **sul**) letto e il letto è di fronte (a / **all'**) armadio.
6. (Su / **Sulla**) scrivania ci sono le penne ma le matite sono (su / **sul**) tavolo.

06.08 Dove? Answer the following questions about your own place of residence in complete sentences, using the correct prepositions.

1. Dov'è il tuo appartamento / la tua casa?

_____

2. Dov'è la tua camera da letto?

_____

3. Dove guardi la televisione?

_____

4. Dov'è il tuo computer?

_____

5. Dove fai colazione?

_____

6. Dove studi?

_____

06.09 Il monolocale di Aurora. Listen to Aurora describe her new studio apartment. Then select the phrase that correctly completes each sentence.

1. L'appartamento di Aurora è
   a. al secondo piano.
   b. al primo piano.
   c. al pianterreno.

2. Il letto è
   a. destra della finestra.
   b. a sinistra della finestra.
   c. sotto la finestra.

3. Il tappeto è
   a. sul tavolino.
   b. per terra, sotto il tavolino.
   c. per terra, vicino al tavolino.

4. Sul tavolo, ci sono
   a. il computer, dei libri e una lampada.
   b. il telefono e una lampada.
   c. dei libri, il telefono e una lampada.

PERCORSO II

L'arredamento della casa

VOCABOLARIO

Cosa ci mettiamo? *(Textbook, pp. 175–177)*

06.10 Mobili, accessori o elettrodomestici? For each word given, select the category it belongs to: **mobili, accessori,** or **elettrodomestici**

1. il ferro da stiro:	mobili	accessori	elettrodomestici
2. il comodino:	mobili	accessori	elettrodomestici
3. lo stereo:	mobili	accessori	elettrodomestici
4. la radiosveglia:	mobili	accessori	elettrodomestici
5. il cassettone:	mobili	accessori	elettrodomestici
6. il frigorifero:	mobili	accessori	elettrodomestici
7. la stampante:	mobili	accessori	elettrodomestici
8. la poltrona:	mobili	accessori	elettrodomestici
9. la lavastoviglie:	mobili	accessori	elettrodomestici
10. il divano:	mobili	accessori	elettrodomestici

06.11 Che cosa metti? Write three items that one would likely need to furnish each of the following rooms.

1. la camera da letto: _____

2. la cucina: _____

3. il soggiorno: _____

06.12 Vero o falso? As you listen to the different statements about the location of several furnishings and objects, look at the drawing and indicate whether each statement is **vero, falso,** or **non presente.**

1. Vero   Falso   Non presente
2. Vero   Falso   Non presente
3. Vero   Falso   Non presente
4. Vero   Falso   Non presente
5. Vero   Falso   Non presente
6. Vero   Falso   Non presente
7. Vero   Falso   Non presente
8. Vero   Falso   Non presente

06.13 Lo studio di Carla. You will hear Carla and Giulia talk about Carla's new den. As you listen to their conversation, describe the room and furnishings and tell how Carla has them arranged.

_____

_____

_____

_____

_____

_____

_____

_____

_____

_____

GRAMMATICA

Ci *(Textbook, pp. 177–178)*

06.14 Cosa fa Gianni all'università? Your friend Gianni responded to a student survey about his daily activities on campus. Read his answers and write the questions that might logically have been asked.

ESEMPIO: Cosa fai sul campo da tennis?
Ci gioco a tennis con il mio amico Giorgio.

1. _____?
   Ci studio.

2. _____?
   Ci mangio.

3. _____?
   Ci bevo un caffè con gli amici.

4. _____?
   Ci nuoto.

5. _____?
   Ci leggo le mail.

6. _____?
   Ci ascolto i CD d'italiano.

06.15 Dove li mettiamo? You have just moved into a new apartment with a friend and you are discussing where to put some of your furnishings. Rewrite the sentences below, substituting the underlined words with **ci**.

ESEMPIO: Mettiamo il tavolino <u>nella camera da letto</u>.
Ci mettiamo il tavolino.

1. Mettiamo il divano <u>in salotto</u>.   _____

2. Mettiamo la lavatrice <u>in cucina</u>.   _____

3. Metto lo stereo <u>nella mia camera da letto</u>.   _____

4. Metti il computer <u>nella tua camera da letto</u>.   _____

5. Mettiamo la libreria <u>in salotto</u>, davanti al divano. _____

6. Metto la bicicletta <u>sul balcone</u>.   _____

Ne *(Textbook, pp. 178–179)*

06.16 La casa dei genitori di Gianni. Gianni's parents have just moved and a friend of his asks him about their new house. Complete his answers, using **ne**, as in the examples.

ESEMPI: Ha un'ascensore?   Ha sette stanze? (8)
Sì, *ne ha uno.*   No, *ne ha otto.*

1. Ha tre piani? (2)   4. Ha tre bagni?
   No, _____.   Sì, _____.

2. Ha due balconi?   5. Ha un garage?
   Sì, _____.   Sì, _____.

3. Ha due camere da letto? (4)   6. Ha un giardino?
   No, _____.   Sì, _____.

06.17 *Ci o ne?* A friend asks you questions about the party you are organizing. Write answers to her questions using either **ci** or **ne**.

ESEMPI: Tuo fratello viene alla festa?
Sì, ci viene. o *No, non ci viene.*
Inviti dei parenti?
Sì, ne invito. o *No, non ne invito.*

1. Quanti amici inviti alla festa?

   _____.

2. Anna viene alla festa?

   _____.

3. Piero e Sandro comprano della birra?

   _____.

4. Quante torte servi?

   _____.

5. Cosa metti in soggiorno?

   _____.

6. Vai spesso alle feste?

   _____.

06.18 Com'è il tuo nuovo appartamento? One of your friends asks you several questions about your home. Listen to her questions and write your answers using **lo, la, li, le, ci,** or **ne** as appropriate.

ESEMPIO: You hear: Quante stanze hai?
You write: *Ne ho cinque.*

1. _____.

2. _____.

3. _____.

4. _____.

5. _____.

6. _____.

7. _____.

8. _____.

I numeri dopo 100 *(Textbook, pp. 179–180)*

06.19 Numeri sull'Italia. Match the first part of each sentence to the information that logically completes it.

1. La seconda guerra mondiale finisce _____   a. 60.000.000 di abitanti.

2. L'Italia ha circa _____   b. 15 Euro.

3. L'Italia vince il Campionato del Mondo di calcio _____   c. nel 1945.

4. Sofia Loren nasce _____   d. 3.000 Euro.

5. Un vestito da sera di Armani costa circa _____ e. nel 2006!

6. Una bottiglia di Chianti costa circa _____   f. nel 1934.

06.20 Identifica il numero. You will hear a number from each of the following series. Identify and select the number in each group.

1.	114	360	850	524
2.	213	330	490	919
3.	818	625	723	513
4.	667	777	984	534
5.	1.310	1.420	3.640	6.860
6.	10.467	50.312	100.000	2.000.000

PERCORSO III

Le attività in casa

VOCABOLARIO

Che cosa hanno fatto? *(Textbook, pp. 183–185)*

06.21 La serata di Stefania. Match each of the activities that Stefania did yesterday with the item or place that is best associated with it.

1. Ha nuotato. _d_   a. il ristorante

2. Ha guardato un film. _b_   b. il cinema

3. Ha fatto il bucato. _e_   c. il telefono

4. Ha cenato con un amico. _a_ d. la piscina

5. Ha letto le mail. _h_   e. la lavatrice

6. Ha chiamato sua madre. _c_   f. il forno

7. Ha annaffiato le piante. _g_ g. il balcone

8. Ha fatto una torta. _f_   h. il computer

06.22 Che cosa hanno fatto Marco e Silvana ieri? Look at the pictures of what Marco and Silvana did yesterday and match each drawing with the correct description.

1. _l_

2. _f_

3. _a_

4. _b_

5. _d_

6. _c_

a. Ha cantato sotto la doccia.

b. Ha guardato la TV.

c. Hanno cenato al ristorante.

d. Ha studiato e ascoltato la radio.

e. Ha passato l'aspirapolvere.

f. Ha spazzato.

 06.23 Com'è Angelo? Listen to Angelo's short description of how he spent his Sunday. Then indicate whether the following statements apply to him by selecting whether they are **vero** or **falso**.

		Vero	Falso
1.	Dedica la domenica mattina alle pulizie di casa e allo sport.	Vero	Falso
2.	È studioso e diligente.	Vero	Falso
3.	È pigro.	Vero	Falso
4.	Gli piace ascoltare la musica.	Vero	Falso
5.	Non gli piace mangiare davanti al televisore.	Vero	Falso
6.	Studia medicina.	Vero	Falso

GRAMMATICA

Il passato prossimo con *avere* *(Textbook, pp. 185–186)*

06.24 Il participio passato. For each past participle listed below, select the conjugation it belongs to.

		-are	-ere	-ire
1.	pulito	-are	-ere	(-ire)
2.	bevuto	-are	(-ere)	-ire
3.	offerto	-are	-ere	(-ire)
4.	sentito	-are	-ere	(-ire)
5.	fatto	(-are)	-ere	-ire
6.	mangiato	(-are)	-ere	-ire
7.	conosciuto	-are	(-ere)	-ire
8.	scritto	-are	(-ere)	-ire
9.	dato	(-are)	-ere	-ire
10.	detto	-are	-ere	(-ire)

06.25 Presente o passato prossimo? Listen to the sentences and select whether the speaker is using verb forms in the **presente** or in the **passato prossimo**.

1. (presente)   passato prossimo
2. presente   (passato prossimo)
3. (presente)   passato prossimo
4. presente   (passato prossimo)
5. (presente)   passato prossimo
6. presente   (passato prossimo)

06.26 Metti in ordine le frasi. Unscramble the sentence fragments and conjugate the verb in the **passato prossimo** to reveal what some students did yesterday.

ESEMPIO: ieri sera / Daniela / con il suo ragazzo / cenare
Ieri sera Daniela ha cenato con il suo ragazzo.

1. io / con due amiche / pranzare

   Io ho pranzato con due amiche

2. parlare / Michelle e Elena / con il professore d'italiano

   Michelle e Elena hanno parlato con il prof. d'italiano

3. preparare / una torta / noi

   Noi abbiamo preparato una torta

4. la cucina / io e Marzia / pulire

   Io e Marzia abbiamo pulito la cucina

5. spedire / non / tu / gli inviti

   Tu non hai spedito gli inviti

6. dello spumante / Marisa e Rocco / e dei dolci / servire

   Marisa e Rocco hanno servito dello spumante e dei dolci

Participi passati irregolari *(Textbook, pp. 186–188)*

06.27 Io, lei, noi o loro? Read the following sentences and select the correct subject pronoun for each of them.

1. Ho stirato per due ore.	(io)	tu	lei/lui	noi	voi	loro
2. Ha scritto una mail.	io	tu	(lei/lui)	noi	voi	loro
3. Hanno pranzato a casa.	io	tu	lei/lui	noi	voi	(loro)
4. Abbiamo visto una commedia a teatro.	io	tu	lei/lui	(noi)	voi	loro
5. Ha parlato con il professore d'italiano.	io	tu	(lei/lui)	noi	voi	loro
6. Hanno fatto la spesa al supermercato.	io	tu	lei/lui	noi	voi	(loro)
7. Avete spedito gli inviti per la festa.	io	tu	lei/lui	noi	(voi)	loro
8. Hai offerto un aperitivo alle mie amiche.	io	(tu)	lei/lui	noi	voi	loro

06.28 Brevi conversazioni tra studenti. A group of students are talking while having lunch at the cafeteria. Complete the short dialogues with the correct past participle forms of the verbs in parentheses.

1. — Perché hai (parlare) _parlato_ con Federica?

   — Perché voglio fare una festa di compleanno per Carlo.

2. — Maria, ho (sapere) _saputo_ che ti laurei.

   — Chi ti ha (dire) _detto_ che mi laureo? Ma se non ho ancora

   (finire) _finito_ gli esami!

3. — Ho (comprare) _comprato_ un computer nuovo.

   — Quanto lo hai (pagare) _pagato_?

4. — Arianna ha (regalare) _regalato_ a Elisa un bel tappeto arancione.

   —Dove l'ha (mettere) _messo_?

   —Davanti al divano.

5. — Abbiamo (pulire) _pulito_ il nostro appartamento tutta la mattina.

   — Io, invece, ho _letto_ (leggere) un bel libro e ho (scrivere) _scritto_

   delle mail.

6. — Elisabetta, hai (conoscere) _conosciuto_ il nuovo studente americano?

   — Quel ragazzo che ha (dare) _dato_ una festa la settimana scorsa?

7. — Avete (fare) _fatto_ la spesa?

   — No, abbiamo (decidere) _deciso_ di andare al supermercato domani.

8. — Hai (prendere) _preso_ un regalo per Giacomo?

   — No, non l'ho ancora (cercare) _cercato_.

🔊 **06.29 Che cosa ha fatto Diego?** You will hear Diego talking about four things he did. Write the activity he did, when he did it, and for which occasion.

ESEMPIO: You hear: Oggi ho comprato un regalo per mio fratello. È il suo compleanno.

You answer: Che cosa?   Quando?   Quale occasione?

un regalo   *oggi*   *il compleanno di suo fratello*

Che cosa?	Quando?	Quale occasione?
1. _____	_____	_____
2. _____	_____	_____
3. _____	_____	_____
4. _____	_____	_____

L'accordo del participio passato con i pronomi di oggetto diretto *(Textbook, pp. 188–189)*

06.30 Una cena. Some friends are getting ready for a formal dinner. Complete the following sentences by writing the correct direct-object pronoun and the correct ending of the past participle.

1. (il vino) _____ ho pres_____ io.

2. (la frutta) _____ hanno comprat_____ loro.

3. (gli antipasti) _____ ha preparat _____ Rachele.

4. (le lasagne) _____ ho cucinat_____ io.

5. (le bottiglie di vino) _____ ho comprat_____ sei.

6. (il tiramisù) _____ ha portat_____ Sandra.

06.31 Lo sai che...? Giovanna tells Enrica what a mutual friend of theirs did when she moved into her new apartment. Rewrite the sentences by substituting the underlined words or expressions with a direct-object pronoun and by changing the past participle when necessary.

ESEMPIO: Ha messo <u>il televisore</u> in cucina.
Lo ha messo in cucina.

1. Ha messo <u>la poltrona</u> vicino alla finestra.

_____.

2. Ha comprato <u>le sedie per la cucina</u>.

_____.

3. Non ha ancora comprato <u>i comodini per la camera da letto</u>.

_____.

4. Non ha ancora preso <u>il divano</u>.

_____.

5. Ha messo <u>le piante</u> in soggiorno.

_____.

6. Ha comprato <u>due tappeti</u> colorati.

_____.

06.32 L'hai fatto? Your roommate comes back from a weekend away and wants to know whether you made all the preparations for the party you were planning. Answer your roommate's questions using **già** or **ancora**, as appropriate.

ESEMPIO: Hai fatto il bucato?
Sì, *l'ho fatto.* o No, *non l'ho fatto.*

1. Hai fatto la spesa?

Sì, _____.

2. Hai spedito gli inviti?

Sì, _____.

3. Hai ordinato la torta?

No, _____.

4. Hai invitato i tuoi genitori?

Sì, _____.

5. Hai chiamato Luisa?

No, _____.

6. Hai deciso che cosa offrire come aperitivo?

No, _____.

In pratica

PARLIAMO

 06.33 Il tuo appartamento. A new friend of yours wants to know more about where you live. Answer his questions about your apartment or house orally.

1. …
2. …
3. …
4. …
5. …
6. …

06.34 Che cosa hai fatto domenica scorsa? Think about four things you did last Sunday and organize your ideas. Then give an oral description of your day, using the following expressions of time: **prima, poi, più tardi, infine (prima di andare a letto).**

LEGGIAMO

06.35 Prima di leggere. First, decide which of the following characteristics the "smart home" of the future will have. Make a list of the characteristics that you think may be possible, but not yet readily available.

1. dispositivi e sensori per controllare il consumo di acqua, gas ed elettricità
2. sensori per controllare la temperatura e l'umidità
3. porte e finestre automatiche
4. controllo vocale degli elettrodomestici
5. controllo vocale del sistema di sicurezza
6. controllo telefonico di apparecchiature e dispositivi elettrici
7. diffusione di audio e video in tutte le stanze
8. elettrodomestici con funzioni multiple
9. robot dog-sitter / giardiniere
10. robot maggiordomo (*butler*)

_____

_____

_____

_____

06.36 Mentre leggi. The article below describes the "smart home" of the future. As you read it, write down all the words and expressions relating to technology that you understand.

L'intelligenza è di casa

La IBM sta lavorando a un prototipo di casa intelligente dotato di arredi e apparecchiature capaci di svolgere molte attività, dal monitoraggio della frequenza cardiaca (*heart rate*) all'invio di messaggi online per avvisare che la porta del garage è aperta.

Gli esperti descrivono la casa intelligente come una casa con molte apparecchiature elettriche ed elettroniche, controllate da un computer, che comunicano tra di loro. Ma quali sono le differenze tra una casa tradizionale e una casa intelligente?

La casa intelligente facilita il lavoro domestico: apre e chiude porte e finestre, mette in funzione gli elettrodomestici e distribuisce musica e immagini in tutte le stanze. Inoltre, permette di mettere in funzione gli elettrodomestici mentre siamo fuori casa con il telefono cellulare.

La casa intelligente permette anche un uso più efficiente degli apparati elettrici ed elettronici al suo interno. Gli elettrodomestici, ad esempio, possono avere funzioni multiple: un forno a microonde si può anche usare per guardare la televisione, un frigorifero si può collegare a Internet e permette a una persona di navigare la rete o inviare messaggi elettronici.

«Casa intelligente» significa anche sicurezza (*security*): un sensore è capace di avvisarti, al cellulare o in ufficio, se c'è una perdita (*leak*) nell'impianto del gas o nell'impianto idrico. È quindi possibile controllare la tua casa e la gestione di tutte le apparecchiature e gli elettrodomestici quando sei fuori.

Possiamo dire, quindi, che la casa del futuro è una versione tecnicamente più sofisticata della casa del presente. Garantisce comfort, sicurezza e comunicazione multimediale. Ma una casa ultratecnologica cambia la vita delle persone in positivo o in negativo?

_____

_____

_____

06.37 Dopo la lettura. Read the e-mail that the architect Ilaria Mazzoleni writes to one of her colleagues, based on the information about the "smart home," and complete it with the appropriate words from the word bank.

navigare	finestre	Internet	sensori	messaggi
tecnologiche	intelligente	futuro	funzioni	casa

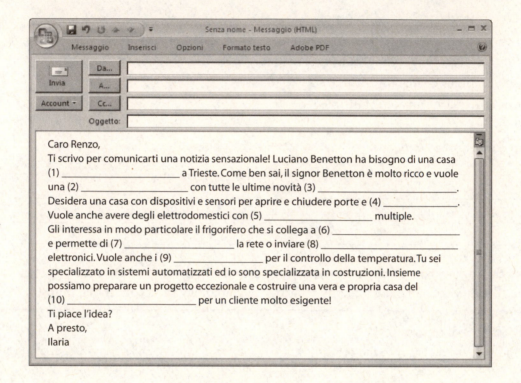

Caro Renzo,

Ti scrivo per comunicarti una notizia sensazionale! Luciano Benetton ha bisogno di una casa (1) _____ a Trieste. Come ben sai, il signor Benetton è molto ricco e vuole una (2) _____ con tutte le ultime novità (3) _____.

Desidera una casa con dispositivi e sensori per aprire e chiudere porte e (4) _____.

Vuole anche avere degli elettrodomestici con (5) _____ multiple.

Gli interessa in modo particolare il frigorifero che si collega a (6) _____ e permette di (7) _____ la rete o inviare (8) _____ elettronici. Vuole anche i (9) _____ per il controllo della temperatura. Tu sei specializzato in sistemi automatizzati ed io sono specializzata in costruzioni. Insieme possiamo preparare un progetto eccezionale e costruire una vera e propria casa del (10) _____ per un cliente molto esigente!

Ti piace l'idea?

A presto,

Ilaria

SCRIVIAMO

06.38 Prima di scrivere. In the following announcement, the School of Architecture of the University of Bari invites its students to participate in the contest "**L'appartamento automatizzato del futuro**" and explains the requirements. First, read the announcement below. Then, since you decide to participate in the contest, prepare an outline of notes in which you explain and organize the information requested in point 2.

La Facoltà di Architettura del Politecnico di Bari invita gli studenti a partecipare al concorso:

«L'appartamento automatizzato del futuro»

Primo premio: uno stage di sei mesi a Genova o a Parigi presso il prestigioso «Renzo Piano Building Workshop».

Gli studenti che vogliono partecipare devono inviare le seguenti informazioni per posta elettronica alla Segreteria della Facoltà di Architettura (segreteria@arch.poliba.it) **entro il 31 dicembre:**

1. il modulo (che può essere ritirato in segreteria) con le informazioni personali.
2. una descrizione dell'appartamento automatizzato del futuro con le seguenti informazioni:
   a. il numero di stanze, balconi e finestre;
   b. gli elettrodomestici con funzioni multiple;
   c. i dispositivi e i sensori e le loro funzioni;
   d. gli arredi e le apparecchiature elettriche ed elettroniche e le loro funzioni.
3. un progetto del vostro appartamento automatizzato del futuro.

Non perdete l'occasione di fare un'esperienza eccezionale!

_____
_____
_____
_____

06.39 Scriviamo. Now write a short paragraph describing your apartment of the future to submit to the contest "**L'appartamento automatizzato del futuro.**"

_____
_____
_____
_____
_____
_____
_____
_____

06.40 Prima di guardare. In this videoclip, Chiara, Felicita, Fabrizio, and Plinio give a tour of their homes. Some of the following expressions may be used in their descriptions. Match each English word with the corresponding Italian word.

1. entry _____
2. living room _____
3. stairs _____
4. den _____
5. dining room _____
6. ground floor _____
7. kitchen _____
8. rent _____
9. apartment _____
10. room _____

a. la sala da pranzo
b. l'affitto
c. l'ingresso
d. l'appartamento
e. la cucina
f. la scala
g. il pianterreno
h. la stanza
i. lo studio
l. il soggiorno

06.41 Mentre guardi. As you are watching the video, write down some of the things that you see in the houses.

1. In casa di Chiara ci sono:

_____

_____

_____

2. In casa di Felicita ci sono:

_____

_____

_____

3. In casa di Fabrizio ci sono:

_____

_____

_____

Take a look at the photo of Plinio in his den. In a short paragraph,
describe the room based on what you have seen and heard in the video.

Attraverso il Friuli-Venezia Giulia e la Puglia

06.43 Il Friuli-Venezia Giulia e la Puglia. Reread the cultural section in your textbook
(pp. 194–195) and answer the following questions in short answers, based on the highlighted
Italian regions.

1. Dov'è il Friuli-Venezia Giulia?

2. Dov'è la Puglia?

3. Quale regione italiana confina con il Friuli-Venezia Giulia?

4. Quali nazioni europee confinano con il Friuli-Venezia Giulia?

5. Quali sono le città più importanti del Friuli-Venezia Giulia?

6. Quali regioni italiane confinano con la Puglia?

7. Quali sono i mari della Puglia?

8. Quali sono le città più importanti della Puglia?

7

Che hai fatto di bello?

PERCORSO I

Le attività del tempo libero

VOCABOLARIO

Cosa hai fatto il weekend scorso? *(Textbook, pp. 199–201)*

07.01 Caratteristiche delle attività del tempo libero. Decide which of the following leisure activities you would most likely do individually (**individualmente**) or with a partner (**a coppie**) or group of friends (**in gruppo**), and list them in the appropriate category, according to your preference.

andare ad un museo	giocare a pallacanestro	andare fuori a cena
andare in palestra	fare spese	fare scherma
fare equitazione	giocare a pallavolo	leggere fumetti
andare in montagna	andare ad un concerto	giocare a bowling

Individualmente:

_____

_____

A coppie / In gruppo:

_____

_____

07.02 È un'occupazione attiva o passiva? Now categorize the following leisure activities, grouping together those that require a lot of physical exertion and those that require little.

andare in campagna	giocare a scacchi	andare a cavallo
fare footing	fare aerobica	giocare a hockey
fare una gita	giocare a calcio	
allenarsi	andare a teatro	

I. Più attiva:

_____

_____

2. Meno attiva:

_____

_____

07.03 Dove fai queste attività? Match each of the following places with the leisure activities that are best associated with them.

1. sul ghiaccio _____
2. in palestra _____
3. a casa _____
4. in centro _____
5. al ristorante _____
6. al parco _____
7. in campagna _____
8. sul campo da golf _____

a. leggere un libro
b. andare a cavallo
c. cenare
d. fare footing
e. giocare a golf
f. giocare a hockey
g. fare bodybuilding
h. fare spese

 07.04 Cosa hanno fatto? You will hear four students describing a sequence of activities they recently did. As you listen to each one, select all the activities that you hear him/her mention.

1. Vanda
   fare footing
   giocare a calcio
   fare alpinismo
   fare la doccia
   andare in palestra
   fare la spesa

2. Sandro
   giocare a tennis
   vedere una mostra
   fare bodybuilding
   andare al cinema
   nuotare
   giocare a scacchi

3. Lucrezia
   giocare a golf
   andare in discoteca
   fare aerobica
   andare al ristorante
   sciare
   andare a letto

4. Francesco
   suonare il piano
   giocare a pallavolo
   studiare
   giocare a pallacanestro
   andare ad un concerto rock
   giocare a hockey

GRAMMATICA

Il passato prossimo con *essere* *(Textbook, pp. 202–205)*

07.05 Verbi con l'ausiliare essere. The following verbs take the auxiliary verb **essere**. For each one, write the first-person plural (**noi**) form of the **passato prossimo**.

1. andare _____

2. alzarsi _____

3. arrivare _____

4. restare _____

5. partire _____

6. uscire _____

7. diventare _____

8. riposarsi _____

07.06 Chi lo ha fatto? Complete the sentences by filling in the blanks with the correct subjects from the word bank.

io	io e Marco	Lidia e Giacomo	Michela e Elisa
Matteo	tu e Federico	tu	Ilaria

1. Ieri _____ è tornato a casa alle tre.

2. Sabato scorso _____ sono uscite con i loro amici.

3. Martedì scorso _____ ti sei svegliata presto.

4. Ieri sera _____ si è divertita molto in discoteca.

5. Una settimana fa _____ siete venuti a teatro con me.

6. Domenica scorsa _____ sono rimasti a casa tutto il giorno.

7. L'altro ieri _____ mi sono messa il vestito nuovo.

8. Una settimana fa _____ siamo andati ad un concerto rock.

07.07 Che cosa hanno fatto ieri? Costanza is telling her friend Anna what some of the people they know did yesterday. Complete the sentences below with the correct form of **essere**.

1. Camilla e Enrico si _____ alzati alle sette.

2. Serena _____ andata in piscina alle otto.

3. I nostri amici americani _____ partiti per un viaggio.

4. Carlo _____ arrivato in palestra alle undici.

5. Tu _____ uscita con tua sorella e le sue amiche.

6. Io e Maria ci _____ riposate.

7. Tu e Simona _____ venute a cena a casa mia.

8. Io mi _____ addormentata a mezzanotte.

07.08 La domenica di Francesco. Read Francesco's description of what he did last Sunday and fill in the blanks with the correct **passato prossimo** form of the verbs in parentheses.

(1. fare) _____ colazione al bar sotto casa e poi (2. andare) _____ in palestra. Più tardi, (3. tornare) _____ a casa, (4. farsi) _____ la doccia e (5. mangiare) _____ un panino. (6. studiare) _____ dalle tre alle sei e poi (7. fare) _____ una passeggiata in centro e (8. tornare) _____ a casa alle sette. Alle sette e mezza (9. arrivare) _____ Alberto. Noi (10. cenare) _____ insieme e poi (11. giocare) _____ a scacchi fino alle undici. Poi Alberto (12. tornare) _____ a casa e io (13. lavarsi) _____ i denti, (14. mettersi) _____ il pigiama e (15. andare) _____ a letto.

07.09 Il sabato di Vanessa. Read what Vanessa and Elena did last Saturday and fill in the blanks with the correct **passato prossimo** form of the verbs in parentheses.

Vanessa (1. alzarsi) _____ tardi, poi (2. andare) _____ a fare footing al parco con Elena. Alle due del pomeriggio loro (3. tornare) _____ a casa di Vanessa e (4. farsi) _____ una doccia. Più tardi, (5. arrivare) _____ anche il fratello di Vanessa, Carlo, e i tre ragazzi (6. uscire) _____ insieme. Loro (7. andare) _____ al cinema e poi in pizzeria. Fuori dalla pizzeria, (8. salutarsi) _____ e (9. tornare) _____ a casa. Vanessa (10) _____ (addormentarsi) a mezzanotte.

🔊 **07.10 Messaggi nella segreteria telefonica.** Listen to the messages left by Roberto and Patrizia and complete them by selecting the verb forms you hear.

A. Ciao Enrico, sono Roberto. Telefono per dirti che ieri (1. mi sono divertito / mi sono annoiato) molto. Quanto (2. abbiamo sciato / abbiamo nuotato)! (3. Sono ritornato / Sono arrivato) a casa alle dieci e (4. sono venuto / sono andato) subito a dormire. E tu cosa (5. hai mangiato / hai fatto) dopo la mia partenza? (6. Sei andato / Sei tornato) al cinema con Elena e Valentina? Richiamami (*Call me back*)... e non studiare troppo!

B. Ciao ragazze, sono Patrizia. Non (1. vi ho viste / vi ho incontrate) all'università oggi. Va tutto bene? Ieri non (2. sono arrivata / sono venuta) alla lezione d'italiano perché (3. sono tornata / sono andata) a fare spese con mia cugina. (4. Ho trascorso / Ho passato) un bel pomeriggio ma ora ho bisogno di sapere cosa (5. avete fatto / avete studiato) a lezione ieri. La professoressa (6. ha spiegato / ha presentato) il passato prossimo dei verbi riflessivi? Aiuto! Chiamatemi appena ascoltate questo messaggio. Grazie.

🔊 **07.11 La mia vita finora...** Listen to Bianca speak about her life to date and select whether the following statements are **vero, falso,** or **non menzionato**.

1. Bianca è nata in California nel 1985.	Vero	Falso	Non menzionato
2. Si è laureata in Scienze Politiche nel 2008.	Vero	Falso	Non menzionato
3. Nel 2009 ha iniziato un Master in Relazioni Internazionali negli Stati Uniti.	Vero	Falso	Non menzionato
4. Bianca fa footing tutte le mattine.	Vero	Falso	Non menzionato
5. L'ultima volta che è uscita a divertirsi con gli amici è stato tre settimane fa.	Vero	Falso	Non menzionato

PERCORSO II

Le attività sportive

VOCABOLARIO

Che sport fai? *(Textbook, pp. 206–208)*

07.12 Che sport praticano? Look at the drawing and match each number with the sport to which it corresponds.

_____ **a.** fare bodybuilding

_____ **b.** fare ciclismo

_____ **c.** nuotare

_____ **d.** giocare a pallacanestro

_____ **e.** fare footing

_____ **f.** fare windsurf

_____ **g.** giocare a calcio

07.13 Gli oggetti e i luoghi per lo sport. Select the sport(s) you associate with the following objects or places. More than one answer may be correct for each.

1. la partita: il calcio   la pallacanestro   il tennis   il golf   il nuoto
2. la mazza da golf: il calcio   la pallacanestro   il tennis   il golf   il nuoto
3. la palla: il calcio   la pallacanestro   il tennis   il golf   il nuoto
4. il costume da bagno: il calcio   la pallacanestro   il tennis   il golf   il nuoto
5. lo stadio: il calcio   la pallacanestro   il tennis   il golf   il nuoto
6. la squadra: il calcio   la pallacanestro   il tennis   il golf   il nuoto
7. la racchetta: il calcio   la pallacanestro   il tennis   il golf   il nuoto
8. la piscina: il calcio   la pallacanestro   il tennis   il golf   il nuoto

07.14 Praticante o appassionato? For each of the following activities, select whether it applies to a person who plays sports (**praticante**) or to a sports fan (**tifoso/a**).

1. allenarsi   praticante   tifoso/a
2. fare il tifo   praticante   tifoso/a
3. praticare uno sport   praticante   tifoso/a
4. vincere una partita   praticante   tifoso/a
5. guardare la partita allo stadio   praticante   tifoso/a
6. fare una partita con gli amici   praticante   tifoso/a

07.15 Che sport è? Listen to the following four descriptions and write the name of the sport to which each one corresponds.

1. _____

2. _____

3. _____

4. _____

07.16 Descrivi gli sport. Look at the following drawings and describe what you see happening in each in complete sentences.

1. _____

_____

_____

_____

2. _____

_____

_____

_____

3. _____

_____

_____

_____

4. _____

_____

_____

_____

GRAMMATICA

Il *si* impersonale *(Textbook, pp. 208–209)*

07.17 Come si gioca a tennis? Read the following list of activities and decide whether they are usually done when playing tennis by selecting either **vero** or **falso**.

1. Si va al campo di calcio.		Vero	Falso
2. Si cerca un compagno o dei compagni.		Vero	Falso
3. Si fa la doccia prima di giocare.		Vero	Falso
4. Si indossano le scarpe a tennis.		Vero	Falso
5. Si usano la racchetta e le palle.		Vero	Falso
6. Non si beve acqua durante la partita o l'allenamento.		Vero	Falso

07.18 Cosa si fa nel tempo libero? The following are some activities that college students may do during their free time. Complete the sentences with the correct impersonal construction, using the verbs given.

1. (andare) _____ a teatro.

2. (suonare) _____ il pianoforte o (ascoltare) _____ musica.

3. (guardare) _____ un film.

4. (fare) _____ spese.

5. (pratica) _____ dello sport.

6. (chiacchierare) _____ al telefono.

7. (leggere) _____ fumetti.

8. (uscire) _____ con gli amici.

07.19 Che cosa rispondi? Listen to the following questions, and then write your answers in Italian, using complete sentences.

1. _____

2. _____

3. _____

4. _____

I pronomi tonici *(Textbook, pp. 209–211)*

07.20 Brevi conversazioni tra amici. Complete the following short dialogues between friends by filling in the blanks with the appropriate disjunctive pronoun.

   1. LUCA: Stefano, vieni da me sabato sera?

      STEFANO: Sì, certo, vengo da _____.

   2. GIOIA E ENRICA: Sono per noi questi biglietti?

      LA MAMMA: Sì, sono per _____. Sono due biglietti per il concerto di Eros

         Ramazzotti.

   3. UGO: Giochi sempre a pallavolo con i tuoi compagni di università?

      VINCENZO: Sì, gioco sempre con _____. Sono bravi e simpatici.

   4. SILVIA: Ho parlato al telefono con Pietro. Mi ha chiesto di te e di Martina.

      MARIA: Ti ha chiesto di _____ e di _____? Ma se non lo vediamo

         da due anni!

07.21 Prima di andare allo stadio. Complete the dialogue between Paolo and Giacomo by filling in the blanks with the appropriate disjunctive pronoun.

      PAOLO: Giacomo, io esco da casa ora. Vieni con (1) _____?

      GIACOMO: No, non posso venire con (2) _____. Devo finire i compiti

         di matematica.

      PAOLO: Va bene. Allora vieni più tardi con Roberto?

      GIACOMO: Sì, vengo con (3) _____ tra mezz'ora.

      PAOLO: Vengono anche Marta e Giovanna?

      GIACOMO: No, veniamo senza di (4) _____. Sono arrabbiate con

         (5) _____ perché veniamo allo stadio tutte le domeniche!

I programmi per il tempo libero

VOCABOLARIO

Allora, che facciamo? *(Textbook, pp. 212–214)*

07.22 L'intruso. Select the word or expression that does not belong in each group.

1. a. il regista	**b.** l'attrice	**c.** il film	**d.** il canale TV
2. a. il televisore	**b.** il gruppo musicale	**c.** il canale TV	**d.** guardare MTV
3. a. la cantante	**b.** il cantautore	**c.** il film comico	**d.** il musicista
4. a. il canale TV	**b.** lo spettacolo	**c.** la locandina	**d.** il biglietto

07.23 I tuoi spettacoli preferiti. A friend of yours inquires about your entertainment preferences. Using the adverbs **molto, abbastanza,** and **per niente,** explain your level of interest in each of the following activities.

ESEMPIO: guardare un film dell'orrore
Guardare un film dell'orrore non mi piace per niente.

1. guardare un film drammatico

_____

2. andare fuori a cena

_____

3. ascoltare un concerto di musica classica

_____

4. andare al museo d'arte contemporanea

_____

5. guardare un film di fantascienza

_____

6. guardare MTV

_____

7. guardare lo sport in televisione

_____

07.24 Dove andiamo? Listen to the four short dialogues and write the place where the people in each dialogue are going or where they plan to be.

1. _____

2. _____

3. _____

4. _____

GRAMMATICA

Interrogativi *(Textbook, pp. 214–217)*

07.25 Quante domande! Complete the following questions with the correct interrogative pronouns.

1. _____ si guarda una partita di calcio?

   Allo stadio o in televisione.

2. _____ si usa per giocare a tennis?

   Le racchette e le palline.

3. _____ si spende per andare al cinema?

   Un biglietto costa 8 euro.

4. _____ sport preferisci?

   Il nuoto e il football americano.

5. _____ esci di solito la sera?

   Con le mie amiche.

6. _____ non vai mai a teatro?

   Non mi piace. Mi annoio.

07.26 Una mamma ansiosa. Vanessa is having lunch with her mom, who asks her a lot of questions about her Saturday nights out. What questions must Vanessa's mom ask in order to get the indicated responses from her daughter? Write the questions in the spaces provided.

1. _____?

   Vado in discoteca con i miei compagni.

2. _____?

   Ci piace ballare e ascoltare musica.

3. _____?

   Venticinque euro, ma il prezzo include le consumazioni.

4. _____?

   Verso le due del mattino.

5. _____?

   «Rock City», la musica è fantastica e c'è bella gente.

6. _____?

   In macchina. Di solito con quella di Mark.

07.27 Qual è l'informazione? Listen as the speaker asks a series of questions. After each question, select the kind of information that would most likely be contained in the answer.

1. **a.** un luogo   **b.** un nome   **c.** una quantità
2. **a.** un'ora   **b.** un nome   **c.** un luogo
3. **a.** un nome   **b.** un'attività   **c.** un'ora
4. **a.** un'attività   **b.** una quantità   **c.** un nome
5. **a.** un'ora   **b.** una quantità   **c.** un'attività
6. **a.** un luogo   **b.** un'attività   **c.** una quantità

In pratica

PARLIAMO

 07.28 Sei una persona sportiva? A new friend of yours is very active, and wants to know if you are also an active person or whether your lifestyle is more sedentary. Answer each question she asks you orally.

1. …
2. …
3. …
4. …
5. …
6. …

07.29 Un weekend fantastico. Think about a fantastic weekend you had during the past year. Describe aloud four interesting and fun details you did that weekend. Remember to use the appropriate forms of the **passato prossimo** and expressions such as **prima, poi, dopo,** and **infine** to enhance your description.

LEGGIAMO

07.30 Prima di leggere. How much do you know about sports in Italy? Think about some of the Italian sports you imagine to be popular and write them in the space below.

_____

_____

07.31 Mentre leggi. Now read the following passage about "La partita di pallone" and select the answer that best completes each of the sentences.

La partita di pallone

Il ritornello di una famosa canzone degli anni Sessanta dice: «Perché, perché la domenica mi lasci (*you leave me*) sempre sola per andare a vedere la partita di pallone? Perché, perché una volta non ci porti anche me?» Da sempre lo sport più popolare in Italia è il calcio. Ogni anno, durante il periodo del campionato di calcio (da settembre a giugno) molti italiani passano la domenica pomeriggio allo stadio per vedere la partita e fare il tifo per la squadra preferita. Chi non va allo stadio, guarda le partite in televisione o le ascolta alla radio.

Le più importanti ed antiche squadre di calcio italiane sono l'Inter ed il Milan a Milano, la Juventus ed il Torino a Torino, la Lazio e la Roma a Roma, la Sampdoria ed il Genoa a Genova, il Napoli a Napoli e la Fiorentina a Firenze. Queste squadre, oltre ai nomi ufficiali, sono spesso chiamate con soprannomi che derivano dai colori delle loro maglie. Ad esempio, i giocatori della Juventus sono chiamati anche i «Bianconeri», quelli del Milan sono i «Rossoneri», quelli dell'Inter i «Nerazzurri» e quelli della Fiorentina i «Viola». Accanto alle squadre di calcio di ogni città, l'Italia ha una squadra nazionale. Gli «Azzurri» hanno vinto quattro Campionati del Mondo: a Roma nel 1934, a Parigi nel 1938, a Madrid nel 1982 e a Berlino nel 2006.

Dopo il calcio, gli sport più seguiti sono il ciclismo e l'automobilismo. Il ciclismo ha la sua più famosa manifestazione nel Giro d'Italia, una corsa a tappe che attraversa tutta la penisola italiana e che si tiene ogni anno tra la fine di maggio ed i primi giorni di giugno. Un'altra passione degli italiani è il Campionato Mondiale di Formula 1. In questo campionato corre la «rossa» più amata dagli italiani: la Ferrari.

1. L'espressione «partita di pallone» è sinonimo di
   a. partita di tennis.
   b. partita di calcio.
   c. partita di pallacanestro.
   d. partita di pallavolo.

2. Lo sport più popolare in Italia è
   a. la pallacanestro.
   b. il calcio.
   c. il tennis.
   d. il ciclismo.

3. La squadra nazionale che ha vinto il Campionato del Mondo di calcio in Germania nel 2006 è
   a. la Francia.
   b. l'Argentina.
   c. il Brasile.
   d. l'Italia.

4. Juventus, Milan, Inter e Roma sono
   a. nomi di città.
   b. nomi di squadre di calcio.
   c. nomi di regioni.
   d. nomi di ristoranti famosi.

5. Dopo il calcio, i due sport più seguiti in Italia sono
   a. il ciclismo e l'automobilismo.
   b. il tennis e lo sci.
   c. la pallacanestro e il ciclismo.
   d. la pallavolo e il tennis.

6. La «rossa» più amata dagli italiani è
   a. una squadra di calcio.
   b. un'attrice.
   c. un'automobile.
   d. una birra.

07.32 Dopo la lettura. In the article you just read, find and write the words or expressions that confirm each of the following statements.

ESEMPIO: Lo sport più importante in Italia è sempre stato il calcio.
Da sempre lo sport più popolare in Italia è il calcio.

1. In Italia, la domenica pomeriggio per dieci mesi all'anno si segue il campionato di calcio.

_____.

2. I colori della maglia di una squadra spesso la definiscono.

_____.

3. La squadra nazionale italiana di calcio è una delle più forti al mondo.

_____.

4. Se la prima passione degli italiani è il calcio, la seconda è l'automobilismo.

_____.

SCRIVIAMO

07.33 Prima di scrivere. Think about the last time you visited an art museum and answer the following questions.

1. Quando sei andato/a a visitare un museo?

_____

2. Dove?

_____

3. Con chi sei andato/a?

_____

4. Che cosa ti è piaciuto di più?

_____

5. Che cosa hai fatto quando sei uscito/a dal museo?

_____

07.34 Scriviamo. The paragraph below is a summary of Piero, Alice, and Romina's visit to the university museum last Saturday afternoon. First, read the paragraph to get an idea of what they did. Then, continue the story with a description of what you think happened later.

Sabato scorso Piero e Alice hanno pranzato da McDonald's. Più tardi, loro sono andati con Romina al museo d'arte contemporanea dell'università. Lì hanno visto quadri di artisti famosi e hanno parlato con un esperto di pittura futurista italiana. Finita la visita, Piero ha bevuto una Coca-Cola al bar del museo, Alice ha comprato un libro nella libreria del museo e Romina è uscita per fare una telefonata. Loro si sono incontrati davanti al museo dopo mezz'ora e...

_____

_____

_____

_____

_____

_____

_____

GUARDIAMO

 07.35 Prima di guardare. In this videoclip, several people talk about the activities they like to do during their free time. Since you already know a little bit about them, try remember some of the things they like to do. Write them in the space below.

_____

_____

 07.36 Mentre guardi. As you watch the video, match each person to his or her favorite pasttime.

1. _____

2. _____

3. _____

4. _____

5. _____

6. _____

   a. È andata al mare con gli amici.

   b. Fa il pattinaggio a rotelle.

   c. Ha letto dei fumetti giapponesi.

   d. Suona la chitarra.

   e. È andata all'opera.

   f. Va a lezione di danza.

07.37 Il tempo libero di Vittorio. Complete the description of Vittorio's favorite activities below by selecting the correct words according to what you hear and see.

Vittorio ha (1. poco/molto) tempo libero. Gli piace andare al (2. ristorante/mercato) con (3. sua sorella/la sua ragazza). Vittorio guarda spesso i film (4. al cinema/a casa). Lui ha un' (5. incredibile/enorme) collezione di DVD. Adora i film (6. francesi/americani), soprattutto le (7. commedie/tragedie) e i film di (8. orrore/fantascienza).

07.38 Dopo aver guardato. What activities do you like to do during your free time? Do you practice any sports? Do you like to go to the movies? Pretend that you are planning a Saturday afternoon out with one of the characters in the video and explain what you do together.

_____

_____

_____

_____

_____

_____

Attraverso la Valle d'Aosta e il Trentino-Alto Adige

07.39 La Valle d'Aosta e il Trentino-Alto Adige. Reread the cultural section in your textbook (pp. 222–223) and complete the following sentences with the correct information.

1. La Valle d'Aosta ed il Trentino-Alto Adige sono due regioni nel _____ d'Italia. La prima è nel nord-ovest e la seconda è nel nord-est.

2. La montagna più alta d'Europa è il _____.

3. Le due lingue ufficiali della Valle d'Aosta sono il _____ e l'_____.

4. Il Parco Nazionale del Gran Paradiso è il più _____ d'Italia e si estende per circa _____ chilometri quadrati.

5. Le Dolomiti sono famose per i loro splendidi _____.

6. Nel Trentino-Alto Adige si parlano tre lingue: l'_____, il _____ e il _____.

7. Aosta è la città più importante della _____ e Bolzano è la città più importante del _____.

8. Prima del 1918, Bolzano apparteneva all'_____.

Nome: _____ Data: _____

8

Ti ricordi quando?

PERCORSO I

I ricordi d'infanzia e di adolescenza

VOCABOLARIO

Come eravamo? *(Textbook, pp. 227–229)*

08.01 Com'eri? Manuela is reminiscing about things she did during her childhood. Match the phrases to form complete sentences.

1. Volevo giocare fuori di casa _b_
2. Ero una bambina viziata _e_
3. Non mangiavo _f_
4. Mi piaceva _g_
5. Non guardavo mai _h_
6. Facevo collezione di _d_
7. Volevo molto bene _a_
8. Prima di andare a letto, _c_

a. ai miei nonni.
b. anche quando pioveva.
c. la mia mamma mi raccontava una favola.
d. bambole antiche.
e. perché i miei genitori mi compravano tutto quello che volevo.
f. le verdure.
g. andare all'asilo.
h. i cartoni animati.

08.02 Sei cambiato/a? Which of the following statements were true of you as a child but are not true now? Which were true then and are still true now? Read each sentence and put it in the appropriate category.

Dicevo le bugie qualche volta.   Disegnavo.
Avevo molti giocattoli.   Andavo all'asilo.
Guardavo i cartoni animati.   Leggevo le favole.
Giocavo con i videogiochi.   Piangevo spesso.

Vero una volta ma non oggi:

_____

_____

Vero una volta e oggi:

_____

_____

135

🔊 **08.03 Ti ricordi?** Listen to the dialogue between Cecilia and Milena and write down all the vocabulary words you hear that relate to their childhood.

_____

_____

_____

_____

GRAMMATICA

L'imperfetto *(Textbook, pp. 230–233)*

08.04 L'infanzia di Martina. The drawings below show some events that used to occur when Martina was a baby. Match each drawing with the statement that best describes it.

1. __b__   2. __c__   3. __e__   4. __d__   5. __a__

a. Le sue nonne le cantavano delle canzoni (*songs*).

b. Martina era tranquilla e dormiva molto.

c. Martina beveva molto latte.

d. I suoi fratelli erano pazienti e giocavano spesso con lei.

e. Martina e i suoi genitori facevano lunghe passeggiate.

08.05 L'imperfetto. Complete the following chart with the correct forms of the verbs given, using the **imperfetto**.

	cantare	dormire	essere	avere	fare	bere
1. io	cantavo	dormivu	ero	avevo	facevo	bevevo
2. tu	cantavi	dormivi	eri	avevi	facevi	bevevi
3. lui/lei	cantava	dormiva	era	aveva	faceva	beveva
4. noi	cantavamo	dormivamo	eravamo	avevamo	facevamo	bevevamo
5. voi	cantavate	dormivate	eravate	avevate	facevate	bevevate
6. loro	cantavano	dormivano	erano	avevano	facevano	bevivano

08.06 Quando si usa l'imperfetto? When talking about the past, the imperfect is used to describe people, places, and events, or to express actions that occurred repeatedly. Match each usage of the **imperfetto** with the sentence that illustrates it.

1. Repeated or habitual actions and routines ___d___

2. Physical and psychological characteristics of people, places, and things ___h___

3. Health ___f___

4. Age ___a___

5. Times and dates ___c___

6. The weather and the seasons ___g___

7. Two actions going on at the same time ___b___

8. One action interrupted by another ___e___

a. Nel 1960, mio padre aveva 10 anni.

b. Mentre Carla studiava, sua sorella guardava la televisione.

c. Domenica scorsa era il compleanno di mia nonna.

d. Guardavo i cartoni animati tutti i pomeriggi.

e. Parlavo con il professor Biagi quando mi hai salutato.

f. Mio fratello era spesso malato (*ill*).

g. Era già autunno ma c'era ancora il sole e faceva caldo.

h. Maria era una bambina molto capricciosa.

08.07 Domande. For each statement below, write a question that you could ask one of your friends (**tu**), and then write a question in which you address someone older whom you do not know (**Lei**). Be sure to write out each sentence exactly as it appears and follow the example closely.

ESEMPIO: Giocavo con le macchinine.
    (tu) *Giocavi con le macchinine?*
    (Lei) *Giocava con le macchinine?*

1. Dicevo le bugie.

    (tu) _____

    (Lei) _____

2. Avevo molti giocattoli.

    (tu) _____

    (Lei) _____

3. Guardavo i cartoni animati.

    (tu) _____

    (Lei) _____

4. Andavo all'asilo.

    (tu) _____

    (Lei) _____

5. Leggevo le favole.

    (tu) _____

    (Lei) _____

6. Piangevo spesso.

    (tu) _____

    (Lei) _____

🔊 **08.08 Presente o imperfetto?** Indicate whether the speaker is talking about someone's activities in the present or in the past by selecting **presente** or **imperfetto**.

1. ~~presente~~   imperfetto
2. presente   ~~imperfetto~~
3. ~~presente~~   imperfetto
4. presente   ~~imperfetto~~
5. ~~presente~~   imperfetto
6. ~~presente~~   imperfetto
7. presente   ~~imperfetto~~
8. presente   ~~imperfetto~~

08.09 Io e mio fratello. Complete the following passage by conjugating the verbs in parentheses in the appropriate form of the **imperfetto**.

Da bambino io (saltare) _Saltavo_ la corda e (fare) _facevo_ collezione di macchinine. Mio fratello Matteo, invece, (giocare) _giocava_ sempre a nascondino con gli amici. Lui (essere) ~~giucava~~ _era_ capriccioso e non (ascoltare) _ascoltava_ mai quello che i miei genitori (dire) _dicevano_. Per questo motivo (loro) lo (punire) _____ spesso. Noi non (guardare) _____ la televisione ma (leggere) _____ molte favole e (colorare) _____. Io e Matteo (essere) _____ diversi ma (volersi) _____ molto bene.

PERCORSO II

I ricordi di scuola

VOCABOLARIO

Com'erano i tuoi giorni di scuola? *(Textbook, pp. 234–237)*

08.10 La scuola. Complete the words and expressions below by filling in the missing vowels.

A. Per parlare della scuola:

1. la sc_ _l_ elementare
2. la scuola m_d_ _
3. il l_c_ _
4. la scuola st_t_l
5. la scuola pr_v_t_

B. Per raccontare della scuola:

6. _nd_r_ bene
7. andare m_l_
8. fare _tt_nz_ _n_
9. essere _ss_nt_
10. p_n_r_

C. Per descrivere le persone:

11. _bb_d_ _nt_
12. r_b_ll_
13. t_rr_b_l_
14. pr_p_t_nt_
15. s_v_r_

08.11 Com'era il tuo professore d'italiano quando andava a scuola? Can you guess what your Italian instructor used to do as a child in school? Select six of the phrases below and write sentences by conjugating the verb in the **imperfetto** and changing the adjective endings when necessary.

andare in una scuola privata   avere una maestra severa

essere brava nelle lingue straniere   qualche volta dimenticare di fare i compiti

prendere brutti voti   arrabbiarsi con i compagni

essere spesso assente   durante la ricreazione, giocare a nascondino

Da bambino/a, alla scuola elementare il professore/la professoressa...

_____

_____

_____

_____

_____

_____

 08.12 Com'eri a scuola? Paolo asks his father to tell him about his years in high school. Listen to their conversation and complete the following statements by selecting the correct information.

1. Il papà di Paolo al liceo
   a. studiava molto.
   b. studiava abbastanza.
   c. non studiava.

2. La materia che non gli piaceva era
   a. il latino.
   b. il greco.
   c. la storia.

3. Di solito, nei compiti in classe di greco il voto che prendeva era
   a. 4.
   b. 5.
   c. 6.

4. Il papà di Paolo andava al cinema
   a. il sabato sera se aveva i soldi.
   b. il sabato sera se doveva studiare.
   c. il venerdì sera.

5. Praticava regolarmente
   a. il tennis.
   b. il calcio e lo sci.
   c. la pallacanestro.

6. Studiava di notte
   a. spesso.
   b. in estate.
   c. solo alla fine dell'anno scolastico.

Espressioni negative *(Textbook, pp. 238–239)*

08.13 Qual è la risposta? Two college friends are talking about their junior high school years. For each question given, write down the answer using a negative expression.

ESEMPIO: Parlavi già l'inglese?
No, non parlavo ancora l'inglese.

1. Andavi sempre a scuola in autobus?

_____.

2. Andavi ancora al parco a giocare il pomeriggio?

_____.

3. Sapevi già il francese?

_____.

4. Giocavi a tennis e a pallavolo?

_____.

5. Eri amico di tutti in classe?

_____.

6. Sapevi tutto di greco?

_____.

08.14 Quando eravamo al liceo... Rearrange the following words and conjugate the verb in the **imperfetto** to find out what typical Italian high school students in the 1980s used to do. Be sure to begin your sentences with the capitalized word.

ESEMPIO: anche / Noi / la domenica / studiare
Noi studiavamo anche la domenica.

1. il sabato / mai / studiare / non / Voi

_____.

2. Tu / sempre / ascoltare / i professori

_____.

3. usare / ancora / il computer / Noi / non

_____.

4. ci / Non / né / né / la filosofia / la matematica / piacere

_____.

5. già / Sandro / il pianoforte / suonare

_____.

6. Io / niente / politica / non / sapere / di

_____.

7. sapere / politica / tu / neanche / di / niente / Non

_____.

8. ragazzi / sport / nessuno / Molti / praticare / non

_____.

Gli avverbi *(Textbook, pp. 239–240)*

08.15 Opposti, contrari e... avverbi. For each adjective given, write the opposite one and then the correct form of its adverb, as in the example.

	Contrario	**Avverbio**
ESEMPIO: irregolare	*regolare*	*regolarmente*
1. impaziente	_____	_____
2. felice	_____	_____
3. disobbediente	_____	_____
4. difficile	_____	_____

 08.16 Ricordi di scuola. You will hear a short description of Luca's school days. As you listen, write the adverb form of each adjective you hear, in the order that you hear them.

1. _____   3. _____   5. _____

2. _____   4. _____   6. _____

PERCORSO III

La vita com'era

VOCABOLARIO

Com'era una volta? *(Textbook, pp. 241–243)*

08.17 Ieri e oggi. Letizia is comparing what people used to do when she was young. Look at the drawings and select the statement that best describes each one.

1. _____   2. _____

a. Oggi i giovani ascoltano musica rock e ballano in discoteca.

b. Oggi il mondo è inquinato, c'è molta violenza e i giovani non rispettano più gli anziani. È questo il prezzo del progresso?

c. Una volta ascoltavamo musica melodica e facevamo balli romantici.

d. Una volta non c'era inquinamento, le strade erano pulite e sicure e i figli rispettavano i genitori.

3. _____   4. _____

08.18 Gli anni Sessanta. In the following passage, a father tells his daughter about the way things were in the 1960s when he was a teenager. Complete the narration by writing the verbs in the correct form of the **imperfetto**.

Certo che ricordo bene la mia adolescenza! Erano gli anni 60, gli anni del *boom* economico. La guerra era finita da circa quindici anni e l'Italia (cambiare) _____ velocemente: da nazione prevalentemente agricola (diventare) _____ una nazione industriale. Arrivava il benessere (*well-being*) e molte famiglie (potere) _____ finalmente comprare un'auto. Noi giovani (volere) _____ il motorino e i nostri genitori (fare) _____ grandi sacrifici per comprarcelo. Nessuno (volere) _____ più andare in bicicletta! (Noi) (ascoltare) _____ le canzoni dei Beatles e dei Rolling Stones, (portare) _____ i capelli lunghi e le ragazze (indossare) _____ le minigonne! (Noi) (incontrarsi) _____ nelle piazze per chiacchierare e divertirci e la sera del sabato (andare) _____ in discoteca a ballare. (tornare) _____ a casa tardi e i genitori (arrabbiarsi) _____ molto. In pochi anni, l'Italia e la vita degli italiani era cambiata radicalmente.

08.19 Come sono cambiate le cose! Two elderly women, Teresa and Ester, are discussing some of the changes they have noticed with respect to young people and families in the twenty-first century. Listen to their conversation. Then read the questions and select the correct answer for each of them.

1. Quali sono i due cambiamenti che Teresa nota?
   a. Oggi ci sono poche famiglie numerose e molte donne lavorano fuori casa.
   b. Oggi molte donne si occupano della casa e allevano i figli.

2. Che esempio fa Ester per appoggiare (*support*) le affermazioni di Teresa?
   a. Parla della famiglia di sua figlia.
   b. Parla della famiglia di suo nipote.

3. Secondo Ester, le donne oggi hanno un grosso vantaggio. Qual è?
   a. Non devono guidare la macchina.
   b. Possono uscire da sole.

4. Perché, secondo Teresa, molte donne oggi guidano la motocicletta?
   a. per necessità.
   b. per scelta.

5. Perché, secondo le due anziane signore, una volta non c'era l'inquinamento?
   a. perché c'erano poche automobili.
   b. perché l'aria era pulita.

GRAMMATICA

Gli aggettivi e i pronomi dimostrativi *(Textbook, pp. 244–247)*

08.20 Che bambine testone! Chiara and Simona are good friends but they are both stubborn (**testone**). They often have a hard time agreeing on what they should do. Complete the following short dialogues by writing the correct form of **questo** for each question and the correct form of **quello** for each answer.

1. Coloriamo _____ libro?

   No, voglio colorare _____!

2. Giochiamo con _____ trenini?

   No, voglio giocare con _____ di Daniele!

3. Mi dai _____ matite?

   No, se vuoi prendi _____.

4. Posso giocare con _____ bambola?

   No, gioca con _____ di Valentina.

5. Guardo _____ cartone animato.

   Io, invece, guardo _____.

6. È tua _____ bicicletta rossa?

   No, la mia è _____ gialla.

08.21 Un bambino indeciso. Every morning it takes Francesco some time to decide what to wear to school. Complete each of his questions by writing the correct form of **quello** in the first blank and the correct form of **questo** in the second.

1. Mi metto _____ pantaloni o _____?

2. Mi metto _____ calze o _____?

3. Mi metto _____ sciarpa blu o_____ verde?

4. Mi metto _____ cappello o _____?

In pratica

PARLIAMO

 08.22 Quando Antonio andava all'asilo. Listen to the description of Antonio's preschool days, take notes, and then answer the following questions aloud.

1. A che ora andava all'asilo Antonio la mattina?

2. Qual'erano le sue attività preferite in classe?

3. Chi era il suo migliore amico?

4. Che cosa facevano insieme Antonio e Giulio?

5. Qual'erano i giochi preferiti di Antonio in giardino?

🔊 **08.23 L'estate più bella della tua infanzia.** A new friend asks you several questions about the best summer of your childhood. Listen to the questions and give your answers orally.

LEGGIAMO

08.24 Prima di leggere. Listed below are some activities that four- or five-year- old children typically do. Make a list of the phrases that also describe the things that you did in your childhood.

essere capricciosi   non mangiare le verdure

giocare a casa di amichetti   guardare i cartoni animati

correre tutto il giorno   andare all'asilo

piangere   essere impazienti

_____

_____

_____

08.25 Mentre leggi. Read the following passage about two sisters and select from the list below all the activities that both the narrator and her younger sister Federica used to do.

Io e mia sorella

Mia sorella Federica è più giovane di me di tre anni. Ora ha 15 anni e andiamo d'accordo (we get along), *ma quando era piccola era molto capricciosa e piangeva spesso. Se toccavo un suo gioco o se volevo guardare un cartone animato in televisione che a lei non interessava, si arrabbiava e piangeva. Tutte le mattine piangeva perché non voleva andare all'asilo. Diceva a mia madre che le maestre erano cattive e che voleva rimanere a casa con la nonna. Quando giocavamo a palla o a nascondino al parco, lei qualche volta cadeva* (she fell) *e si metteva a piangere e la colpa era sempre mia. I miei genitori mi dicevano che dovevo fare più attenzione perché Federica era piccola. Io mi arrabbiavo e andavo in camera mia a giocare con le bambole e a leggere e non volevo vedere nessuno. In quei momenti desideravo con tutte le mie forze tornare ad essere figlia unica! Quando Federica, qualche pomeriggio, andava a giocare a casa di una sua amichetta, io ero contenta perché potevo finalmente leggere, disegnare, e ascoltare la musica in tutta pace e tranquillità. Adesso che siamo grandi, però, ci vogliamo molto bene. Abbiamo molti amici in comune e usciamo spesso insieme. Con me, Federica è sempre disponibile* (there for me). *È una sorella fantastica!*

_____ pulire la casa   _____ guardare i cartoni animati

_____ andare all'asilo   _____ saltare la corda

_____ andare in palestra   _____ arrabbiarsi

_____ giocare a nascondino   _____ colorare

_____ giocare a palla   _____ giocare con i videogiochi

_____ piangere   _____ cucinare

_____ giocare con le bambole   _____ giocare con le macchinine

_____ leggere   _____ disegnare

_____ giocare a tennis   _____ ascoltare musica

_____ volersi bene   _____ dire le bugie

_____ andare al cinema   _____ uscire insieme

08.26 Dopo la lettura. You meet Federica and you are interested in knowing her perspective on her interaction with her older sister. Complete the questions you will ask her with verbs from the word bank in the appropriate form of the **imperfetto**.

fare	essere	andare	arrabbiarsi
essere	piangere	giocare	cadere

1. _____ spesso insieme tu e tua sorella?
2. _____ (tu) volentieri all'asilo?
3. _____ buone le tue maestre d'asilo?
4. _____ (tu) spesso?
5. _____ (tu) capricciosa?
6. Quando _____ (tu), che cosa _____ i tuoi genitori?
7. Tua sorella _____ con te qualche volta?

SCRIVIAMO

08.27 Prima di scrivere. Think about a special person from your childhood. Complete the lists below with the physical and psychological characteristics of that person, the activities you used to do with him/her, and the feelings you had towards him/her.

1. Caratteristiche fisiche e psicologiche di quella persona:

_____

_____

_____

2. Attività che facevate insieme:

_____

_____

_____

3. I sentimenti che provavi per quella persona:

_____

_____

_____

08.28 Scriviamo. You have decided to apply for a position of unit leader (**capo reparto dei lupetti o delle coccinelle**) in the Boy or Girl Scouts of Italy for next summer. Part of your application is an essay describing your own childhood and the role that a special person played in your life at that time. With the help of the semantic map you made in activity **08.27**, write a paragraph in which you describe your relationship with someone you remember fondly from your childhood and the activities you did with that person.

_____

_____

_____

_____

_____

_____

08.29 Prima di guardare. In this section of the video, Laura, Tina, Plinio, Emma, and Felicita talk about their youth. Then, Tina explains how the universities have changed in Italy. Before you watch the video, complete the following sentences with the correct form of the verbs in the **imperfetto**.

1. Laura (andare) _____ all'asilo fino alle 4.30 del pomeriggio.

2. Tina (passare) _____ sempre l'estate con i genitori, il fratello, gli zii e i cugini.

3. Plinio (tornare) _____ a scuola il primo ottobre.

4. Emma (avere) _____ un'amica che (chiamarsi) _____ Giulia.

5. Felicita da piccola (giocare) _____ spesso sull'altalena.

08.30 Mentre guardi. As you view the video segment, match the following sentence fragments with the phrases that logically complete them.

1. Laura da piccola _____

2. Tina da piccola _____

3. Plinio da piccolo _____

4. Emma da piccola _____

a. in vacanza scopriva la vita a contatto con la natura.

b. giocava con i suoi quattro fratelli.

c. amava la favola di *Cenerentola*.

d. faceva gite in bicicletta.

5. Felicita da piccola _____

e. andava all'asilo con Giulia.

08.31 Dopo aver guardato. After viewing the videoclip, write two memories mentioned by each of the following people.

Laura:

_____

_____

Tina:

_____

_____

Plinio:

_____

_____

Emma:

_____

_____

Felicita:

_____

_____

Attraverso il Lazio

08.32 Il Lazio. Read the following passage about the ancient Roman roads, and then answer the questions below, giving short answers.

Le strade romane

Gli antichi romani costruivano lunghe strade diritte per scopi (*purposes*) militari, politici e commerciali. Le strade romane erano essenziali per l'espansione dell'Impero perché consentivano di muovere rapidamente l'esercito (*army*) e impedivano alle provincie (*prevented the provinces*) dall'organizzare una resistenza contro l'Impero.

Con il nome di *vie* (*viae* in latino) venivano chiamate le strade extraurbane (*highways*) che partivano da Roma. Molte «vie» prendevano il nome dalle città alle quali conducevano (ad esempio la «via Ostiense» verso Ostia, il porto dell'antica Roma). Altre, invece, prendevano i nomi delle funzioni che avevano (ad esempio la «via Salaria», che va da Roma al mar Adriatico ed era importante per il commercio del sale) o del costruttore (*builder*) (ad esempio, la «via Aurelia», costruita dal console Caio Aurelio Cotta nel III secolo a.C.).

Un famoso proverbio dice che «tutte le strade portano a Roma». Al momento della massima espansione dell'Impero romano, la rete stradale (*road network*) romana misurava oltre 80.000 chilometri, ripartiti in circa 40 «vie» che si irradiavano da Roma verso il resto della penisola italiana ma anche verso tutti i territori dell'Impero, dalla Gran Bretagna all'Asia, dallo Stretto di Gibilterra al Mar Caspio.

1. Com'erano le strade degli antichi romani?

   _____

2. Perché gli antichi romani costruivano molte strade?

   _____

3. Che cosa erano le «vie» romane?

   _____

4. Quali sono tre nomi di «vie» romane?

   _____

5. Quanti chilometri misurava la rete stradale romana al momento della massima espansione dell'Impero?

   _____

6. Quante erano le «vie» che portavano da Roma al resto della penisola italiana e a tutti i territori dell'Impero?

   _____

9

Buon divertimento!

PERCORSO I

Le feste e le tradizioni

VOCABOLARIO

Che feste si celebrano nel tuo Paese? *(Textbook, pp. 257–260)*

09.01 Le feste tradizionali. Complete the words below; all of them are related to traditional holidays and feasts. The first letters of each word are given.

2. F *effagosta*

1. CAP *odanno*

3. CAR *nevale*

feste tradizionali

6. SanV *alentino*

4. P *asqua*

5. N *atale*

09.02 Che cosa si fa? Form complete sentences by matching each Italian holiday with the corresponding description.

1. Il giorno di San Valentino *e*

   a. molte persone si vestono in costume.

2. A Natale *c*

   b. si mangiano le uova di cioccolato.

3. A Capodanno *d*

   c. si addobba l'albero e si aspetta Babbo Natale.

4. A Ferragosto *f*

   d. si beve lo spumante e si brinda all'anno nuovo.

5. A Carnevale *a*

   e. gli innamorati si scambiano regali e fanno una cena romantica.

6. A Pasqua *b*

   f. tutti vanno al mare e le città sono vuote (*empty*).

09.03 Feste e festeggiamenti. Listen to the descriptions of five traditional Italian holidays. As you listen, write the name of each holiday and at least two key words (**parole chiave**) associated with it.

1. _____

2. _____

3. _____

4. _____

5. _____

I pronomi di oggetto diretto *(Textbook, pp. 261–262)*

09.04 Programmi per San Valentino. Gabriella and Camilla are discussing their Valentine's Day plans. Complete their dialogue with the correct direct-object pronouns.

GABRIELLA: Hai programmi per questa sera?

CAMILLA: Sì, (1) _____ li _____ ho. Enrico (2) _____ mi _____ ha invitata al ristorante.

GABRIELLA: Mmm... Hai comprato un regalo per lui?

CAMILLA: Sì, certo, (3) _____ l' _____ ho comprato. È una cravatta di «Marinella». Ho speso una fortuna!

GABRIELLA: E lui, che cosa (4) _____ ti _____ regala?

CAMILLA: Non lo so, forse dei fiori. Tu e Roberto cosa fate stasera?

GABRIELLA: Un amico (5) _____ ci _____ ha invitato a cena. Non è una cena romantica... pazienza.

CAMILLA: Devi portare un dolce?

GABRIELLA: Sì, (6) _____ lo _____ devo portare. Dove (7) _____ lo _____ posso comprare?

CAMILLA: Vai alla pasticceria «Rivetti», fanno un'ottima torta con le noci *(walnuts)* e il cioccolato.

GABRIELLA: Bene! Grazie per il consiglio. Vado a prender (8) _____ la _____ subito.

09.05 Cosa fate il giorno di Natale? Change the following sentences by substituting the corresponding noun from the word bank for each direct-object pronoun. Remember to change the word order when necessary.

ESEMPIO: Lo passiamo in famiglia.
Passiamo *il Natale* in famiglia

il panettone	~~i regali~~	me e mio marito
il Natale	l'albero	~~Babbo Natale~~

1. Quest'anno lo festeggiamo a Milano con i parenti di mio marito.
   Quest'anno lo festeggiamo il Natale a Milano

2. Mio padre ci porta a Milano in macchina.
   Mio padre ci porta me e mio manto a Milano in macchina

3. Lo addobbiamo tutti insieme.
   Addobbiamo l'albero tutti insieme

4. I bambini lo aspettano.
   I bambini aspettano Babbo Natale

5. Babbo Natale li porta.
   Babbo Natale porta i regali

6. Lo mangiamo alla fine del pranzo.
   Mangiamo il panettone alla fine del pranzo

09.06 Come rispondi? You will hear six questions about how to organize a Carnival party. Match each question you hear with the most logical answer.

1. _____   a. Sì, lo dovete indossare.

2. _____   b. Sì, le puoi portare.

3. _____   c. No, non li devi comprare.

4. _____   d. Sì, ti ho invitato.

5. _____   e. Le può portare Antonella.

6. _____   f. Sì, la dovete indossare.

I pronomi di oggetto indiretto *(Textbook, pp. 262–266)*

09.07 I pronomi indiretti. Complete the following list by filling in the correct indirect-object pronouns.

Persona	Singolare		Plurale	
A. prima	(1) _____		(2) _____	
B. seconda	(3) _____		(4) _____	
C. terza	(5) _____ (maschile)		(6) _____ (maschile)	
	(7) _____ (femminile)		(8) _____ (femminile)	
	(9) _____ (formale)			

09.08 Quali verbi puoi usare? Select the verbs from the list below that can be used with an indirect-object pronoun.

1. rispondere   sì   no

2. chiamare   sì   no

3. telefonare   sì   no

4. dire   sì   no

5. vedere   sì   no

6. parlare   sì   no

7. ascoltare   sì   no

8. chiedere   sì   no

9. regalare   sì   no

10. mangiare   sì   no

11. studiare   sì   no

12. dare   sì   no

09.09 Cosa vi regalano per il compleanno? Below are some of the things that Gaia and her friends do to celebrate their birthdays. Rewrite the items below, changing the indirect-object pronouns according to the subject.

A Chiara	A Sergio	A me
Esempio: le telefonano	*gli telefonano*	*mi telefonano*
1. le regalano dei CD	_____	_____
2. le regalano dei libri	_____	_____
3. le preparano una festa a sorpresa	_____	_____
4. le fanno una torta con le candeline	_____	_____

09.10 Al telefono la vigilia di Capodanno. It is New Year's Eve and Anna is making and receiving a lot of phone calls. Complete the sentences below with the most appropriate indirect-object pronouns.

1. Va bene, Matteo. Quando torna Arianna, _____le_____ dico che hai chiamato.

2. Alessandro non è in casa. Quando torna, _____gli_____ do il tuo messaggio.

3. Dobbiamo invitare i tuoi genitori al pranzo del 6 gennaio. _____gli_____ scriviamo o _____gli_____ telefoniamo?

4. Scusa, _____mi_____ chiamano al telefonino. _____ti_____ richiamo tra cinque minuti.

5. Ho dimenticato di invitare Carla e Sabrina. _____gli_____ mando subito una mail.

6. Sì, sappiamo come arrivare al veglione. Giada _____ci_____ ha spiegato la strada.

09.11 Regali di compleanno e anniversario. Listen to the short dialogues and complete the sentences below, using the correct indirect-object pronouns, as in the example.

ESEMPIO: A mio zio, i suoi figli *gli hanno mandato un biglietto di auguri.*

1. A Sandra, i suoi amici _____.

2. A Gianni, sua moglie _____.

3. A Giorgia e Carlotta, i loro genitori _____.

4. Ai nonni, noi nipoti _____.

5. Alla Signora Cortese, i suoi figli _____.

6. A Brando e Tommaso, i loro amici _____.

PERCORSO II

I pranzi delle feste

VOCABOLARIO

Cosa mangiamo? *(Textbook, pp. 267–269)*

09.12 La tavola e le pietanze. Look at the following drawings and label the numbered items in each of them. Be sure to include the correct definite articles.

La tavola:

1. Il bicchiere
2. il tovagliolo
3. la tovaglia
4. il piatto
5. il coltello

Le pietanze:

6. le lasagne
7. i tortellini
8. il risotto
9. le scaloppine
10. la trota

09.13 Abbinamenti in cucina ed a tavola. You and a friend must set the table for a formal dinner. Complete each of the sentences below by selecting the most appropriate answer.

1. Su una tavola ben apparecchiata (*set*) ci devono essere
   a. le lasagne.
   b. i tovaglioli.

2. A sinistra del piatto si mette
   a. il coltello.
   b. la forchetta.

3. Per bere l'acqua e il vino si usano
   a. le tazze.
   b. i bicchieri.

4. Alla fine del pranzo si prende
   a. il caffè.
   b. l'antipasto.

5. L'insalata si condisce con
   a. olio, aceto e sale.
   b. burro e limone.

6. Sugli spaghetti al pomodoro si mette
   a. il parmigiano grattugiato.
   b. il ragù.

7. Prima di aggiungere il sale sulle costolette d'agnello (*lamb chops*), bisogna
   a. assaggiarle.
   b. mangiarle.

8. Per fare la crostata di frutta ci vogliono farina, zucchero, burro e
   a. fragole.
   b. sugo di pomodoro.

09.14 Che cosa preparano? Cecilia and Paolo have invited some friends over for dinner and they are preparing the meal. Listen to their four statements and select the activity that is being described in each one.

1. **a.** condire
   b. tagliare

2. a. cuocere
   b. apparecchiare la tavola

3. a. fare la crostata di frutta
   b. fare il risotto

4. **a.** offrire il caffè
   b. offrire l'antipasto

GRAMMATICA

Il partitivo *(Textbook, pp. 269–270)*

09.15 Il partitivo. Complete the sentences with the partitive **di + articolo determinativo**.

1. Sulla tavola metto ___dei___ piatti, ___delle___ posate, ___dei___ bicchieri, ___dei___ tovaglioli e ___delle___ bottiglie d'acqua minerale.

2. Condisco l'insalata con ___dell'___ olio, ___dell'___ aceto e ___del___ sale.

3. Il ragù si fa con ___del___ sugo di pomodoro e ___della___ carne tritata.

09.16 La ricetta del tiramisù. Complete the recipe for **tiramisù** with the partitive **di + articolo determinativo** or **un po'** as appropriate.

Per fare il tiramisù, bisogna sbattere (*beat*) (1) ___delle___ uova con

(2) ___un po___ di zucchero. Si aggiunge (3) ___del___ mascarpone e si

mescola fino ad ottenere una crema. Si bagnano (4) ___dei___ biscotti savoiardi

(*sponge cake*) con (5) ___un po___ di brandy. A questo punto si rovescia sui biscotti

(6) ___del___ caffè e si ricoprono con (7) ___della___ crema di

mascarpone. Si fa un secondo strato di biscotti e di crema e poi si spolverizza (*sprinkle*) la

superficie con (8) ___un po___ di cacao amaro (*bitter*). Infine, si mette il tiramisù in

frigo per 3–4 ore prima di servirlo. Squisito!

09.17 Come si dice? Complete the following sentences by selecting the correct partitive.

1. Abbiamo invitato (alcuni / qualche) nostri amici a cena.
2. Ho trovato (qualche / alcune) ricette di mia nonna.
3. Ho comprato (qualche / alcuni) pomodoro per l'insalata.
4. Ho preso (qualche / un po' di) frutta perché voglio fare una crostata.
5. Mio marito ha comprato (del / alcuni) formaggio molto buono.
6. Volete ancora (qualche / un po' di) caffè?

L'imperativo informale *(Textbook, pp. 270–274)*

09.18 L'imperativo informale. Complete the lists with the correct forms of the informal imperative.

A. tu	Affermativo	Negativo
1. tagliare	taglia	non tagliare
2. aggiungere	aggiungi	non aggiungere
3. condire	condisci	non condire
4. offrire	offri	non offrire

B. noi	Affermativo	Negativo
5. tagliare	tagliamo	non tagliamo
6. aggiungere	aggiungiamo	non aggiungiamo
7. condire	condiamo	non condiamo
8. offrire	offriamo	non offriamo

C. voi	Affermativo	Negativo
9. tagliare	tagliate	non tagliate
10. aggiungere	aggiungete	non aggiungete
11. condire	condite	non condite
12. offrire	offrite	non offrite

09.19 Consigli a un'amica. A friend of yours requests advice about how to organize a Christmas party. Tell her what she should do by completing the sentences with the correct informal imperative form of the verbs in parentheses.

1. Devo fare gli inviti.
   (spedire) _____ i biglietti di auguri. Non (mandare) _____ inviti via email.

2. Devo preparare gli addobbi.
   (comprare) _____ un grosso albero di Natale.

3. Devo apparecchiare la tavola per il pranzo di Natale.
   (mettere) _____ la tovaglia di tua nonna e (usare) _____ i bicchieri di cristallo!

4. Devo comprare dei fiori da mettere sul tavolo.
   (cercare) _____ una bella stella di Natale (*poinsettia*) rossa!

5. Devo cucinare l'arrosto con le patate.
   (cuocere) _____ le patate al forno e non (mettere) _____ troppo sale sull'arrosto.

6. Devo offrire un dolce.
   (ordinare) _____ un panettone in pasticceria. Non (preparare) _____ la crostata di frutta; non è un dolce natalizio (*Christmas dessert*)!

09.20 È Natale! Some friends of yours are getting ready for Christmas. As they are rather disorganized, you tell them what they have to do. Complete the paragraph below using the plural form (**voi**) of the informal imperative.

Prima di tutto (spedire) _Spedite_ i biglietti di auguri. Non (mandare) _mandate_ auguri elettronici. Poi, (addobbare) _addobbate_ l'albero di Natale e (preparare) _preparate_ il Presepe. (comprare) _Comprate_ anche una bella stella di Natale e (mettere) _mettete_ delle candele rosse sul tavolo. Infine, (ordinare) _ordinate_ un panettone in pasticceria. (offrire) _offrite_ il panettone e lo spumante alla fine del pranzo di Natale e non (dimenticare) _dimenticate_ di augurare a tutti «Buon Natale!»

09.21 L'imperativo dei verbi irregolari. Complete the list with the correct imperative forms of the following irregular verbs.

A. tu	Affermativo	Negativo
1. andare	va	non andare
2. dare	da	non dare
3. fare	fa	non fare
4. stare	sta	non stare
5. dire	di	non dire

B. noi	Affermativo	Negativo
6. andare	andiamo	non andiamo
7. dare	diamo	non diamo
8. fare	facciamo	non facciamo
9. stare	stiamo	non stimo
10. dire	diciamo	non diciamo

C. voi	Affermativo	Negativo
11. andare	andate	non andate
12. dare	date	non date
13. fare	fate	non fate
14. stare	state	non state
15. dire	dite	non dite

09.22 Prepariamo il ragù! Simona is an expert cook and gives directions to her friends on how to prepare **ragù**. Complete her commands by conjugating the verbs in the **imperativo**.

1. Ragazzi, (stare) _____state_____ calmi. Non abbiamo fretta!

2. Sara e Giorgio, (tagliare) _____tagliate_____ i pomodori.

3. Non abbiamo la carne! Gino, (andare) _____va_____ al supermercato e (comprare) _____compra_____ mezzo chilo di carne tritata.

4. Sara e Giorgio, (dare) _____date_____ una padella a Linda.

5. Linda, (mettere) _____metti_____ l'olio nella padella e (soffriggere) _____soffriggi_____ la cipolla.

6. Sara, (aggiungere) _____aggiungi_____ al soffritto il pomodoro e la carne tritata e (mescolare) _____mescola_____ per cinque minuti.

7. Ragazzi, (assaggiare) _____assaggiate_____ il ragù.

8. Gino, (dire) _____di'_____ se è buono o no.

09.23 Consigli per San Valentino. Marco is unsure of what to do for his girlfriend, Mara, on Valentine's Day. His friend Leonardo gives him some ideas. Rewrite Leonardo's suggestions and substitute the underlined phrases with the verbs in the correct form of the **imperativo**.

ESEMPIO: Devi comprare un regalo a Mara.
Compra un regalo a Mara.

1. Devi portare Mara a cena in un bel ristorante. _____
2. Non devi invitare i genitori. _____
3. Devi dare dei cioccolatini a Mara. _____
4. Devi scrivere un biglietto di auguri romantico. _____
5. Devi fare un bel regalo a Mara. _____
6. Devi dire «Buon San Valentino!» _____
7. Dovete brindare con dello spumante. _____
8. Non dovete litigare come al solito. _____

09.24 Ordini. You will hear six commands. Select the situation in which you are likely to hear each one.

1. **a.** Non c'è il sale in tavola.
   b. Devi andare al supermercato a comprare il sale.
2. **a.** Prepari il cenone di Capodanno e non hai lo spumante.
   b. Vuoi offrire solo acqua minerale ai tuoi ospiti.
3. **a.** È il compleanno del tuo compagno di appartamento.
   b. Hai molta fame.
4. **a.** Un ospite non è ancora arrivato e tu non vuoi iniziare la cena senza di lui.
   b. Tu e i tuoi ospiti dovete ancora mangiare il dolce.
5. **a.** È l'anniversario di matrimonio dei tuoi nonni.
   b. I tuoi nonni ti hanno fatto un regalo di Natale.
6. **a.** È Ferragosto.
   b. È Pasqua.

PERCORSO III

Al ristorante

VOCABOLARIO

Il signore desidera? *(Textbook, pp. 275–278)*

09.25 Definizioni. Select the appropriate answer for each of the following definitions.

1. La persona che serve il cibo e le bevande in un ristorante:
   a. il cliente   **b.** il cuoco   **c.** il cameriere
2. La persona che paga il cibo e le bevande al ristorante:
   a. il cuoco   **b.** il cliente   **c.** la cameriera
3. La quantità di denaro che si deve pagare al ristorante:
   a. la mancia   **b.** il conto   **c.** il menù
4. La quantità di denaro che il cliente spesso da al cameriere:
   a. il conto   **b.** il menù   **c.** la mancia
5. Un sinonimo di «molto buono»:
   a. squisito   **b.** insipido   **c.** leggero

09.26 Al ristorante. Complete the following dialogue among a waiter and the Dinis with the appropriate words from the word bank.

contorno	squisito	aperitivo	secondo	piatto
giorno	acqua	primo	vorrei	dolce

CAMERIERE: Buona sera. I signori desiderano un (1) _aperitivo_ ?

SIGNOR DINI: No, grazie. Dell' (2) _acqua_ minerale, per favore.

CAMERIERE: Bene. Avete domande sul menù?

SIGNORA DINI: Sì, qual è il (3) _piatto_ del (4) _giorno_ ?

CAMERIERE: Il risotto ai funghi porcini. Sono freschi di giornata. È un (5) _primo_ piatto leggero ma (6) _squisito_ .

SIGNORA DINI: Mi piacciono molto i funghi! Mi ha convinta. Prendo il risotto ai funghi porcini e come (7) _secondo_ , la bistecca con le patate al forno.

CAMERIERE: Benissimo. E Lei signore?

SIGNOR DINI: Io (8) _vorrei_ gli spaghetti alle vongole e poi la trota. Come (9) _contorno_ , prendo gli spinaci al burro. Dobbiamo ordinare subito anche il (10) _dolce_ ?

CAMERIERE: No, non deve ordinarlo subito. Vado in cucina a comunicare Le vostre ordinazioni.

 09.27 Quando lo dicono? Listen to the short dialogues at a restaurant and decide at what stage each one takes place: at the beginning (**all'inizio**), during (**durante**), or at the end (**alla fine**) of the meal. Select the correct answers.

1. **a.** all'inizio del pasto **b.** durante il pasto **c.** alla fine del pasto
2. **a.** all'inizio del pasto **b.** durante il pasto **c.** alla fine del pasto
3. **a.** all'inizio del pasto **b.** durante il pasto **c.** alla fine del pasto
4. **a.** all'inizio del pasto **b.** durante il pasto **c.** alla fine del pasto
5. **a.** all'inizio del pasto **b.** durante il pasto **c.** alla fine del pasto
6. **a.** all'inizio del pasto **b.** durante il pasto **c.** alla fine del pasto

Il verbo *piacere* *(Textbook, pp. 278–281)*

09.28 Che cosa vi piace? Complete the following sentences with the correct present or past form of the verb **piacere**.

ESEMPIO: Presente

(A me)   *Mi piace* la cioccolata calda (*hot cocoa*).

Passato prossimo

(A me)   *Mi è piaciuta* la cioccolata calda.

Presente

1. (A te)   _ti piace_ il cibo piccante.
2. (A Rosa)   _le piacciono_ le lasagne.
3. (A Paolo e Massimo)   _gli piacciono_ i vini rossi piemontesi.
4. (A Sara e Patrizia)   Non _gli piace_ la carne al sangue (*rare*).
5. (A me)   Non _mi piacciono_ i ristoranti rumorosi.
6. (A te)   Non _ti piace_ dare la mancia al cameriere.

Passato prossimo

7. (A voi)   Non _vi sono piaciuti_ i primi che avete ordinato.
8. (A Luigi)   _gli è piaciuto_ molto l'arrosto di vitello.
9. (A Laura)   _le sono piaciute_ le tagliatelle ai funghi.
10. (A me)   Non _mi è piaciuta_ la cameriera.
11. (A noi)   _ci è piaciuta_ l'atmosfera intima ed elegante.
12. (A Luca e Renzo)   Non _gli è piaciuto_ il conto. Era troppo caro!

09.29 Gusti diversi. Iole, Barbara, and Bruno explain what their tastes are as far as eating is concerned. Complete the following passages with the correct form of the verb piacere.

IOLE: Non mi (1) _piace_ andare al ristorante. Mi (2) _piace_ cucinare e invitare gli amici a casa. Sono una brava cuoca ed a tutti (3) _piacciono_ i miei piatti. A mio marito (4) _piacciono_ soprattutto i miei spaghetti al ragù.

BARBARA: Ieri sera sono uscita a cena con la mia amica Cristina. Siamo andate in una piccola trattoria. Mi (5) _è piaciuta_ l'atmosfera. A Cristina, però, non (6) _sono piaciuti_ i camerieri. Secondo lei, erano antipatici. Io ho mangiato molto bene. In particolare, mi (7) _sono piaciute_ le lasagne.

BRUNO: Quando io e Caterina andiamo al ristorante non prendiamo mai l'antipasto. Non ci (8) _piacciono_ gli antipasti. Di solito prendiamo il primo, il secondo e poi il dolce. Caterina prende spesso il tiramisù. Anche a me (9) _piace_ ma solo se non ha il brandy. Non mi (10) _piacciono_ i liquori.

09.30 Preferenze. Listen to the following conversation among Anna, Silvia, and Giacomo as they come out of a restaurant. Then write down what they liked and did not like about their experience.

1. Piace / È piaciuto:

_____

_____

_____

_____

2. Non piace / Non è piaciuto:

_____

_____

_____

_____

In pratica

PARLIAMO

09.31 Che cosa ti piace? An Italian friend of yours answers your questions about his food likes and dislikes. Read the answers he gives below, and then ask the questions that prompted each answer orally.

1. No, non mi piace.

2. Mi piace moltissimo.

3. Non mi sono mai piaciuti.

4. Le mangio ma raramente.

5. Sì, lo bevo sempre dopo pranzo.

09.32 Qual è il tuo ristorante preferito? What is your favorite restaurant? What kind of food is served there? Describe it orally, giving the name of the restaurant and telling six things that you really like about it.

LEGGIAMO

09.33 Prima di leggere. Look at the survey below, and then answer the following questions. Use the statistics from the survey to support your answers.

Sondaggio: "Arriva il Capodanno: tu cosa fai?"

Feste, feste, feste con gli amici!   32%

Lo passo in famiglia a casa. Tranquillamente …   25%

Penso di ammalarmi (get sick) … per non festeggiare. 17%

Lo festeggio facendo un bel viaggio, magari al caldo. 11%

Lo festeggio in montagna.   8%

Feste, feste, feste con tutta la famiglia!   4%

1. Di che cosa tratta (*is about*) il sondaggio?

_____

2. Agli italiani piace festeggiare il Capodanno?

_____

3. Ci sono degli italiani che non festeggiano il Capodanno? Quanti sono?

_____

09.34 Mentre leggi. As you read the following article, identify and list the different ways in which Italians celebrate New Year's Eve.

SONDAGGIO: "Arriva il Capodanno: tu cosa fai?"

Festeggiare in modo degno[1] l'inizio dell'anno è una tradizione irrinunciabile per tanti italiani. Il 32%, in gran parte giovani al di sotto dei trent'anni, a Capodanno vanno in discoteca o a feste organizzate da amici o conoscenti[2]. Ballano, ascoltano musica, guardano spettacoli e partecipano a giochi organizzati all'insegna del motto "divertirsi a tutti i costi!". Altri italiani, il 25%, preferiscono festeggiare il Capodanno con la famiglia a casa. Mentre aspettano l'anno nuovo guardano gli spettacoli di Capodanno in televisione e a mezzanotte stappano lo spumante, brindano e poi escono in giardino o sul balcone con i figli o i nipoti a fare i botti e i fuochi d'artificio[3].

Solo il 4% degli italiani organizza un veglione a casa propria invitando la famiglia allargata. Per queste persone il Capodanno è una estensione del Natale e quindi ripetono molte attività tipiche del giorno di Natale: preparano il cenone e aspettano la mezzanotte mangiando e facendo giochi di società. Allo scoccare[4] del nuovo anno fanno il brindisi con lo spumante, mangiano il panettone e si scambiano gli auguri. L'11% degli italiani, invece, non può resistere alla tentazione di un Capodanno esotico. Fuggire dalla pazza folla[5] alla volta di una spiaggia delle Maldive o dei Caraibi è il sogno di molti. Festeggiare il nuovo anno al caldo in pareo[6] e costume da bagno ha indubbiamente il suo fascino. C'è anche chi sogna di fuggire dalla pazza folla alla volta di incantevoli paesaggi montani. Infatti, l'8% degli italiani desidera una romantica notte di San Silvestro. Ci sono poi quelli, abbastanza numerosi (17%), che si danno malati per non festeggiare il Capodanno; non vogliono sentir parlare di veglioni o cenoni di Capodanno. Vanno a letto alle dieci di sera del 31 dicembre e si mettono i tappi nelle orecchie per non essere disturbati dai fuochi d'artificio. Spengono il cellulare per non ricevere il messaggino di mezzanotte. Questa è la giustificazione di chi non ama il Capodanno: cambia l'anno, si invecchia[7] e non c'è motivo di festeggiare. Forse hanno ragione loro … ∎

1. properly	2. acquaintances	3. fireworks	4. At the strike (of midnight)
5. getting away from the craziness		6. coverup	7. gets older

09.35 Dopo la lettura. Now decide whether the following statements, based on the article, are **vero, falso,** or **non menzionato.**

1. Molti italiani al di sotto dei trent'anni, festeggiano il Capodanno in famiglia.
   Vero   Falso   Non menzionato

2. I luoghi lontani preferiti dagli italiani per festeggiare il Capodanno sono le isole tropicali e le grandi città nordamericane.
   Vero   Falso   Non menzionato

3. A circa l'11% degli italiani piace festeggiare il Capodanno molto lontano da casa.
   Vero   Falso   Non menzionato

4. Al cenone di Capodanno è tradizione mangiare cotechino e lenticchie.
   Vero   Falso   Non menzionato

5. A Capodanno tutti gli italiani vogliono divertirsi.
   Vero   Falso   Non menzionato

6. Il 17% degli italiani è a letto con l'influenza la notte di Capodanno.
   Vero   Falso   Non menzionato

SCRIVIAMO

09.36 Prima di scrivere. Think about your last **Capodanno,** and then answer the following questions truthfully.

1. Che cosa hai fatto lo scorso Capodanno? _____
_____

2. Con chi? _____

3. Hai fatto una cena speciale? Che cosa hai mangiato? _____
_____

4. A che ora sei andato/a a letto? _____

5. Ti piace la festa di Capodanno? Perché? _____
_____

6. Che cosa ti è piaciuto/a di più del Capodanno dell'anno scorso? _____
_____

7. Che cosa non ti è piaciuto/a? _____

8. È una festa importante nel tuo Paese? _____
_____

09.37 Scriviamo. Write a short paragraph to describe your last **Capodanno.** The answers you gave in activity **09.36** will help you organize your ideas. Then, begin your paragraph by writing an introductory sentence that explains your main idea. Expand your paragraph by adding any information or details you deem necessary and/or interesting. Finally, bring it to a conclusion.

_____

_____

_____

_____

_____

_____

_____

09.38 Prima di guardare. For Italians, holidays and traditions are very important; they love to get together and celebrate. First, familiarize yourself with the vocabulary describing the holidays. Then match the following Italian holiday names with their English equivalents.

1. Capodanno _____	**a.** Epiphany
2. Natale _____	**b.** Easter
3. Epifania _____	**c.** August 15
4. Carnevale _____	**d.** New Year's Day
5. Pasqua _____	**e.** Christmas
6. Ferragosto _____	**f.** Carnival

09.39 Mentre guardi. While you are watching the video, listen to what the people say and fill in the blanks with the correct words from the word banks.

vino	burrata	carne	freschi	gassata
dieta	fame	gamberoni	specialità	

A. Tina oggi non vuole fare (1) _____ perché ha molta (2) _____.

Però preferisce non mangiare (3) _____ e sceglie una (4) _____.

Per secondo, sceglie i (5) _____ al guazzetto che sono la (6) _____

del ristorante e sono buoni e (7) _____. Da bere, prende un'acqua minerale

(8) _____ e del (9) _____ bianco.

pizzerie	Roma	ristorante	occasione	cena
qualità	forni	pesce	allegria	

B. Per Plinio, mangiare al (10) _____ è un rito

di amicizia. Preferisce andare a (11) _____

di sera. Va spesso a ristoranti di (12) _____

che servono il (13) _____. Bastianelli è un

ristorante vicino (14) _____, a Fiumicino,

una località di mare. Poi ama le (15) _____

di Trastevere con i (16) _____ a legna. Mangiare con gli amici è per Plinio un'

(17) _____ per parlare in libertà e per stare in (18) _____.

09.40 Dopo aver guardato. Now that you have experienced some of the Italian holiday traditions, write a short letter to an online friend describing for him/her the ways in which your family celebrates a special holiday. You may include the name of the holiday and some of the foods that are traditionally prepared.

_____

_____

_____

_____

_____

_____

_____

Attraverso l'Umbria

09.41 L'Umbria. Read the following passage about the University for Foreigners in Perugia, and then give short answers to each of the questions below.

L'Università per Stranieri di Perugia

L'Università per Stranieri di Perugia è la più antica e prestigiosa istituzione italiana impegnata (*involved*) nell'attività d'insegnamento, ricerca e diffusione della lingua e della civiltà italiana nel mondo. Ogni anno studiano in questa Università centinaia di studenti provenienti (*coming*) da tutte le parti del mondo.

La sua storia inizia nel 1921, quando l'avvocato (*lawyer*) Astorre Lupattelli, che da tanto tempo lavorava a questo ambizioso progetto, istituisce a Perugia, la città dove era nato e cresciuto, i primi corsi di lingua e cultura con lo scopo di (*with the aim of*) diffondere in Italia e all'estero la conoscenza della storia e delle bellezze naturali ed artistiche della penisola italiana.

Dal 1927 la sede principale dell'Università è nel prestigioso Palazzo Gallenga, situato nel cuore della città. A tale sede si affiancano oggi le quattro palazzine (*small buildings*) Prosciutti, Lupattelli, Orvieto e Valitutti che sono raggiungibili a piedi (*within walking distance*) da Palazzo Gallenga e arricchiscono le strutture per la didattica e la ricerca (*teaching and research facilities*). È parte dell'Università anche la prestigiosa Villa la Colombella, un'antica dimora patrizia (*an ancient stately residence*) immersa nelle colline (*hills*) vicine a Perugia, che completa il pregevole (*valuable*) patrimonio dell'Università.

L'Università per Stranieri di Perugia comprende il Dipartimento di Lingua e Cultura Italiana, il Dipartimento di Scienze del Linguaggio (*Linguistics and Communications*) e il Dipartimento di Culture Comparate (*Comparative Cultures*). Oltre ai Corsi di Lingua e Cultura Italiana sono attivi presso l'Ateneo Corsi di Laurea triennale (*Bachelor's degree programs*) e corsi di Laurea Magistrale (*Master's degree programs*).

1. Da dove provengono gli studenti che studiano all'Università per Stranieri di Perugia?

_____

2. Chi ha fondato (*founded*) l'Università per Stranieri?

_____

3. Quando è stata fondata l'Università per Stranieri?

_____

4. Qual è stato lo scopo dell'Università per Stranieri fin dalla (*starting from*) sua fondazione?

_____

5. Quali sono gli edifici che compongono l'Università per Stranieri?

_____

6. Quali sono i tre Dipartimenti che costituiscono l'Università per Stranieri?

_____

10

Che ricordo splendido!

PERCORSO 1

Avvenimenti importanti

VOCABOLARIO

Gli avvenimenti importanti nella vita di Chiara *(Textbook, pp. 291–294)*

10.01 Avvenimenti importanti della vita. Look at the following drawings and match each one with the event that it depicts.

1. C

2. d

a. fidanzarsi

b. sposarsi

c. nascere

d. diplomarsi

3. a

4. b

10.02 Le tappe della vita. Below is a list of some of the important stages of a person's life. Write the name of the event that corresponds to each description.

la nascita	la laurea	il divorzio
il matrimonio	il fidanzamento	il compleanno

1. La relazione tra due persone prima di sposarsi: _il fidanzamento_

2. La famiglia e gli amici si riuniscono per festeggiare l'unione di due persone: _il matrimonio_

3. Un nuovo essere umano viene al mondo: _la nascita_

4. La famiglia e gli amici si riuniscono per festeggiare una persona che compie gli anni: _il compleanno_

5. Due persone sposate si separano legalmente: _il divorzio_

6. La famiglia e gli amici si riuniscono per festeggiare un giovane che finisce l'università: _la laurea_

10.03 Come reagisci? Read the following exclamations and decide whether they elicit a positive (**P**) or negative (**N**) reaction.

1. Favoloso!   (P)   N
2. Stressante!   P   (N)
3. Orribile!   P   (N)
4. Meraviglioso!   (P)   N
5. Indimenticabile! (P)   N
6. Romantico!   (P)   N
7. Eccezionale!   (P)   N
8. Rilassante!   (P)   N

 10.04 Che pessimista! Lucia and her brother Francesco are talking about various events. Listen to their conversation and select all the events that Francesco feels pessimistic about.

il compleanno

la festa di diploma

la festa di laurea

il fidanzamento

il matrimonio

il divorzio

la nascita

GRAMMATICA

L'imperfetto e il passato prossimo *(Textbook, pp. 294–296)*

10.05 Momenti importanti nella vita di Mirella. To find out what the most important events in Mirella's life have been, select the phrase that best completes each sentence.

1. Mi sono laureata
   a. quando ho avuto 23 anni.
   b. quando avevo 23 anni.

2. Il giorno della mia laurea
   a. ero molto emozionata.
   b. sono stata molto emozionata.

3. La mia festa di laurea
   a. era meravigliosa.
   b. è stata meravigliosa.

4. Nel mese di agosto del 1995
   a. partivo per gli Stati Uniti.
   b. sono partita per gli Stati Uniti.

5. Il 22 novembre 2004
   a. mi sono sposata.
   b. mi sposavo.

6. Mia figlia
   a. nasceva il 31 gennaio 2005.
   b. è nata il 31 gennaio 2005.

10.06 Il matrimonio di un campione. Francesco Totti is a famous Italian soccer player. Read the description of his wedding and complete the paragraph by selecting the correct verb tenses.

Il fuoriclasse del calcio italiano Francesco Totti e la modella Ilary Blasi (1. **si sono sposati**/si sposavano) alle ore 16 di sabato 19 giugno 2005 nella Chiesa dell'Aracoeli a Roma. La sposa (2. ha indossato/**indossava**) un lungo abito bianco disegnato per lei da Giorgio Armani. Al matrimonio (3. **c'erano**/ci sono stati) più di mille invitati, tra i quali anche il sindaco (*mayor*) della città Roma. Durante la cerimonia in chiesa, gli sposi (4. sono stati/**erano**) molto emozionati. Usciti dalla chiesa, Ilary e Francesco (5. **hanno salutato**/salutavano) la folla dei tifosi (*crowd of fans*) che li aspettava e (6. **sono saliti**/salivano) su una Maserati che li ha portati al castello di Torcrescenza. Nel parco illuminato del castello (7. **si è svolto**/si svolgeva) il ricevimento (*reception*) da mille e una notte. C'erano quattro diversi menù a buffet e una cena finale. Gli invitati (8. **hanno chiacchierato**/chiacchieravano), (9. **hanno ballato**/ballavano), (10. **hanno mangiato**/mangiavano) e (11. **si sono divertiti**/si divertivano) tutta la notte. Si dice che il ricevimento sia costato 100.000 euro. (12. **È stato**/Era) proprio un matrimonio da favola! Dopo la fine del ricevimento, Francesco e Ilary (13. **sono partiti**/partivano) per una lunga e romantica luna di miele in Sardegna. Gli sposi, però, non (14. **hanno voluto**/volevano) rivelare a nessuno il nome della località sarda meta della loro luna di miele.

10.07 Che storia romantica! Write the story of Corrado and Paola by using the information given in the list and conjugating the verbs in either the **passato prossimo** or the **imperfetto**, as appropriate. You may also include additional information to enhance the story. The first sentence is done for you.

1. Corrado e Paola, Los Angeles (incontrarsi)
2. Corrado, cameriere (fare)
3. Paola, università (studiare)
4. Corrado e Paola, festa (conoscersi)
5. Corrado e Paola, subito (innamorarsi)
6. Paola, Italia (tornare)

7. Corrado, triste (essere)
8. Corrado, Mary (incontrare) in spiaggia
9. Corrado e Mary, (uscire) spesso
10. Corrado, (pensare) a Paola
11. Corrado, Italia (tornare)
12. Corrado e Paola (sposarsi)

Dieci anni fa, Corrado e Paola si sono incontrati a Los Angeles. _____

_____

_____

_____

_____

_____

_____

_____

_____

_____

_____

 10.08 Un compleanno indimenticabile. Listen as Luciano talks about how he celebrated his 18th birthday. Then select the phrase that best completes each sentence, according to what you hear.

1. Il giorno del suo compleanno Luciano
   a. era triste.
   b. era nervoso.
   c. era arrabbiato.

2. Alla festa di compleanno di Luciano,
   a. c'erano tutti i suoi amici.
   b. c'erano i suoi parenti.
   c. c'erano i suoi parenti e tutti i suoi amici.

3. Quando si sono spente le luci,
   a. è iniziata la musica.
   b. è apparsa una torta molto grande.
   c. è apparsa una macchina.

4. Nella busta Luciano
   a. ha trovato un biglietto d'auguri e mille euro.
   b. ha trovato un biglietto d'auguri.
   c. ha trovato mille euro.

Azioni reciproche *(Textbook, pp. 296–298)*

10.09 Gli innamorati. Every day you see a young man and a young woman meeting at a bench across the street from your apartment building. Look at the pictures below and select the statement that best corresponds to each picture.

1. a. Si abbracciano.
   b. Si telefonano.
   c. Si incontrano e si salutano.

2. a. Si abbracciano.
   b. Si salutano.
   c. Si guardano negli occhi in silenzio.

3. a. Si baciano.
   b. Si scrivono lettere d'amore.
   c. Si danno la mano.

4. a. Si guardano negli occhi in silenzio.
   b. Si abbracciano.
   c. Si parlano.

10.10 Gli ex-innamorati. The young people that you have been seeing across the street, Enrico and Rossella, broke up recently and no longer see each other. One day you meet Rossella and tell her what you used to see. Rewrite the four sentences below from your perspective using the **voi** form of the **imperfetto**.

ESEMPIO: (Si abbracciano.)
Vi abbracciavate.

1. (Si salutano.)

   Vi salutavate

2. (Si baciano.)

   Vi baciavate

3. (Si scrivono lettere d'amore.)

   Vi scrivevate lettere d'amore

4. (Si guardano negli occhi in silenzio.)

   Vi guardavate negli occhi in silenzio

10.11 Cosa fanno dei buoni amici? Monica and Riccardo are best friends, and Monica is explaining her relationship with Riccardo. Use the verbs and phrases below to form sentences from Monica's perspective, using the **noi** form as in the example.

ESEMPIO: incontrarsi all'università
Ci incontriamo all'università.

1. chiamarsi tutti i giorni

   Ci chiamiamo tutti i giorni

2. scriversi spesso delle mail

   Ci scriviamo spesso delle mail

3. capirsi

   Ci capiamo

4. volersi bene

   Ci vogliamo bene

5. aiutarsi quando abbiamo dei problemi

   Ci aiutiamo quando abbiamo dei problemi

6. farsi dei regali

   Ci facciamo dei regali

7. criticarsi continuamente

   Ci critichiamo continuamente

8. rispettarsi

   Ci rispettiamo

PERCORSO II
Ricordi di ogni genere

VOCABOLARIO

Che cosa è successo? *(Textbook, pp. 299–301)*

10.12 Ricordi belli o brutti? Look at the following drawings and match each of Luca's memories with the statement that best describes it.

1. ____

2. ____

3. ____

a. Si è rotto una gamba mentre sciava.

b. Ha avuto un incidente stradale.

c. Ha vinto (*won*) il premio.

10.13 Associazioni. Match each verb or expression with the one that best corresponds to it.

1. prendere la patente _____
2. fare una competizione _____
3. farsi male _____
4. frequentare l'università _____
5. andare ai grandi magazzini _____
6. correre troppo veloce _____

a. slogarsi una caviglia
b. perdersi
c. guidare
d. soffrire
e. vincere una medaglia
f. laurearsi

10.14 Che cosa dici? Answer each of the statements you hear with an appropriate exclamation.

ESEMPIO: You hear: Un'amica ha comprato una macchina nuova.
You answer: *Beata te!*

1. _____

2. _____

3. _____

4. _____

5. _____

GRAMMATICA

I pronomi relativi *che* e *cui* *(Textbook, pp. 301–303)*

10.15 Ricordi piacevoli e spiacevoli del liceo. Leonardo is reminiscing about his high school days. Select the phrase that best completes each statement.

1. In quarta liceo ho avuto un incidente d'auto
   a. di cui mi sono rotto una caviglia.
   b. in cui mi sono rotto una caviglia.

2. Marta era la ragazza
   a. di cui mi ero innamorato al liceo.
   b. a cui mi ero innamorato al liceo.

3. Facevo gare di nuoto
   a. per cui vincevo spesso.
   b. che vincevo spesso.

4. Sergio, Gianni e Luca erano gli amici
   a. che giocavo a tennis.
   b. con cui giocavo a tennis.

5. La signora Reviglio era la professoressa
   a. che odiavo di più.
   b. con cui odiavo di più.

6. Matematica era una materia
   a. che studiavo raramente.
   b. in cui studiavo raramente.

10.16 Un fidanzato geloso. Complete the following dialogue between Lorenzo and Allegra by filling in the blanks with either **che** or **cui**.

LORENZO: Chi era il ragazzo con (1) _____ parlavi ieri a lezione?

ALLEGRA: È quel ragazzo americano (2) _____ conosci anche tu! Si chiama Peter. Studia nella nostra facoltà da qualche mese.

LORENZO: Ah sì! Il ragazzo americano a (3) _____ una volta ho prestato il libro di statistica.

ALLEGRA: Sì, è proprio lui.

LORENZO: Sabato scorso l'ho visto alla festa di laurea (4) _____ Sergio aveva organizzato per Simona. La festa a (5) _____ tu non sei venuta perché dovevi studiare.

ALLEGRA: A quella festa c'era anche Peter?

LORENZO: Sì, ed ha ballato tutta la sera con una ragazza (6) _____ indossava una minigonna rossa e un paio di stivali neri.

ALLEGRA: Secondo me, era Giada, una studentessa del terzo anno (7) _____ è antipatica a tutti.

LORENZO: A me non sembra per niente antipatica. È l'unica persona con (8) _____ ho chiacchierato alla festa! Ma non ti preoccupare (*don't worry*), tu sei l'unica ragazza di (9) _____ sono innamorato.

ALLEGRA: Ed io ho un fidanzato (10) _____ amo da morire, anche se è molto geloso!

10.17 Conversazioni tra studenti. Complete the following short dialogues among friends with the appropriate relative pronouns **cui** or **che**.

1. È il ragazzo di _____ mi hai parlato?

   Sì, è il ragazzo _____ ho incontrato ieri in palestra.

2. È il polso _____ ti avevano ingessato?

   Sì, è il polso _____ mi ero rotto.

3. È il torneo di tennis a _____ hai partecipato l'anno scorso?

   Sì, è il torneo di tennis _____ ho vinto l'anno scorso.

4. È la ragazza a _____ vuoi bene?

   No, è la ragazza con _____ mi sono appena lasciato.

5. Sono tutte le medaglie _____ hai vinto?

   Sì, sono le medaglie per _____ mi sono allenato tanto.

6. È l'aula in _____ c'è la lezione d'italiano?

   No, è l'aula da _____ è appena uscito il professore di storia.

PERCORSO III
Viaggi e vacanze indimenticabili

VOCABOLARIO

Come hai passato le vacanze? *(Textbook, pp. 304–306)*

10.18 Che cos'è? Match each description with the corresponding word or phrase.

1. un mezzo di trasporto molto veloce ____

2. un biglietto Milano-New York e
   New York-Milano ____

3. un luogo in cui si mangia e si dorme quando
   si è lontani da casa ____

4. un luogo in cui si prenota una vacanza e si comprano
   i biglietti aerei ____

5. un luogo in cui si va in vacanza ____

a. un biglietto di andata e ritorno

b. l'agenzia di viaggi

c. l'albergo

d. il villaggio turistico

e. l'aereo

10.19 Una vacanza in Sardegna. You will hear a conversation between Benedetta, a college student, and a travel agent. As you listen, complete the information below.

1. Regione di destinazione: _Sardegna_
2. Città di arrivo: _Alghero_
3. Data della partenza: _15 luglo_
4. Data del ritorno: _30 luglo_
5. Aeroporto di partenza: _Milano Malpensa_
6. Classe in cui si vuole viaggiare: _classe economica_

10.20 Metti in ordine. Now listen to the conversation in activity **10.19** again and put the travel agent's questions in order, from **1** to **6**.

1. Che tipo di biglietto vuole? _3_
2. Mi da, per favore, il suo nome e numero di telefono? _6_
3. Da dove vuole partire? _4_
4. Dove vuole andare? _2_
5. Vuole viaggiare in prima classe o in classe economica? _5_
6. Posso aiutarla? _1_

GRAMMATICA

Il trapassato prossimo *(Textbook, pp. 306–309)*

10.21 Il trapassato prossimo. Conjugate the following verbs in the **trapassato prossimo**.

1. Io / viaggiare _____
2. Noi / fare _____
3. Loro / salutare _____
4. Tu / chiedere _____
5. Lei / soffrire _____

6. Voi / vincere _____
7. Lui / prepararsi _____
8. Noi / cadere _____
9. Io / perdersi _____
10. Tu / vestirsi _____

10.22 A proposito di vacanze... Complete the following sentences with the correct **trapassato prossimo** form of the verbs given.

1. Abbiamo dovuto rinunciare alla vacanza che (prenotare) _____.

2. Sei arrivato in ritardo all'aeroporto e l'aereo (partire) _____ già _____.

3. Sono andata nella stessa agenzia di viaggi in cui (comprare) _____ i biglietti per Londra l'anno scorso.

4. Due ore prima della partenza, tu e Mario non (fare) _____ ancora _____ le valige.

5. Rosa è andata in vacanza in un villaggio turistico che (vedere) _____ in un dépliant sulla Grecia che (prendere) _____ all'agenzia di viaggi.

6. In quell'albergo io e Paolo (sentirsi) _____ come a casa.

10.23 Benedetta racconta. In activity **10.19** you learned about Benedetta's plans to spend her summer vacation in Stintino, a beautiful beach town in the North of Sardinia. Now complete her narration by filling in the blanks with the correct **passato prossimo** or **trapassato prossimo** form of the verbs given.

Questa mattina (andare) _____ all'agenzia di viaggi ed ho pagato il biglietto per Alghero-Fertilia che (prenotare) _____ una settimana fa. Lunedì scorso, infatti, io e Lara (andare) _____ all'agenzia di viaggi e (chiedere) _____ informazioni sui voli per Alghero. L'agente di viaggi (essere) _____ molto gentile e ci (dare) _____ tutte le tariffe migliori (*best rates*) sui voli per la Sardegna. (Io) (decidere) _____ di prenotare un volo Alitalia di andata e ritorno per Alghero con partenza da Milano Malpensa. Lara, invece, (dire) _____ all'agente di viaggi che non _____ ancora (decidere) _____ quando partire. Questa mattina le (telefonare) _____ e mi (dire) _____ che (prendere) _____ la decisione di non venire a Stintino.

10.24 Passato o trapassato prossimo? For each sentence you hear, select whether the speaker is talking about events in the **passato prossimo** or **trapassato prossimo**.

1. **a.** passato prossimo   **b.** trapassato prossimo
2. **a.** passato prossimo   **b.** trapassato prossimo
3. **a.** passato prossimo   **b.** trapassato prossimo
4. **a.** passato prossimo   **b.** trapassato prossimo
5. **a.** passato prossimo   **b.** trapassato prossimo
6. **a.** passato prossimo   **b.** trapassato prossimo
7. **a.** passato prossimo   **b.** trapassato prossimo
8. **a.** passato prossimo   **b.** trapassato prossimo

In pratica

PARLIAMO

10.25 Una vacanza indimenticabile. Using the prompts given below, describe orally an unforgettable vacation you took. You may add details not mentioned in the prompts.

data / periodo della vacanza

luogo della vacanza

mezzo di trasporto utilizzato

attività fatte durante la vacanza

emozioni provate durante la vacanza

 10.26 Una brutta caduta. Marco has just come back from the hospital where they removed the cast from his right arm. You meet him on campus and want to know what happened. Listen to the answers that Marco gives, and for each of them, ask the correct question orally.

1. ...
2. ...
3. ...
4. ...
5. ...
6. ...

LEGGIAMO

10.27 Prima di leggere. Below are some of the topics that a person who describes his/her own vacation would most likely mention. Read them, and if there are any words you are not familiar with, try to figure out their meanings from the context in which they appear. Write down what you think each phrase means.

1. descrizione del luogo _____

2. descrizione del clima _____

3. descrizione della gente _____

4. descrizione del cibo _____

5. attività svolte durante la vacanza _____

6. opinioni personali sui luoghi visitati _____

7. opinioni personali sulle persone incontrate _____

8. costi della vacanza _____

9. mezzi di trasporto usati durante la vacanza _____

10. lingue parlate nei luoghi visitati _____

10.28 Mentre leggi. As you read the following brief description of a summer vacation, make a list of all the verbs used in the **trapassato prossimo**.

Una visita al borgo antico di Stintino

Lo scorso luglio sono andata in vacanza a Stintino. Ero ospite a casa della sorella di mia madre. Mia zia vive a Sassari in inverno e in autunno ma trascorre la primavera e l'estate nella sua bella casa di Stintino. Le spiagge di Stintino, chiassose (noisy) e colorate, nobili e popolari al tempo stesso, sono sempre state il luogo di vacanza preferito dei sassaresi. Da parecchi anni, però, è anche una località frequentata d'estate da molti giovani, sia italiani che stranieri. In particolare, molti ragazzi appassionati di windsurf e kitesurf scelgono Stintino come meta delle loro vacanze.

Un giorno in cui tirava vento e non avevo voglia di andare in spiaggia, sono andata a visitare l'antico borgo marinaro. Prima di andarci avevo chiesto a mia zia se voleva accompagnarmi. Mia zia mi aveva risposto che il borgo antico era diventato una specie di villaggio turistico pieno di pizzerie, bar, ristoranti e fast-food e per questo motivo lei non ci andava mai volentieri (willingly). Mi aveva anche detto che dell'antico borgo marinaro rimanevano solo qualche barca di pescatori ormeggiata (moored fishing boats) nel porticciolo e la torre della tonnara (tuna-fishing point). Insomma, mi aveva fatto una descrizione a dir poco scoraggiante (discouraging). Ma io ci sono andata ugualmente. Ho camminato a lungo per le strette vie del borgo. Poi sono salita sulla torre della tonnara ho potuto ammirare il paesaggio naturale e i colori tropicali della famosa spiaggia della Pelosa. Era davvero un panorama mozzafiato (breathtaking)! Quando sono tornata nella piazza del borgo ho incontrato Grazia, la figlia di un'amica di mia zia, che avevo conosciuto in spiaggia qualche giorno prima. Grazia mi ha portato a mangiare una «tumbarella» (a typical pastry from Stintino) nella migliore pasticceria di Stintino. Era così buona che ne abbiamo ordinate altre due! Abbiamo chiacchierato per un po' e poi abbiamo passeggiato mentre il sole tramontava (set). Sono tornata a casa che era quasi buio (dark) e non capivo se avevo sognato o se era stato tutto vero.

_____

_____

_____

_____

10.29 Dopo la lettura. Now select all the topics that were mentioned in the description in activity **10.28.**

descrizione del luogo

descrizione del clima

descrizione della gente

descrizione del cibo

attività svolte durante la vacanza

opinioni personali sui luoghi visitati

opinioni personali sulle persone incontrate

costi della vacanza

mezzi di trasporto usati durante la vacanza

lingue parlate nei luoghi visitati

SCRIVIAMO

10.30 Scriviamo. Now write a paragraph about a place you have visited, describing the location, the people, the languages, or any other aspect you found particularly interesting. You may use the topics offered in the **Leggiamo** section to prepare an outline for your description.

_____

_____

_____

_____

_____

_____

GUARDIAMO

10.31 Prima di guardare. In this videoclip, Chiara, Tina, and Felicita talk about their past. Complete the following sentences by selecting the correct form of the **imperfetto** or the **passato prossimo.**

1. Chiara (si è diplomata / si diplomava) in musica al conservatorio di Firenze.

2. Chiara (ha suonato / suonava) in un concerto in piazza della Signoria.

3. Tina a luglio (è andata / andava) spesso al mare con la sua famiglia.

4. Tina da bambina (è tornata / tornava) sempre a scuola in ottobre.

5. Felicita da piccola (ha avuto / aveva) tanti amici che la portavano sempre in giro.

6. Felicita (ha avuto / aveva) un'adolescenza felice.

10.32 Mentre guardi. As you watch the video, indicate whether the following statements are **vero, falso,** or **non menzionato.**

1. Chiara suona il piano da quando era piccola.	Vero	Falso	Non menzionato
2. Chiara ha fatto un concerto a teatro.	Vero	Falso	Non menzionato
3. Chiara va spesso a dei concerti di musica classica.	Vero	Falso	Non menzionato

4. Tina al mare faceva surf quasi tutti i giorni.	Vero	Falso	Non menzionato
5. Tina a luglio andava in montagna.	Vero	Falso	Non menzionato
6. Tina in montagna faceva passeggiate.	Vero	Falso	Non menzionato

7. Felicita è nata a New York.	Vero	Falso	Non menzionato
8. Felicita da giovane aveva tanti amici.	Vero	Falso	Non menzionato
9. Felicita a Bologna ha conosciuto tanti personaggi della TV.	Vero	Falso	Non menzionato

10.33 Dopo aver guardato. Now write a paragraph about the things you used to do in the summer when you were young and how your activities were different from or similar to the ones described by the people in the video.

_____

_____

_____

_____

_____

_____

_____

Attraverso la Calabria e la Sardegna

10.34 La Calabria e la Sardegna. Reread the cultural section in your textbook (pp. 314–315) and answer the following questions in short answers, based on the map of Italy and the information about these two Italian regions.

1. Dov'è la Calabria? _____

2. Quale regione confina con la Calabria? _____

3. Da quali mari è bagnata (*washed*) la Calabria? _____

4. Qual è il capoluogo della Calabria? _____

5. Dove si trovano i famosi «bronzi di Riace»? _____

6. Che cos'è la Sardegna? _____

7. Qual è il mare che bagna la Sardegna? _____

8. Come si chiamano le costruzioni preistoriche tipiche della Sardegna? _____

9. Dove si trovano le spiagge più famose della Sardegna? _____

10. Qual è il capoluogo della Sardegna? _____

E dopo, che farai?

PERCORSO I

I progetti per i prossimi giorni

VOCABOLARIO

Che cosa farai? *(Textbook, pp. 319–321)*

11.01 Dove fai queste cose? Match each activity with the place in which it most logically occurs.

1. aggiustare la macchina _____	**a.** in banca
2. pagare i conti _____	**b.** in centro
3. tagliarsi i capelli _____	**c.** in lavanderia
4. fare commissioni _____	**d.** dal dentista
5. ritirare i vestiti _____	**e.** dal meccanico
6. fissare un appuntamento _____	**f.** dal parrucchiere

11.02 Gli impegni della settimana. Gabriella is planning her activities for the next few days. Match each statement with the drawing that best illustrates it.

a. Io e mia sorella ci incontreremo in centro, berremo un caffè e faremo commissioni.

b. Dovrò andare dal dentista a fare la pulizia dei denti.

c. Porterò la macchina dal meccanico perché devo cambiare l'olio.

d. Andrò dal parrucchiere e mi taglierò i capelli.

e. Andrò in banca.

f. Ritirerò i vestiti in lavanderia.

11.03 Andiamo in centro domani? The lines of the following conversation between two friends are out of order. Read them and number them correctly from **1** to **7**, to find out the friends' plans for tomorrow.

_____ **a.** Ciao, Emilia! Domani mattina ho intenzione di andare in centro. Devo comprare un regalo di compleanno per Ruggero. Vieni con me?

_____ **b.** Penso di comprargli una cravatta di Hermes che gli piace.

_____ **c.** Nel pomeriggio... Purtroppo domani ho un appuntamento dal parrucchiere alle 3. Spero di essere libera alle 4 e mezza, quindi possiamo incontrarci in centro verso le 5. Che ne dici?

_____ **d.** Perfetto. A domani.

_____ **e.** Alle 5, benissimo! Chissà se riusciremo a fare anche quattro chiacchiere bevendo un buon caffè. Devo raccontarti alcuni pettegolezzi (_gossip_)! Che cosa pensi di comprare per Ruggero?

_____ **f.** Almeno sai che gli piacerà. Allora ci vediamo domani alle 5 in Piazza San Carlo, davanti al monumento. D'accordo?

_____ **g.** No, Francesca, non potrò venire. Ho molte commissioni da fare al mattino: devo andare in banca, in lavanderia e anche dal meccanico. Possiamo andare in centro nel pomeriggio?

GRAMMATICA

Il futuro _(Textbook, pp. 322–324)_

11.04 Il futuro. Fill in the blanks below with the correct future tense forms of the verbs.

Infinito	Presente	Futuro
1. portare	(io) porto	(io) _____
2. cercare	(voi) cercate	(voi) _____
3. annunciare	(tu) annunci	(tu) _____
4. andare	(tu) vai	(tu) _____
5. prendere	(loro) prendono	(loro) _____
6. bere	(Lei) beve	(Lei) _____
7. potere	(noi) possiamo	(noi) _____
8. volere	(voi) volete	(voi) _____
9. venire	(lui) viene	(lui) _____
10. capire	(io) capisco	(io) _____

11.05 Domani... The following sentences are written in the present tense. Rewrite them using the future tense, to reflect the idea that each event will happen tomorrow. Be sure to follow the example closely.

ESEMPIO: Vado dal dentista alle due.
Andrò dal dentista alle due.

1. Il meccanico aggiusta la mia macchina.

   _____.

2. Torno a casa presto.

   _____.

3. Puliamo la casa.

   _____.

4. Fai spese.

   _____.

5. Hanno un sacco di cose da fare.

   _____.

6. Venite da me.

   _____.

11.06 Impegni a breve scadenza. Complete the following sentences with the correct future tense forms of the verbs in parentheses.

1. Mi dispiace ma domani io non (avere) _____ tempo.

2. Noi (dovere) _____ portare la macchina dal meccanico.

3. Se domani il tempo (essere) _____ brutto, loro non (fare) _____ le commissioni in centro ma (andare) _____ al centro commerciale.

4. Quando voi (vedersi) _____, (decidere) _____ che cosa fare.

5. Quando (tu) (pagare) _____ i conti? (passare) _____ dalla banca domani?

6. Domani lei (lavorare) _____ fino a tardi la sera.

7. Sabato prossimo io non (potere) _____ uscire prima delle nove.

8. Dopodomani noi (dovere) _____ andare dal dentista.

11.07 Che settimana! Complete Manuela's plans for next week with the correct verbs from the word bank.

andrò	vorranno	andremo	visiteremo
dovrò	andrò	pulirò	pranzerò
farò	arriveranno		

La settimana prossima io (1) _____ fare molte cose. Lunedì (2) _____

in banca e poi dal dentista. Martedì (3) _____ la casa e (4) _____

il bucato. Mercoledì (5) _____ i miei cugini da Genova. Io (6) _____

a prenderli alla stazione e noi (7) _____ il Museo Egizio. Penso che loro

(8) _____ anche visitare il Museo del Cinema. Giovedì io (9) _____

con la mia amica Stefania e poi (10) _____ insieme dal parrucchiere. Giovedì sera,

io, Maurizio e Stefania siamo invitati alla festa di compleanno di Edoardo.

11.08 Pettegolezzi al telefono. You will hear two friends, Giulia and Umberto, gossiping about a mutual friend, Monica. Listen to their phone conversation and select the phrase that correctly completes each sentence.

1. Giulia chiama Umberto per
   a. invitare l'amico al ristorante sabato prossimo.
   b. raccontare con chi uscirà Monica sabato prossimo.
   c. invitare l'amico al cinema sabato prossimo.

2. Umberto vuole sapere
   a. in che lingua parleranno Monica e Paul.
   b. in che ristorante ceneranno.
   c. in quale cinema andranno.

3. Giulia e Umberto pensano che Monica e Paul
   a. andranno al teatro.
   b. berranno una birra.
   c. faranno una passeggiata.

4. Domenica mattina
   a. Monica chiamerà Giulia.
   b. Giulia chiamerà Monica.
   c. Giulia e Monica si incontreranno per parlare di Paul.

Il futuro di probabilità *(Textbook, pp. 324–325)*

11.09 Probabilmente... Lidia is wondering what some of her friends are doing. Complete her statements with the correct forms of the future of probability.

1. La mia compagna d'appartamento non è a casa; (essere) _____ dal parrucchiere.

2. Il telefono di Sandra è sempre occupato; (parlare) _____ con sua madre.

3. Mariagiovanna non è in ufficio; (fare) _____ spese in centro.

4. Diego e Teresa non ci sono ancora; (arrivare) _____ in ritardo.

5. Oggi Oliviero rimane a casa; (guardare) _____ la televisione tutto il giorno.

6. Luca e Irene non sono in classe; (studiare) _____ in biblioteca.

11.10 Cosa fanno? Your friend Laura asks you some questions about your mutual friends. Answer her questions, using the expressions in parentheses and the future of probability. Be sure to follow the sentence structure of the example closely.

ESEMPIO: Cosa fa Giovanni in banca? (pagare i conti)
Pagherà i conti.

1. Cosa fa Marta dal parrucchiere? (tagliarsi i capelli)

_____.

2. Cosa fanno Paolo e Massimo al bar? (bere un caffè)

_____.

3. Cosa fa Luigi dal meccanico? (cambiare l'olio)

_____.

4. Cosa fanno Luisa e Chiara in centro? (fare spese)

_____.

5. Cosa fa Simona in cucina? (preparare la cena)

_____.

6. Cosa fanno Monica e Paul ancora a casa? (pulire)

_____.

11.11 Quando arrivano? You and some of your friends have organized a party. While you are waiting for your guests to arrive, one of your friends gets very nervous and asks a lot of questions about the event. Listen to the questions and answer them using the future of probability.

1. _____   **4.** _____

2. _____   **5.** _____

3. _____   **6.** _____

PERCORSO II

I programmi al telefono

VOCABOLARIO

«Pronto! Chi parla?» *(Textbook, pp. 326–328)*

11.12 Trova le parole. With the following given syllables, construct eight words related to making and receiving phone calls and write them on the lines provided.

ca	te	ca	ne	ri	gre	bi
se	ca	pa	na	ria	ri	ta
le	gi	nu	te	e	me	fo
le	sche	ro	len	gial	na	da	co

_____

_____

11.13 Conversazioni telefoniche. Write out the following dialogues in Italian, according to the scenarios given.

ESEMPIO: You read: You and Marco are waiting for your friend Guido. He is late and Marco tells you to call him on his cell phone. You tell Marco that the line is busy, so he tells you that you both will try to reach him later.

You write: *Tu: Guido è in ritardo!*
Marco: Allora, chiamalo al cellulare.
Tu: La linea è occupata.
Marco: Va bene... lo richiameremo più tardi.

1. You call your friend's house. A person answers and greets you, and you greet him/her in return. You give your name and say that you would like to speak with Cristina. The other person tells you that Cristina is not available and asks if you would like to leave a message. You say yes, and thank him/her politely.

_____

_____

_____

_____

_____

2. You call a restaurant and tell the person who answers that you would like to reserve a table for Saturday night. That person tells you that you dialed the wrong number. You ask if you have called the restaurant "Da Gennaro" and he answers that you have reached the dry cleaners, "Mille bolle," instead. You apologize and thank him politely.

_____

_____

_____

_____

_____

3. You would like to know if your sister's flight is on time. You tell your friend Mary to call the Genoa Cristoforo Colombo Airport. Mary replies that she does not want to make a long distance call. You tell her that there is an 800 number that she can call instead.

_____

_____

_____

_____

_____

11.14 Annunci. Listen to the following four phone messages. Then select whether each word or expression below is mentioned (**Sì**) or not (**No**). The words or expressions are not necessarily listed in the order in which you hear them.

1. La linea è occupata	Sì	No
2. Cercare il cordless	Sì	No
3. Abbassare	Sì	No
4. Fare una ricarica	Sì	No
5. Lasciare un messaggio	Sì	No
6. Sbagliare numero	Sì	No
7. Le pagine gialle	Sì	No
8. Chiamare al telefonino	Sì	No
9. Richiamare più tardi	Sì	No
10. La segreteria telefonica	Sì	No

GRAMMATICA

Il gerundio e il progressivo *(Textbook, pp. 328–333)*

11.15 Cosa stanno facendo? How likely is it that these people are doing the following activities right now? Select whether each statement is **probabile** or **improbabile**.

1. Il tuo professore d'italiano sta studiando.	Probabile	Improbabile
2. Tu stai pensando in italiano.	Probabile	Improbabile
3. Il tuo migliore amico sta visitando l'Italia.	Probabile	Improbabile
4. Il tuo compagno/La tua compagna di stanza sta ballando in discoteca.	Probabile	Improbabile
5. La tua migliore amica ti sta aspettando al bar.	Probabile	Improbabile
6. Il presidente degli Stati Uniti si sta divertendo.	Probabile	Improbabile

11.16 Ieri a quest'ora... Based on each drawing, write down what Flavio and some of his family and friends were doing yesterday.

1. Anna e Marco

_____.

2. Mio padre

_____.

3. Mia madre

_____.

4. Io

_____.

5. Damiano

_____.

6. Giuseppe

_____.

11.17 Probabilmente... Think about what the following people could do in each of these places at this moment. Then write down three of their possible activities, using the progressive construction and the correct verb tense.

1. Marco e Fabrizio al bar:

_____

_____

_____

2. Tu e Franca dal parrucchiere:

_____

_____

_____

3. Veronica a casa:

_____

_____

_____

4. Ugo in biblioteca:

_____

_____

_____

PERCORSO III

I piani per il futuro

VOCABOLARIO

Che farai dopo aver finito di studiare? *(Textbook, pp. 334–336)*

11.18 Associazioni. You will hear four college students making statements about their futures. Listen to them and choose from the list below the occupations that are most logically described by their statements.

1. _____   **a.** lo stilista

2. _____   **b.** la giornalista

3. _____   **c.** il vigile del fuoco

4. _____   **d.** la scienziata

11.19 Aspirazioni per il futuro. Read the following questions. Then complete the conversation between Angelo and Michela by inserting the questions in the appropriate places.

Vivrai a Roma?

Cercherai subito un lavoro?

Dove vivrai all'estero?

Che tipo di lavoro cercherai?

Ti sposerai?

Quando finirai l'università?

ANGELO: Michela, posso farti qualche domanda sui tuoi progetti per il futuro? Devo fare un mini sondaggio per il corso di sociologia.

MICHELA: Sì, perché no?

ANGELO: Grazie. (1) _____

MICHELA: Mi laureerò tra un anno.

ANGELO: (2) _____

MICHELA: Certo. Sto studiando proprio per trovare un buon posto di lavoro!

ANGELO: (3) _____

MICHELA: Spero di trovare un lavoro nel settore del *marketing* in una multinazionale.

ANGELO: (4) _____

MICHELA: Ho un fidanzato ma per ora non abbiamo intenzione di sposarci. Vogliamo prima fare un po' di carriera e possibilmente lavorare qualche anno all'estero.

ANGELO: (5) _____

MICHELA: Non credo. Probabilmente vivrò a Milano.

ANGELO: (6) _____

MICHELA: Chissà… vorrei vivere a New York o a Londra, ma dovrò guadagnare molti soldi per poter vivere in queste città.

ANGELO: Abbiamo finito. Grazie per la disponibilità.

◀)) 11.20 Il suo futuro. You will hear an Italian student making statements about his future plans. Listen to the statements and select all the ones he says he will do.

_____ Prenderà un altro titolo di studio.

_____ Farà un viaggio negli Stati Uniti.

_____ Farà uno stage all'estero.

_____ Avrà molte soddisfazioni personali.

_____ Dovrà fare molti sacrifici per fare carriera.

_____ Avrà dei figli, ma solo dopo aver guadagnato molti soldi.

GRAMMATICA

Dopo e *prima di* + infinito *(Textbook, pp. 336–338)*

11.21 La sfera di cristallo. You and a friend look into a crystal ball and see your future. Match each sentence fragment with the phrase that best completes it.

1. Avrete successo nel lavoro, _____

2. Vi sposerete _____

3. Dopo cinque anni di matrimonio, _____

4. Dopo aver scritto un libro, _____

5. Dopo aver finito il liceo, _____

a. avrete un figlio.

b. sarete due scrittori famosi.

c. vostro figlio andrà all'università in Italia.

d. ma solo dopo aver fatto molti sacrifici.

e. prima di compiere trent'anni.

◀)) 11.22 Prima e dopo. You will hear some students talking about the order in which they do certain things. Listen to their statements, and then explain what they do using either **prima di** or **dopo**, as in the example.

ESEMPIO: Prima vado dal parrucchiere e poi esco a cena con il mio fidanzato.
Prima di *uscire a cena con il suo fidanzato, lei va dal parrucchiere.* o
Dopo *essere andata dal parrucchiere, lei esce a cena con il suo fidanzato.*

1. Prima di _____

_____.

2. Dopo _____

_____.

3. Prima di _____

_____.

4. Dopo _____

_____.

Nome: _____   Data: _____

In pratica

PARLIAMO

11.23 Andiamo in spiaggia sabato prossimo? Some friends call you to ask if you want to go to the beach with them on Saturday. Tell them that you would love to, but unfortunately, you'll be very busy on Saturday. Explain to them orally all the things you'll have to do that day.

 11.24 Che cosa farai dopo la laurea? An Italian friend of yours wants to know your plans for the future. Listen to her questions and answer them aloud.

1. …   2. …   3. …   4. …   5. …   6. …

LEGGIAMO

11.25 Prima di leggere. Skim the information in the passage in activity **11.26**. Then select the appropriate answer to each question.

1. Che cos'è?
   a. una pubblicità
   b. un articolo
   c. un sondaggio (*survey*)
2. Secondo te, il titolo suggerisce che
   a. in generale gli adolescenti vogliono sposarsi presto e farsi una famiglia.
   b. gli adolescenti non possono rinunciare alla famiglia e al cellulare.
   c. gli adolescenti pensano solo a fare carriera.

3. Secondo te, gli adolescenti intervistati
   a. descrivono la loro routine giornaliera.
   b. descrivono le loro personalità.
   c. parlano delle loro famiglie e di sogni e aspirazioni.

11.26 Mentre leggi. As you read the following text, list all the words and expressions which help explain the first-year students' relationships with their families and their use of cell phones.

Tutti famiglia e cellulare: sei matricole si raccontano

FIAMMETTA (Milano, 19 anni, Scienze politiche)

<u>Famiglia:</u> Ho tre fratelli più grandi, tre nipotini e due genitori meravigliosi. Mi diverto; mi fanno stare bene. La famiglia è il mio più grande punto di riferimento.

<u>Oggetto di cui non posso fare a meno:</u> Il burro cacao.

<u>Telefonini & co.:</u> Il cellulare è molto utile, ma lo uso più per ricevere telefonate che per farle.

<u>Da grande:</u> Il magistrato o la carriera diplomatica.

<u>Sogno nel cassetto:</u> Passare tanto tempo in Kenya, a Malindi, con i 47 bambini dell'orfanatrofio (*orphanage*) fondato tanti anni fa da mia madre e mio padre.

VANIA (Bologna, 18 anni, Medicina)

<u>Famiglia:</u> So che non mi abbandonerà mai, qualunque cosa succeda.

<u>Oggetto di cui non posso fare a meno:</u> Il cellulare, ovviamente!

<u>Telefonini & co.:</u> Uso il cellulare per fare foto e mandare SMS a tutto il mondo!

<u>Da grande:</u> La pediatra.

<u>Sogno nel cassetto:</u> Realizzarmi nel lavoro, nell'amore e nella famiglia.

SONIA (Venezia, 18 anni, Lingue e letterature straniere moderne)

Famiglia: Ti fa diventare quello che sei, ti forma e ti da affetto (*affection*). Vorrei, però, un po' più di comprensione da parte dei miei genitori.

Oggetto di cui non posso fare a meno: La collana (*necklace*) che mi ha regalato mia nonna.

Telefonini & co.: Spendo tantissimo in SMS. Mi piace chattare perché conosci sempre persone nuove.

Da grande: La cantante o ballerina.

Sogno nel cassetto: Diventare famosa in tutto il mondo.

ARIANNA (Roma, 18 anni, Economia)

Famiglia: È un appoggio (*help, support*) e un sostegno sempre e comunque.

Oggetto di cui non posso fare a meno: Il cellulare, naturalmente!

Telefonini & co.: Non posso fare a meno della tecnologia e sono una fanatica degli SMS.

Da grande: Lavorare nell'ambito dello sport o della moda.

Sogno nel cassetto: Sembrerà banale (*common*), ma ciò che desidero soprattutto è la felicità.

MATTEO (Milano, 18 anni, Scienze Motorie)

Famiglia: Mi da affetto, è sempre disponibile, ma vorrei più comprensione. Mamma e papà hanno da ridire sulla musica che ascolto e su come mi vesto.

Oggetto di cui non posso fare a meno: I miei anelli (*rings*); ne avevo dieci, uno per dito, ma alcuni purtroppo li ho persi.

Telefonini & co.: Uso molto il computer, soprattutto per le ricerche in rete. Il telefonino, invece, lo uso poco, anche perché lo dimentico sempre da qualche parte.

Da grande: Lo sportivo; farò il professore di ginnastica.

Sogno nel cassetto: Suonare la chitarra e formare un gruppo musicale.

FRANCESCO (Napoli, 19 anni, Scienze della comunicazione)

Famiglia: Niente è meglio della famiglia. C'è sempre e comunque.

Oggetto di cui non posso fare a meno: La Playstation e il cellulare.

Telefonini & co.: È indispensabile tutta la tecnologia. Io, però, uso Internet per chattare e scaricare musica *house*.

Da grande: Lavorare nel mondo dello spettacolo.

Sogno nel cassetto: Trovare una sistemazione nel mondo del lavoro che mi soddisfi.

_____

_____

_____

_____

11.27 Dopo la lettura. Now scan the text in activity **11.26** again and select the name(s) of the person or people to which each statement applies: Fiammetta (F), Vania (V), Sonia (S), Arianna (A), Matteo (M), Francesco (Fr).

1. La famiglia mi da affetto.   F V S A M Fr
2. I miei genitori a volte non mi capiscono.   F V S A M Fr
3. Il cellulare è molto utile e indispensabile.   F V S A M Fr
4. Uso il cellulare soprattutto per mandare SMS.   F V S A M Fr
5. Spero di lavorare nel mondo dello spettacolo.   F V S A M Fr

SCRIVIAMO

11.28 Prima di scrivere. The journalist who conducted the survey in activity **11.26** asks you to write a statement about each of the topics, too, and you accept. Fill in your answers to the survey.

Famiglia: _____.

Oggetto di cui non posso fare a meno: _____.

Telefonini & co.: _____.

Da grande: _____.

Sogno nel cassetto: _____.

11.29 Scriviamo. Now write a coherent paragraph based on the statements you gave in the survey.

_____

_____

_____

_____

_____

GUARDIAMO

11.30 Prima di guardare. In this videoclip, the people talk about their short- and long-term plans for the future. Divide the following list of activities between those that are short-term and those that can be long-term activities.

lavorare in magistratura	aprire uno studio da psicologo	
tagliarsi i capelli	andare in banca	guadagnare molti soldi
fare il bucato	comprare scarpe	avere figli
fare la maestra d'asilo	lavare la macchina	

1. Short term:

_____

_____

_____

2. Long term:

_____

_____

_____

1. Plinio pubblicherà il suo
_____ libro di poesie.
- **a.** primo
- **b.** terzo
- **c.** quarto
- **d.** quinto

2. Felicita comprerà _____
- **a.** scarpe, borse e regali.
- **b.** fratelli, sole e mare.
- **c.** casa, corpo e parrucchiere.
- **d.** bagno, marito e famiglia.

3. Laura si laureerà _____
- **a.** in scienze politiche.
- **b.** in scienze dell'educazione.
- **c.** in matematica.
- **d.** in scuola elementare.

4. Ilaria finirà l'università _____
- **a.** tra due anni.
- **b.** tra un anno.
- **c.** tra poco.
- **d.** tra sei mesi.

5. Gaia farà _____
- **a.** un corso scritto.
- **b.** un corso orale.
- **c.** un concorso in magistratura.
- **d.** il bucato.

6. Plinio andrà _____
- **a.** a fare il bucato.
- **b.** a tagliarsi i capelli.
- **c.** a cambiare l'olio.
- **d.** dal commercialista e dal meccanico.

11.32 Dopo aver guardato. Using the following questions to prompt your ideas, write a brief paragraph about your immediate and long-term future plans.

What kinds of activities will you do next weekend?

When do you plan to graduate from college/university?

What are your future career plans?

What are your plans for your personal life?

_____

_____

_____

_____

Attraverso la Liguria

11.33 La Liguria. Read the following passage about the beautiful "Gulf of the Poets" in the eastern end of the Liguria region, and then give short answers to the questions that follow.

Il Golfo dei Poeti

Il Golfo della Spezia (detto anche Golfo dei Poeti) è un'ampia e profonda insenatura (*inlet*) del litorale (*coast*) del Mar Ligure, situata all'estremità orientale (*eastern end*) della Liguria. Il golfo prende il nome dalla città della Spezia che si trova al centro del golfo stesso ed è un un'importante porto mercantile e militare. Alle due estremità del golfo (occidentale ed orientale, rispettivamente) si trovano i borghi (*villages*) di Porto Venere e Lerici, due località di grande interesse turistico.

Il soprannome (*nickname*) «Golfo dei Poeti» deriva dal fatto che nel corso dei secoli molti poeti, scrittori ed artisti hanno trascorso periodi di residenza nei borghi del golfo, folgorati (*dazzled*) dalla bellezza di questo «anfiteatro d'acqua». Fra i tanti artisti italiani e stranieri che hanno amato questo luogo, ricordiamo i poeti Francesco Petrarca e Eugenio Montale, gli scrittori Gabriele D'Annunzio e Filippo Tommaso Marinetti, D. H. Lawrence e Virginia Woolf, la scrittrice e pittrice George Sand, e i poeti romantici inglesi Lord Byron e Percy Bysshe Shelley. Quest'ultimo è legato in modo particolare al Golfo della Spezia. Shelley, infatti, ha abitato nella borgata marinara (*fishermen's village*) di San Terenzio, a Lerici, dal gennaio del 1822 all'8 luglio 1822, giorno in cui annegò (*drowned*) nelle acque del golfo, a causa di in una tempesta improvvisa, mentre rientrava a Lerici da Livorno a bordo della sua goletta (*schooner*) *Ariel*.

1. Qual è l'altro nome del Golfo dei Poeti?

   _____

2. Qual è la città che si trova al centro del Golfo dei Poeti?

   _____

3. Quali sono i due borghi di grande interesse turistico che si trovano alle due estremità del Golfo dei Poeti?

   _____

4. Perché è chiamato il «Golfo dei Poeti»?

   _____

5. Chi sono alcuni famosi scrittori italiani e stranieri che hanno amato questo golfo ed i suoi borghi?

   _____

6. Chi è il famoso poeta che ha vissuto a Lerici ed è morto nelle acque del golfo?

   _____

12

La vita che vorrei

PERCORSO 1

La scelta della carriera

VOCABOLARIO

Che cosa vorresti fare? *(Textbook, pp. 349–351)*

12.01 Carriere e professioni. Each of the professions described below is represented in the drawing. First, read each description that corresponds to the number of the person pictured. Then write the name of the profession described, with the correct definite article.

Descrizione	Professione
1. Cura i malati in ospedale e aiuta i dottori.	_____
2. Insegna la letteratura italiana ai suoi studenti.	_____
3. Visita i malati e gli dà le medicine.	_____
4. Progetta case e palazzi.	_____

12.02 Che lavoro fanno? Read the descriptions and decide which profession from the word bank each one describes.

l'idraulico	il dirigente	il chirurgo
l'operaia	la commercialista	il programmatore

1. Lavora in fabbrica. _____

2. Lavora nel suo studio e calcola le tasse che dobbiamo pagare ogni anno. _____

3. Lavora sempre con il computer. _____

4. Lavora in sala operatoria e opera i pazienti. _____

5. Istalla e aggiusta tubi dell'acqua e rubinetti. _____

6. Coordina e dirige un gruppo d'impiegati in un'azienda. _____

12.03 La professione migliore. Four friends, Elena, Vittoria, Fabio, and Giovanni, mention some advantages and disadvantages of the jobs they have and/or the professions they would like to pursue. First, listen to their conversation. Then write the name of the job or profession to which each description from the conversation refers.

1. È un lavoro part-time che non dà molte soddisfazioni.

_____

2. È un lavoro creativo ma si lavora molte ore al giorno.

_____

3. È una professione in cui si guadagna poco e l'orario non è flessibile.

_____

4. È una professione rispettata e interessante ma in cui si guadagna poco.

_____

5. È una professione noiosa e sedentaria ma permette di guadagnare molto.

_____

6. Si studiano materie interessanti e si sogna di fare carriera e avere successo.

_____

12.04 Scegli un lavoro. Now choose a job with which you are familiar and write two advantages and two disadvantages of that job based on your personal experience.

Vantaggi: _____

_____

Svantaggi: _____

_____

GRAMMATICA

Il condizionale presente di *dovere, potere* e *volere* *(Textbook, pp. 351–354)*

12.05 Il condizionale presente di *dovere*. Read the following statements and complete the suggestions about what each person should do, using the correct present conditional form of **dovere**.

1. Adoro i numeri.

   (Tu) _____ studiare matematica.

2. Carlo ha due offerte di lavoro ma non riesce a decidere quale accettare.

   (Lui) _____ valutare (*evaluate*) i vantaggi e gli svantaggi dei due lavori.

3. Ci piace occuparci dei malati e delle persone anziane.

   (Voi) _____ fare gli infermieri.

4. Trovano il loro lavoro poco stimolante.

   (Loro) _____ avere più entusiasmo e cercare di vedere gli aspetti positivi del

   loro lavoro.

5. Non andiamo d'accordo con il nostro capufficio (*office manager*).

   (Noi) _____ spiegargli perché siamo insoddisfatti.

6. Faccio una vita sedentaria.

   (Io) _____ fare una vita più attiva.

12.06 Il condizionale presente di *potere*. Each of the following people has a certain problem. Read their statements and complete the solution to their problems with the correct present conditional form of the verb **potere**.

1. Cesare abita fuori Milano.

   _____ abitare in centro a Milano.

2. Tu non hai una macchina.

   _____ comprare una macchina.

3. Chiara e Manuela lavorano fino alle otto di sera.

   _____ lavorare fino alle sei di sera.

4. Tu e Francesco non siete soddisfatti del vostro lavoro.

   _____ cambiare lavoro.

5. Ho un lavoro a tempo pieno e non posso mai andare a prendere mia figlia a scuola.

   Con un lavoro part-time, (io) _____ andare a prendere mia figlia a scuola

   tutti i giorni.

6. Io e Sabrina facciamo le commesse in un negozio d'abbigliamento da dieci anni.

   Con la nostra esperienza _____ aprire un negozio d'abbigliamento.

12.07 Il condizionale presente di *volere*. All the following people would like to see some changes in what they do. Match each sentence with the phrase that best completes it.

1. Simona è insoddisfatta del suo lavoro; ... _____
2. Piero e Silvio lavorano in banca; ma ... _____
3. Sono uno studente universitario ma non mi piace studiare; ... _____
4. Nello studio d'architettura in cui lavori, ti pagano poco; ... _____
5. Io e Anna lavoriamo in media dieci ore al giorno; ... _____
6. Non vi piacciono le persone con cui lavorate; ... _____

a. vorresti guadagnare di più.
b. vorreste dei colleghi più simpatici e interessanti.
c. vorremmo lavorare di meno.
d. vorrei già lavorare!
e. vorrebbe cambiare lavoro.
f. vorrebbero fare un lavoro più creativo.

12.08 Che cosa esprimono? Listen to the speakers as they express either **un desiderio** (*a desire*), **un consiglio** (*a suggestion*), **una possibilità** (*a possibility*), or **una richiesta** (*a polite request*). Then for each statement, select the correct option.

1. a. un desiderio   b. un consiglio   c. una possibilità   d. una richiesta
2. a. un desiderio   b. un consiglio   c. una possibilità   d. una richiesta
3. a. un desiderio   b. un consiglio   c. una possibilità   d. una richiesta
4. a. un desiderio   b. un consiglio   c. una possibilità   d. una richiesta
5. a. un desiderio   b. un consiglio   c. una possibilità   d. una richiesta
6. a. un desiderio   b. un consiglio   c. una possibilità   d. una richiesta

PERCORSO II

Speranze e desideri

VOCABOLARIO

Che cosa ti piacerebbe? *(Textbook, pp. 355–357)*

12.09 A chi? Match each sentence fragment with the phrase that best completes it.

1. A una persona idealista e altruista non piace... _____
2. Una persona ambiziosa con molte aspirazioni professionali ammira... _____
3. Una persona che vuole lavorare nel cinema vorrebbe conoscere... _____
4. Una persona che fa del volontariato... _____
5. Un senzatetto... _____
6. Una persona che fa sciopero... _____

a. non ha una casa.
b. non va a lavorare per protesta.
c. una persona materialista edegoista.
d. Bill Gates.
e. Martin Scorsese.
f. non è interessata ai soldi.

12.10 Chi sono? Complete the sentences with your descriptions of the following people.

ESEMPIO: Un altruista è una persona che *aiuta il prossimo.*

1. Un egoista è una persona che _____.

2. Un ambizioso è una persona che _____.

3. Un idealista è una persona che _____.

4. Un ecologista è una persona che _____.

5. Gli assistenti sociali sono persone che _____.

6. Una persona che si occupa di politica è una persona che _____.

12.11 Ti piacerebbe...? Listen to the following people as they express their likes and dislikes. Then for each statement they make, select the option that best relates to their desires.

1. **a.** fare sciopero   **b.** fare il giro del mondo
2. **a.** aiutare la gente   **b.** diminuire le tasse
3. **a.** eliminare la disoccupazione   **b.** contribuire alla pace nel mondo
4. **a.** insegnare a rispettare l'ambiente   **b.** votare per il partito degli ambientalisti
5. **a.** occuparmi di ecologia   **b.** occuparmi di politica
6. **a.** essere un idealista   **b.** essere egoista

GRAMMATICA

Il condizionale presente *(Textbook, pp. 358–361)*

12.12 Per esprimere aspirazioni, consigli e richieste. Conjugate the following verbs in the present conditional.

1. io – volere _____

2. loro – dovere _____

3. noi – potere _____

4. tu – sognare _____

5. lui – pagare _____

6. voi – occuparsi _____

7. io – vivere _____

8. lei – difendere _____

9. lui – diminuire _____

10. loro – finire _____

11. tu – stare _____

12. noi – mangiare _____

12.13 Un sogno ad occhi aperti. Complete the conversation between Giacomo and Miriam by filling in the blanks with the correct present conditional form of the verbs in parentheses.

GIACOMO: Quanto mi (1. piacere) _____ guadagnare tanti soldi!

MIRIAM: Tu (2. volere) _____ vincere la lotteria?

GIACOMO: Ma va'! Io (3. volere) _____ fondare un'azienda e renderla famosa nel mondo.

MIRIAM: Come sei ambizioso! (Tu) (4. dovere) _____ trovare il denaro. Senza un bel capitale iniziale, non puoi fondare un'azienda.

GIACOMO: Se diventassi un grande imprenditore, (io) (5. fare) _____ molta beneficienza, come Bill e Melinda Gates.

MIRIAM: Tu (6. occuparsi) _____ anche di politica?

GIACOMO: Sicuramente. Io (7. cercare) _____ di eliminare la disoccupazione,

(8. diminuire) _____ le tasse a tutti, (9. difendere) _____

l'ambiente e (10. fondare) _____ un partito politico, proprio come Silvio Berlusconi.

MIRIAM: Pensi che gli italiani ti (11. votare) _____? Pensi che (12. avere)

_____ fiducia (*trust*) in te?

GIACOMO: Non lo so… sto sognando ad occhi aperti!

12.14 Consigli e forme di cortesia. Read the following short dialogues and change the verbs from the present indicative to the present conditional, to make the suggestions and requests more polite.

1. — Mi <u>aiuti</u> / _____ a fare i compiti d'italiano?

   — Mi dispiace, ma ho un appuntamento dal dentista.

2. — Abbiamo la macchina dal meccanico; <u>potete</u> / _____ prestarci la vostra?

   — Sì, ma riportatecela questa sera.

3. — <u>Devo</u> / _____ fare una telefonata urgente. Mi <u>presti</u> / _____

   il tuo cellulare?

   — Certo, eccolo.

4. — Signor Rossi, <u>posso</u> / _____ leggere il Suo giornale?

   — Sì, lo prenda pure.

5. — Vogliono fare qualcosa per difendere l'ambiente.

   — <u>Possono</u> / _____ incominciare a riciclare il vetro, la carta e la plastica.

6. — Vogliamo fare qualcosa per migliorare la nostra società.

   — <u>Potete</u> / _____ occuparvi di politica.

12.15 È un consiglio o una richiesta cortese? Decide which of the following questions or statements make a suggestion (**un consiglio**) and which express a polite request (**una richiesta cortese**).

1. Ci aiuteresti a fare i compiti di matematica?
   a. un consiglio   **b.** una richiesta cortese

2. Potresti prestarmi la tua bicicletta?
   a. un consiglio   **b.** una richiesta cortese

3. Mi daresti la tua macchina venerdì sera?
   a. un consiglio   **b.** una richiesta cortese

4. Se volete migliorare la nostra società, potreste occuparvi di politica.
   a. un consiglio   **b.** una richiesta cortese

5. Potrei usare il suo cellulare? Devo fare una telefonata urgente.
   a. un consiglio   **b.** una richiesta cortese

6. Se vuoi aiutare le persone meno fortunate di te, potresti fare beneficienza.
   a. un consiglio   **b.** una richiesta cortese

12.16 Se fossi ricco/a, ... The following are things that Marco would do if he were rich. Using the given words and expressions, form complete sentences as in the example.

ESEMPIO: Io / comprare / Ferrari rossa
              Io comprerei una Ferrari rossa.

1. Io e mia moglie / girare il mondo / non lavorare

   _____

2. Io / aiutare / i poveri / fare beneficienza

   _____

3. Io / non / essere preoccupato / carriera

   _____

4. Io / non / occuparsi / di politica

   _____

5. Io e mia moglie / mangiare / spesso / in ristoranti giapponesi

   _____

6. Io / iscrivere (*to enroll*) / i miei figli / a università / prestigiose

   _____

12.17 Futuro o condizionale? Indicate whether the speakers are talking about activities in the **futuro** or in the **condizionale** by selecting the correct tense.

1. futuro   condizionale
2. futuro   condizionale
3. futuro   condizionale
4. futuro   condizionale
5. futuro   condizionale
6. futuro   condizionale
7. futuro   condizionale
8. futuro   condizionale

La residenza ideale

VOCABOLARIO

Dove ti piacerebbe vivere? *(Textbook, pp. 362–364)*

12.18 L'intruso. Select the word or expression that does not belong in each group.

1. a. il monolocale	**b.** l'appartamento signorile	**c.** il traffico
2. a. la terrazza	**b.** l'aria condizionata	**c.** le manifestazioni culturali
3. a. trasferirsi	**b.** studiare	**c.** comprare casa
4. a. l'agenzia immobiliare	**b.** il rumore	**c.** l'annuncio sul giornale
5. a. l'appartamento signorile	**b.** il rumore	**c.** la tranquillità
6. a. luminoso	**b.** spazioso	**c.** trasferirsi

12.19 L'appartamento dei sogni. Complete the following passage about Camilla's dream apartment with the most appropriate words from the word bank.

terrazza	stanze	centro	aria
sogno	traffico	appartamento	bagno

Camilla e suo marito vorrebbero abitare in una zona costosa in (1) _____

a Verona. Vorrebbero abitare in un (2) _____ signorile con una

(3) _____ con una bella vista sul fiume Adige, una camera per gli ospiti e l'

(4) _____ condizionata. Sognano di arredare (*furnish*) l'appartamento con mobili

moderni. Adesso abitano fuori Milano in un piccolo appartamento in affitto. L'appartamento ha

solo quattro (5) _____: la cucina abitabile, il salotto, la camera da letto e il

(6) _____. Nella via in cui abitano, c'è molto (7) _____. Non

possono tenere le finestre aperte perché c'è molto rumore. A Camilla e suo marito piacerebbe

trasferirsi in centro tra qualche anno. Stanno rinunciando persino alle vacanze estive per mettere

da parte i soldi che gli permetteranno di realizzare il loro (8) _____. Per ora,

però, si accontentano di sognare ad occhi aperti!

🔊 **12.20 È logico?** Listen to the following statements and indicate whether each of them is **logico** or **illogico**.

1. **a.** logico   **b.** illogico
2. **a.** logico   **b.** illogico
3. **a.** logico   **b.** illogico
4. **a.** logico   **b.** illogico
5. **a.** logico   **b.** illogico
6. **a.** logico   **b.** illogico
7. **a.** logico   **b.** illogico
8. **a.** logico   **b.** illogico

GRAMMATICA

I pronomi doppi *(Textbook, pp. 364–367)*

12.21 Com'era l'appartamento? You and your fiancé/e are looking for an apartment to buy and your real estate agent has just shown one to you. Your fiancé/e, who had a previous business engagement and couldn't see the apartment, calls and asks you some questions about it. Answer his/her questions using the **pronomi doppi** and making all the necessary changes.

ESEMPIO: Ci sono due camere da letto?
Sì, ce ne sono due.

1. Ci sono almeno due bagni?

_____

2. Ci sono terrazze?

_____

3. Hai dato il nostro numero di telefono e il nostro indirizzo all'agente immobiliare?

_____

4. Le hai detto che vogliamo un appartamento con l'aria condizionata?

_____

5. Ti ha detto quanto costa l'appartamento?

_____

6. Ci mostrerà l'appartamento in via Verdi la prossima settimana?

_____

12.22 Cosa faresti se fossi il sindaco della tua città? A friend asks you what you would do if you were the mayor of your city or town. Write down his/her questions and your answers, as in the example.

ESEMPIO: dare soldi ai poveri della mia città
— *Daresti dei soldi ai poveri della tua città?*
— *Sì, glieli darei.* o No, *non glieli darei.*

1. interessarsi della disoccupazione

— _____

— _____

2. diminuire le tasse ai concittadini (*fellow citizens*)

— _____

— _____

3. insegnare ai bambini a rispettare l'ambiente

— _____

— _____

4. dire ai concittadini di riciclare il più possibile

— _____

— _____

5. costruire case per i poveri

— _____

— _____

6. creare più posti di lavoro per le donne

— _____

— _____

7. occuparsi degli anziani soli

— _____

— _____

8. organizzare molte manifestazioni culturali per i giovani

— _____

— _____

12.23 Cosa faresti con i soldi di un'eredità? Your friend Grazia asks you what you would do if you inherited a lot of money from a distant relative. First, listen to her questions. Then write down your answers using **pronomi doppi**.

ESEMPIO: You hear: Compreresti una bella macchina a tuo fratello?
You write: *Sì, gliela comprerei.* o *No, non gliela comprerei.*

1. _____
   _____

2. _____
   _____

3. _____
   _____

4. _____
   _____

In pratica

PARLIAMO

12.24 Se vincessi alla lotteria... You and your friends are discussing what you would do if you won the lottery. Following the topic prompts below, tell orally what you would do if you suddenly found yourself with a lot of money.

residenza ideale	famiglia
luogo / luoghi di residenza	tempo libero
lavoro	

12.25 L'appartamento ideale. You have decided to move out of your old apartment and you're now looking for a new apartment to rent. Explain to your real estate agent orally the top five aspects or qualities that the apartment you are looking for must have.

12.26 Prima di leggere. Think about and write three qualities it takes to succeed in the following professions at an international level.

1. Un medico:

_____

2. Un architetto:

_____

3. Un'attrice:

_____

12.27 Mentre leggi. As you read the following text, make a list of the expressions related to the professional experiences of the three famous Italians described in the article below.

UMBERTO VERONESI, uno dei pionieri della lotta contro (*fight against*) i tumori in Italia, è nato il 28 novembre 1925 a Milano da una famiglia di origine contadina. Si è laureato in medicina nel 1950 e ha svolto la sua carriera scientifica a Milano (salvo brevi periodi di lavoro in Francia e in Inghilterra), entrando a far parte dell'Istituto Tumori subito dopo la laurea.

Oggi è conosciutissimo in tutto il mondo. È stato il primo italiano presidente dell'Unione Internazionale di Oncologia e, nel 1995, ha fondato la Scuola Europea di Oncologia che ora dirige con successo. Secondo Veronesi, l'arma più efficace contro i tumori maligni (che considera «curabili») è la prevenzione, basata su uno stile di vita sano e un'alimentazione corretta e, possibilmente, vegetariana.

RENZO PIANO è nato a Genova il 14 settembre 1937, e si è laureato al Politecnico di Milano nel 1964. Dopo aver lavorato presso studi d'architetti assai affermati all'epoca (come Franco Albini, Marco Zanuso, Louis Kahn e Z. S. Makowskj), e continuando ad aiutare il padre nel suo lavoro, ha iniziato in proprio un lavoro di sperimentazione che lo ha portato ad esiti (*results*) del tutto originali.

Alla fine degli anni Sessanta gli viene affidato uno dei progetti più discussi della sua carriera. Parigi, infatti, disponeva di una piazza non molto grande e del tutto anonima, che l'amministrazione cittadina aveva deciso di riqualificare, istituendo un centro per l'arte contemporanea. Ecco che nasce il Centre Georges Pompidou, detto anche «Beaubourg», cento mila metri quadrati nel cuore di Parigi, una costruzione architettonicamente ardita (*daring*) e costruita con materiali inusuali per l'epoca. Di lì in poi la carriera di Renzo Piano è stata un successo dopo l'altro.

SOFIA LOREN è nata a Roma il 20 settembre 1934 ma è cresciuta (*grew up*) a Pozzuoli, vicino a Napoli. Prima di sfondare nel mondo del cinema, ha partecipato a concorsi di bellezza, ha recitato nei fotoromanzi e in piccole parti cinematografiche con lo pseudonimo di Sofia Lazzaro. Sul *set* di «Africa sotto i mari» (1952), viene notata da Carlo Ponti, suo futuro marito, che le propone un contratto di sette anni.

Inizia così una carriera cinematografica che sulle prime la vede recitare in parti di popolana, come ad esempio «L'oro di Napoli» di Vittorio De Sica e poi a Hollywood al fianco di *star* come Cary Grant, Marlon Brando, William Holden e Clark Gable. Nel 1991 ha ricevuto l'Oscar, il César alla carriera e la Legion d'Onore. Niente male per una che veniva accusata di saper sostenere solo i ruoli di popolana e di aver fatto carriera grazie alla sua bellezza mediterranea.

12.28 Dopo la lettura. Now scan the reading passage again and answer the following questions about each person.

1. Che studi hanno fatto e dove?

Umberto Veronesi: _____

_____

Renzo Piano: _____

_____

Sofia Loren: _____

_____

2. Qual è stato il loro primo lavoro?

Umberto Veronesi: _____

_____

Renzo Piano: _____

_____

Sofia Loren: _____

_____

3. Qual è stato l'episodio determinante nella loro carriera?

Umberto Veronesi: _____

_____

Renzo Piano: _____

_____

Sofia Loren: _____

_____

4. Dopo avere letto le brevi biografie di questi tre italiani famosi, che idea ti sei fatto/a di loro? Descrivi brevemente la loro personalità.

Umberto Veronesi: _____

_____

Renzo Piano: _____

_____

Sofia Loren: _____

_____

SCRIVIAMO

12.29 Un americano famoso. An Italian friend of yours asks you to describe a famous American for his school newspaper. Write a paragraph in Italian about a famous American entrepreneur, politician, architect, sports star, or entertainment celebrity that you admire.

_____

_____

_____

_____

_____

12.30 Prima di guardare. In this videoclip, several people talk about their hopes for their personal lives and their careers. Choosing from the word banks provided, fill in the blanks with the appropriate verb form, according to what you see.

piacerebbe	vorrebbe	vorrebbe	spera

1. Felicita _____ diventare professoressa di greco all'università perché le _____ insegnare a ragazzi grandi. _____ anche avere tanti figli e _____ di poter essere una brava mamma.

piacerebbe	preferirebbe	sarebbe	vorrebbe

2. Ilaria _____ abitare in città anche se sa che ci _____ molto traffico. Le _____ una casa con un grande salotto. _____ una grande cucina perché le piace cucinare per gli amici.

lavora	sarà	sarebbe	sogna

3. Laura _____ di diventare attrice anche se sa che _____ una carriera molto difficile. Per questo _____ tanto con la sua compagnia teatrale. Non _____ facile trovare lavoro in questo campo.

passerebbe	piacerebbe	vorrebbe	servirebbe

4. A Fabrizio _____ vivere a Parigi o su un'isola tropicale. Là _____ giornate tranquille e gli _____ soltanto una capanna. Però _____ una connessione Internet molto veloce.

è	hanno	sa	mantenere

5. Chiara _____ che é molto difficile trovare lavoro in Italia. Pochi _____ un lavoro soddisfacente. Per le donne _____ più difficile _____ il posto di lavoro quando hanno bambini.

ammira	piacerebbe	potrebbe

6. A Dejan _____ lavorare in un campo creativo che _____ comprendere la musica. Lui _____ le persone che hanno controllo sul loro lavoro.

12.31 Mentre guardi. While you are watching the video, write down three things that each character desires.

1. _____

2. _____

3. _____

_____

_____

_____

_____

_____

_____

4. _____

5. _____

6. _____

_____

_____

_____

_____

_____

_____

 12.32 Dopo aver guardato. Having watched the people describe their hopes and dreams, write a short paragraph about your hopes and desires for your own future.

_____

_____

_____

_____

_____

Attraverso il Veneto

12.33 Il Veneto. Read the following passage about the Verona arena, and then give short answers to each of the questions below.

L' Arena di Verona

Questo monumento, simbolo della città di Verona, si chiama così perché ai tempi degli antichi romani, la sua platea (*parterre*) era ricoperta di sabbia («arena» in latino). È il terzo più grande anfiteatro romano in Italia (dopo il Colosseo e l'anfiteatro di Capua) ed è giunto in buono stato di conservazione (*well-preserved*) fino ai nostri giorni. I romani costruirono questo anfiteatro nella prima metà del I sec. d.C. per ospitare (*host*) gli spettacoli (*shows*) di cui erano particolarmente appassionati: i combattimenti (*battles*) fra gladiatori e le cacce (*huntings*) ad animali feroci ed esotici.

L'Arena è sempre stata utilizzata per manifestazioni spettacolari. Dopo i combattimenti e le cacce del periodo romano, nel Medioevo e fino a metà del XVIII secolo all'Arena si organizzavano giostre e tornei (*jousts and tournaments*). Dal 1913, l'Arena è diventata sede del più importante teatro lirico all'aperto (*outdoor*) del mondo, con 22.000 posti (*seats*) (in epoca romana, però, i posti erano circa 30.000). L'enorme spazio del palcoscenico (*stage*) consente, durante il periodo estivo (giugno–agosto), l'allestimento (*staging*) di una stagione lirica caratterizzata da quattro rappresentazioni grandiose (*spectacular stagings*). Particolare importanza è data alle opere di Giuseppe Verdi. A questo proposito, è necessario sottolineare che i colossali allestimenti (*productions*) per l'*Aida* sono il fiore all'occhiello (*flagship*) della lirica all'Arena.

L'Arena di Verona è famosa per la stagione operistica (*opera season*). Tuttavia, già da molti anni, è anche teatro d'importanti concerti rock e pop. L'acustica (*acoustics*) dell'Arena, sorprendente per i cantanti d'opera che non usano microfono, è perfetta anche per i potenti impianti di amplificazione (*powerful loudspeakers*) dei concerti rock. Memorabili sono stati i concerti dei Pink Floyd negli anni Ottanta. Più recentemente hanno cantato all'Arena, tra gli altri, cantanti come Peter Gabriel, Elton John, Stevie Wonder, Alicia Keys, Michael Bublé, Kylie Minogue, Laura Pausini, Luciano Ligabue e Jovanotti.

1. Che cos'è l'Arena di Verona?

   _____

2. Che tipo di spettacoli ospitava l'Arena ai tempi degli antichi romani?

   _____

3. Perché l'Arena di Verona è importante ai nostri giorni?

   _____

4. Quante opere vengono rappresentate (*are staged*) ogni anno durante la stagione lirica all'Arena di Verona?

   _____

5. Qual'è il fiore all'occhiello della stagione lirica all'Arena di Verona?

   _____

6. Si può ascoltare solo musica lirica all'Arena di Verona?

   _____

13

Dove andiamo in vacanza?

PERCORSO 1

I mezzi di trasporto

VOCABOLARIO

Che mezzo prendi? *(Textbook, pp. 379–382)*

13.01 Come ti piace viaggiare? Match each means of transportation with the situation in which it is commonly used.

1. _____

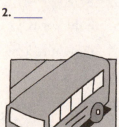

2. _____

3. _____

4. _____

5. _____

a. per fare un viaggio in Italia

b. per visitare la famiglia e i parenti che vivono vicino a te

c. per fare una gita di gruppo

d. per andare da Roma a Napoli se non si ha una macchina

e. per fare una crociera

13.02 Perché lo preferisci? When you travel, you have certain preferences as to the means of transportation you use. Give two opinions of each means of transportation below, using the options in the word bank.

> È faticoso/a   È conveniente
> È comodo/a   È economico/a
> È lento/a   È pericoloso/a
> È efficiente   È adatto/a

1. Il treno: _____

2. L'automobile: _____

3. L'aereo: _____

4. L'autobus: _____

5. La nave: _____

13.03 A proposito di mezzi di trasporto. Match the following descriptions with the words or phrases with which they are most associated.

1. Si prende il treno _____   a. vietato fumare

2. Si aspetta l'autobus _____   b. di prima o di seconda classe

3. Si prende la nave _____   c. alla fermata dell'autobus

4. Tipi di biglietto _____   d. al binario

5. Si fanno viaggi lunghi in macchina _____   e. al porto

6. Se c'è questo cartello, non puoi fumare. _____ f. in autostrada

13.04 Come vuole viaggiare? You will hear a travel agent talking to four prospective clients. All the clients have opinions about different forms of transportation. Listen to their conversations with the travel agent and decide whether the statements below are **vero** or **falso**.

1. La cliente preferisce viaggiare in aereo.	Vero	Falso
2. La cliente vuole prendere la nave.	Vero	Falso
3. Il cliente vuole noleggiare un'auto.	Vero	Falso
4. Il cliente vuole viaggiare in treno.	Vero	Falso

🔊 **13.05 Perché lo preferisce?** Now that you know the preferred means of transportation of the clients in activity **13.4**, listen to the conversations again. For each client, give two reasons for his/her choice.

1. Ragioni: _____

2. Ragioni: _____

3. Ragioni: _____

4. Ragioni: _____

GRAMMATICA

I comparativi *(Textbook, pp. 382–385)*

13.06 Più, meno o uguale? For each of the following statements, select whether it is a comparison of superiority (**maggioranza**), inferiority (**minoranza**), or equality (**uguaglianza**).

1. Il traghetto è meno pericoloso dell'aereo.
   maggioranza   minoranza   uguaglianza

2. L'automobile è più comoda della moto.
   maggioranza   minoranza   uguaglianza

3. Una crociera è tanto rilassante quanto una vacanza ai Caraibi.
   maggioranza   minoranza   uguaglianza

4. Un lungo viaggio in macchina è più faticoso di un lungo viaggio in treno.
   maggioranza   minoranza   uguaglianza

5. L'autobus è meno veloce della metropolitana (*metro*).
   maggioranza   minoranza   uguaglianza

6. La macchina è tanto economica quanto il treno.
   maggioranza   minoranza   uguaglianza

7. Un aeroporto è più grande di una stazione.
   maggioranza   minoranza   uguaglianza

8. Il vagone letto è meno scomodo della cuccetta.
   maggioranza   minoranza   uguaglianza

13.07 Ancora comparativi. Complete the sentences with the correct comparative forms, based on the terms of equality or inequality given in parentheses.

1. L'autobus è _____ veloce _____ il treno. (uguaglianza)

2. Una nave è _____ grande _____ un aereo. (maggioranza)

3. Le crociere sono _____ piacevoli _____ viaggi in aereo. (maggioranza)

4. Un'auto consuma _____ _____ una moto. (uguaglianza)

5. Gli autobus sono _____ rumorosi _____ treni. (minoranza)

6. La bicicletta è _____ comoda _____ macchina. (minoranza)

13.08 Opinioni sui viaggi ed i mezzi di trasporto. How would you compare each of the following? Write two sentences for each pair, following the example.

ESEMPIO: la macchina / il treno
Il treno è più costoso della macchina.
La macchina è meno veloce del treno.

1. l'autobus / la macchina

_____

_____

2. l'autobus / il treno

_____

_____

3. la macchina / la bicicletta

_____

_____

4. l'aliscafo / il traghetto

_____

_____

5. un viaggio di lavoro / una vacanza

_____

_____

6. un biglietto di prima classe / un biglietto di seconda classe

_____

_____

 13.09 Qual è stato il viaggio migliore? Two friends, Luca and Stefano, are comparing the trip to France they took last year with their most recent trip to Spain. Listen to their conversation and decide whether each of the following statements is **vero, falso,** or **non menzionato.**

1. Il viaggio in Spagna è stato migliore del viaggio in Francia.	Vero	Falso	Non menzionato
2. La cucina francese è meno pesante della cucina spagnola.	Vero	Falso	Non menzionato
3. La cucina italiana è migliore della cucina francese.	Vero	Falso	Non menzionato
4. Secondo Luca, viaggiare in treno è peggio che viaggiare in macchina.	Vero	Falso	Non menzionato
5. Secondo Stefano, viaggiare in treno è più divertente che viaggiare in macchina.	Vero	Falso	Non menzionato
6. Secondo Luca, Madrid è più bella di Parigi.	Vero	Falso	Non menzionato
7. Il viaggio in Spagna è stato tanto lungo quanto il viaggio in Francia.	Vero	Falso	Non menzionato
8. Luca e Stefano avevano più soldi per il viaggio in Francia che per il viaggio in Spagna.	Vero	Falso	Non menzionato

PERCORSO II

Alberghi e campeggi

VOCABOLARIO

Scusi, c'è posto? *(Textbook, pp. 386–389)*

13.10 In albergo o in campeggio? Match each phrase in the first list with the word or phrase that is most closely associated with it.

1. pagare _____   a. la camera d'albergo o del residence

2. non ci sono camere libere _____   b. la prenotazione

3. tenda e sacco a pelo _____   c. il villaggio turistico

4. singola o doppia _____   d. la carta di credito

5. al telefono, via fax o su Internet _____ e. il campeggio

6. la vista sul mare _____   f. tutto esaurito

13.11 Dove dovrebbe alloggiare? Estella Gandino has to decide where to stay during her trip and has received information about some possible locations. First, read her criteria. Then select the place where you think she should stay, based on the descriptions for each accommodation.

- Voglio spendere poco.
- Voglio avere un bagno privato.
- Voglio stare vicino alla spiaggia.
- Voglio starci una settimana.
- Voglio pagare con la carta di credito.

1. <u>Pensione Margherita</u>: prezzi economici a settimana, camere singole o doppie senza bagno, televisione e frigobar in ogni camera. La pensione si trova nel centro del paese e a un chilometro dal mare. Non si accettano carte di credito.

_____

2. <u>Hotel dei Navigatori</u>: albergo a cinque stelle, camere singole, doppie e matrimoniali con bagno. L'albergo è sul mare e possiede una spiaggia privata riservata ai clienti. La spiaggia è particolarmente adatta a chi è in cerca di tranquillità. Per camere con vista sul mare, aggiungere il 30% in più sul prezzo del tipo di camera desiderata.

_____

3. <u>Residence La Pineta</u>: prezzi ragionevoli, sconti per soggiorni di almeno cinque giorni, e si accetta carta di credito. Camere singole o doppie con bagno e angolo cottura (*kitchenette*). Televisione e collegamento ad Internet in ogni camera. Il residence è appena fuori dal paese. È immerso in una pineta ed è a dieci minuti a piedi dal mare.

_____

4. <u>Campeggio Porta del Sole</u>: a cento metri dal mare, bungalow e posti tenda. Il campeggio è dotato di molti comfort: piscina, animazione, tavola calda, e sala TV. Spiaggia privata riservata ai clienti del campeggio e attrazioni per bambini; possibilità di praticare sport.

_____

🔊 **13.12 Un viaggiatore esigente.** You will hear a young man talking about his criteria for choosing where to stay when he travels. As you listen, select all the items that he mentions.

1. l'albergo _____
2. la pensione _____
3. il prezzo _____
4. il bagno _____
5. la televisione _____

6. la vista sul mare _____
7. l'aria condizionata _____
8. la connessione Internet _____
9. la carta di credito _____
10. il parcheggio (*parking*) _____

GRAMMATICA

Il superlativo relativo *(Textbook, pp. 389–390)*

13.13 Confronti. Read the descriptions of the four locations in activity **13.11** again, and complete the sentences with the location that best fits each description.

ESEMPIO: La sistemazione più dotata è *l'Hotel dei Navigatori.*

1. La sistemazione più lontana dal mare è _____.

2. La sistemazione meno lontana dal mare è _____.

3. Le due sistemazioni più lussuose sono _____ e _____.

4. Le due sistemazioni meno lussuose sono _____ e _____.

5. La sistemazione meno tranquilla è _____.

6. La sistemazione più adatta per gli sportivi è _____.

7. La sistemazione meno adatta per gli sportivi è _____.

13.14 Che bel villaggio turistico! Fulvio and Barbara are talking about a beach resort in the Campania region where they have just spent their dream vacation. Complete the sentences below with the relative superlative form of the adjectives given. Remember to make all the necessary changes in order for the relative superlative to agree with the noun it modifies.

1. Questo villaggio turistico è (moderno) _____ della Campania. C'è addirittura un Internet caffè.

2. La spiaggia è (bello) _____ della costa tirrenica.

3. Il mare è (pulito) _____ che abbiamo mai visto.

4. I frutti di mare (*seafood*) che si mangiano nel ristorante del villaggio turistico sono (buono) _____ che abbiamo mai mangiato.

5. Il nostro bungalow è (grande) _____ di tutto il villaggio turistico.

6. L'animazione (*organized entertainment*) è (buono) _____ tra tutti i villaggi turistici della Campania.

7. Le animatrici (*entertainment organizers*) sono (simpatico) _____ che abbiamo mai avuto.

8. I prezzi sono probabilmente (alto) _____ di tutta la Campania!

Il superlativo assoluto *(Textbook, pp. 390–391)*

13.15 Com'è andata la tua vacanza? Your friend Elisabetta just came back from vacation and tells you some of the details. Rewrite the sentences substituting **molto** with the adjective + suffix **-issimo/a/i/e.**

ESEMPIO: I ristoranti erano molto eleganti.
I ristoranti erano elegantissimi.

1. Faceva molto caldo.

_____

2. Gli alberghi erano molto cari ma molto belli.

_____

3. Il cibo era molto buono.

_____

4. Il servizio in camera dell'albergo «Tre Torri» era molto scadente (*poor*).

_____

5. Le spiagge erano molto affollate (*crowded*).

_____

6. Il mare era molto limpido.

_____

 13.16 Ricordi di viaggio. Read each pair of sentences. Then listen to Sara and Margherita's statements about their vacation in England last summer, and for each statement, select the sentence that best paraphrases the facts.

1. **a.** Sara e Margherita l'anno scorso hanno fatto una vacanza bellissima in Inghilterra.
   b. Sara e Margherita l'anno scorso hanno fatto una vacanza lunghissima in Inghilterra.
2. **a.** Sara e Margherita hanno conosciuto dei ragazzi inglesi simpaticissimi.
   b. Sara e Margherita hanno conosciuto dei ragazzi inglesi antipatici.
3. **a.** Sara e Margherita hanno mangiato molto male.
   b. Sara e Margherita hanno mangiato molto bene.
4. **a.** A Londra, Sara e Margherita hanno alloggiato in una pensione molto pulita.
   b. A Londra, Sara e Margherita hanno alloggiato in una pensione molto sporca (*dirty*).
5. **a.** Faceva bel tempo.
   b. Faceva brutto tempo.
6. **a.** Sara e Margherita si sono divertite molto.
   b. Sara e Margherita si sono divertite abbastanza.

Le vacanze

VOCABOLARIO

Dove andiamo in vacanza? *(Textbook, p. 393)*

13.17 Che luogo di vacanza ti ricorda? Match each sentence fragment with the phrase that best completes it.

1. La crema abbronzante, il costume da bagno e la maschera mi ricordano… _____

2. Un sentiero e gli scarponi mi ricordano… _____

3. Gli animali e la campagna mi ricordano… _____

4. I musei e le mostre mi ricordano… _____

a. una vacanza in montagna.

b. una vacanza in una città d'arte.

c. una vacanza in un agriturismo.

d. una vacanza al mare.

13.18 Le vacanze dei signori Mascetti. Complete the description of the Mascetti's summer vacation with the appropriate words and expressions from the word bank.

si abbronza	crema abbronzante	fare scalate	motoscafi
costume da bagno	sentieri di montagna	occhiali da sole	
fa il bagno	fanno windsurf	scarponi da montagna	

Ogni estate, i signori Mascetti trascorrono quindici giorni al mare e quindici giorni in montagna. Alla signora Mascetti piace molto il mare. Va in sp aggia ogni giorno, si mette il (1) _____, gli (2) _____, la (3) _____ e poi si siede sulla sedia a sdraio (*beach chair*) e (4) _____ per ore. Quando ha molto caldo (5) _____ per rinfrescarsi. Qualche volta le piace guardare i ragazzi che (6) _____ o i (7) _____ che passano non lontano dalla riva del mare. Il signor Mascetti, invece, non vede l'ora (*cannot wait*) di partire per la montagna. Gli piace (8) _____. Si sveglia molto presto la mattina, si mette gli (9) _____ e va a camminare sui (10) _____ che conosce bene.

13.19 Reazioni. Do you like to do the following things when you are on vacation? Comment on each of the following activities as shown in the example. Write your opinions on the lines provided.

ESEMPIO: andare in motoscafo
Non mi piace andare in motoscafo. Preferisco nuotare perché mi rilassa e mi aiuta a stare in forma.

1. abbronzarsi

_____

_____

2. fare windsurf

_____

_____

3. fare una scalata

_____

_____

4. riposarsi sulla spiaggia

_____

_____

13.20 Guarda e descrivi. Look at the following drawings and describe what is happening in each of them.

_____

_____

_____

_____

_____

_____
_____
_____

_____
_____
_____

 13.21 Dove sono andati? Listen to the following people talking about what they did last weekend. According to the activities they did and/or what they saw, select the place where they spent the weekend.

1. **a.** al mare
   b. in montagna
   c. in un agriturismo
   d. in una città d'arte
   e. a casa

2. **a.** al mare
   b. in montagna
   c. in un agriturismo
   d. in una città d'arte
   e. a casa

3. **a.** al mare
   b. in montagna
   c. in un agriturismo
   d. in una città d'arte
   e. a casa

4. **a.** al mare
   b. in montagna
   c. in un agriturismo
   d. in una città d'arte
   e. a casa

5. **a.** al mare
   b. in montagna
   c. in un agriturismo
   d. in una città d'arte
   e. a casa

6. **a.** al mare
   b. in montagna
   c. in un agriturismo
   d. in una città d'arte
   e. a casa

GRAMMATICA

Aggettivi e pronomi indefiniti: un riepilogo *(Textbook, p. 396)*

13.22 Un bravo agente di viaggio. Read the passage below and complete it with the correct indefinite adjectives or pronouns from the word bank.

alcuni	qualcosa	qualcuno	qualche	ogni	tutti	altri

Mirella e Silvana vogliono visitare la costiera amalfitana durante le vacanze di Pasqua. Oggi sono andate in (1) _____ agenzia di viaggio per chiedere informazioni sugli alberghi. (2) _____ gli alberghi sembravano avere un problema: (3) _____ erano troppo cari, (4) _____ erano troppo lontani dal mare e in altri c'era già il tutto esaurito. Mirella non poteva crederci! (5) _____ le aveva detto che non e mai un problema trovare una camera d'albergo sulla costiera amalfitana. Alla fine, un agente di viaggio molto gentile ha provato a telefonare a (6) _____ pensione della zona e, alla fine, è riuscito a trovare un camera doppia in una pensioncina di un borgo che si chiama Raito, appena sopra Vietri. Mirella e Silvana erano molto contente e non sapevano come ringraziarlo. Lui gli ha risposto che il suo lavoro è quello di accontentare i clienti e che se si ha pazienza e determinazione si trova sempre (7) _____.

13.23 Che cosa fai nel tempo libero? Each of us spends the weekend in different ways. Read the following sentences and rewrite them by replacing the indefinite adjective with another of the same meaning.

ESEMPIO: Tutte le domeniche esco a cenare con mio marito.
Ogni domenica esco a cenare con mio marito.

1. Qualche volta preferisco rimanere a casa a leggere e guardare la televisione.

   _____

2. C'è sempre qualche mostra da vedere.

   _____

3. Cerco sulle guide turistiche alcune cose da visitare nella mia regione.

   _____

4. In inverno vado in montagna a sciare con alcuni amici.

   _____

5. In estate vado al mare ogni weekend.

   _____

6. Ognuno passa il weekend come più gli piace.

   _____

13.24 Le tue vacanze. You will hear six questions asking about what you do when you are on vacation. Answer the questions in complete sentences.

1. _____
2. _____
3. _____
4. _____
5. _____
6. _____

In pratica

PARLIAMO

13.25 Con quale mezzo preferisci viaggiare? You and your friends are planning a vacation and discussing possible means of transportation. One of them asks you some questions about your favorite means of transportation. Listen to her questions and answer them orally.

1. …

2. …

3. …

4. …

13.26 Devi assolutamente andare a… An Italian friend wants to visit one of the main tourist attractions in your area during spring break. Choose a landmark you think he should definitely visit and describe it to him orally, following the prompts below.

- la località

- le caratteristiche per cui la località è famosa

- i monumenti e i musei

- i piatti (*dishes*) tipici

- le attività per divertirsi

LEGGIAMO

13.27 Prima di leggere. Read carefully the following facts about the famous Campanian wine Montevetrano. Do you know any other information about this wine and/or the area in which it is produced? Look up three more pieces of information on your favorite search engine and add them to the following list.

- Il Montevetrano è un vino rosso prodotto in Campania, sulle colline (*hills*) intorno alla città di Salerno.

- Il vino si chiama «Montevetrano» perché i vigneti (*vineyards*) dai quali si produce si trovano ai piedi del castello medioevale di Montevetrano.

- Sulle colline intorno alla città di Salerno ci sono anche molti oliveti (*olive groves*) e quindi in questa zona, oltre al vino, si produce anche un ottimo olio d'oliva.

- Oggi sulle colline di Salerno ci sono molte antiche fattorie (*farms*) ristrutturate (*renovated*) e trasformate in bellissimi alberghi e agriturismo (*farmhouse accommodations*).

- Ogni anno molti turisti italiani e stranieri trascorrono le vacanze sulle colline salernitane (*of Salerno*) che non sono affollate (*crowded*) come le stazioni balneari (*beach resorts*) ed il clima è più mite (*milder*) che sulla costa.

- _____
- _____
- _____

13.28 Mentre leggi. As you read the descriptions of different types of accommodations in the Salerno countryside, list the words and expressions related to the services offered by the different accommodations.

Agriturismo Country Resort La Collina
Località Fiano – Nocera Inferiore (Salerno)

Il Country Resort «La Collina» è di nuova costruzione. Nasce da un'azienda agricola e, pur essendo un agriturismo, ha tutte le caratteristiche di un villaggio turistico (*all-inclusive resort*). È costituito da quattro confortevoli edifici circondati da colline, ampi (*large*) giardini e sentieri per fare rilassanti passeggiate tra olivi e alberi da frutto (*fruit trees*). È il luogo ideale per una vacanza rilassante e all'aria aperta (*open-air*). Le camere sono tutte molto soleggiate (*sunny*), tranquille e con una splendida vista.

Agriturismo La Vecchia Quercia
Località Montevetrano – San Cipriano Picentino (Salerno)

L'Agriturismo La Vecchia Quercia è sorto dal restauro (*renovation*) di una tenuta (*estate*) composta da un antico casolare (*cottage*), due case coloniche (*farmhouses*), una piccola cappella (*chapel*) e una cantina (*wine cellar*). L'agriturismo si trova ai piedi (*at the foot*) del castello medievale di Montevetrano e nel cuore del Parco Regionale dei Monti Picentini. È circondato da un bellissimo giardino con piscina all'aperto (*outdoor pool*), due campi da tennis e un maneggio (*horse riding school*). Per gli ospiti più sedentari, l'agriturismo dispone (*provides*) di un ristorante, dove si degustano squisiti (*delicious*) piatti tipici, e di una piacevole sala di lettura (*reading room*) dalla quale si ammira uno stupendo (*stunning*) panorama dei Monti Picentini.

B&B Il Priorato de la Querciantica
San Cipriano Picentino (Salerno)

Il Priorato (*Priory*) de la Querciantica è situato nel Parco Regionale dei Monti Picentini ma vicino al centro del paese (*village*) di San Cipriano Picentino. Circondato da grandi querce (*oaks*) e da un giardino di rose ed erbe officinali (*roses and officinal herbs*), questo B&B offre sei camere doppie, tre con bagno privato e tre con bagno in comune. Gli ospiti possono scegliere la mezza pensione o la pensione completa, gustare i piatti tipici locali o da ricette del medioevo e, naturalmente, l'ottimo vino locale. C'è anche una ricca biblioteca composta da volumi che spaziano (*ranging*) dalla letteratura alla storia dell'arte, dalla narrativa ai classici, dalla scienza alla filosofia, politica, giardinaggio (*gardening*), architettura, cucina storica e moderna. Inoltre, per chi ama il contatto con la natura, il B&B La Querciantica è un ottimo punto di partenza per lunghe passeggiate a piedi o in mountain bike nel verde del Parco dei Monti Picentini.

B&B Bacio del Sole
Località Nocelle – Positano (Salerno)

Nocelle è un piccolo borgo (*small village*) a 450 metri sul livello del mare (*above sea level*) che domina sull'incanto paesaggistico (*enchanting landscape*) di Positano e Capri. Percorso da pittoresche stradine (*small alleys*) e scalinate (*stairs*), Nocelle è ancora oggi un villaggio rurale dove da sempre regna (*has always reigned*) la tranquillità. Tra il profumo di limoneti (*lemon trees*) e vigne (*vineyards*), al B&B Bacio del Sole il tempo è scandito (*beaten*) dal canto delle cicale (*cicadas*). È il posto ideale per una vacanza che coniuga (*combines*) mare e montagna perché Nocelle dista solo 10 minuti di macchina dal centro di Positano ed è situato all'inizio del famosissimo «Sentiero degli Dei» (*Path to the gods*) che per 11 chilometri percorre (*covers*) le vette (*peaks*) della costiera amalfitana offrendo indimenticabili emozioni. Tutte le camere del B&B hanno un terrazzo e un giardino indipendente, una cucina completamente attrezzata (*completely equipped*), un bagno con vasca idromassaggio (*jacuzzi*) e doccia, la TV satellitare, una cassaforte (*safe*), l'aria condizionata e il telefono.

_____

_____

_____

_____

_____

_____

13.29 Dopo la lettura. If you were to go on vacation in the Salerno countryside which accommodation would you choose? Write at least three reasons for your choice on the lines provided.

Sceglierei...

_____

_____

_____

_____

_____

Nome: _____   Data: _____

SCRIVIAMO

13.30 Prima di scrivere. You are the manager of a hotel on the beautiful Amalfi coast near Naples. You are competing to win an award for the best hotel on the coast, and you have to submit an essay stating the reasons why your hotel is the best to visit. Write three statements explaining why your hotel should win the award.

ESEMPIO: *Il nostro albergo è a cinque stelle ed ha una bellissima vista sul golfo di Salerno.*

_____
_____
_____

13.31 Scriviamo. Now, organize the ideas you provided in activity **13.30** to create a strong argument and write a letter in support of your proposal to win the award for the best hotel on the Amalfi coast.

_____
_____
_____
_____
_____
_____
_____

GUARDIAMO

13.32 Prima di guardare. During the summer, Italians often travel both in Italy and abroad. Especially during the month of August, families leave the heat of the cities and go either to the beach or to the mountains, or they visit important tourist sites. Familiarize yourself with the vocabulary describing vacations and means of transportation. Then match the following words and expressions with their correct English meanings.

1. camera matrimoniale _____   a. cruise

2. vista sul mare _____   b. train

3. treno _____   c. accommodation

4. sistemazione _____   d. sleeping car

5. crociera _____   e. ocean view

6. vagone letto _____   f. double room

13.33 Mentre guardi. While you watch the video, listen to the people and choose the phrase that best completes each sentence.

1. Vittorio è andato in viaggio in
   a. Inghilterra, Francia e Spagna.
   b. Francia, Germania e Spagna.
   c. Portogallo, Spagna e Francia.
   d. Germania, Polonia e Danimarca.

2. Vittorio per pagarsi le vacanze ha lavorato
   a. come animatore turistico.
   b. come medico di crociera.
   c. come un sardo.
   d. con sua madre in Germania.

3. Emma è andata in vacanza in
   a. Argentina, Cile e Peru.
   b. Cile, Bolivia e Venezuela.
   c. Messico, Cile e Bolivia.
   d. Messico, Bolivia e Peru.

4. Emma preferisce il Messico per
   a. la spiaggia, il mare e i musei.
   b. la gente, le città e la storia.
   c. la gente allegra e il mare.
   d. la carta verde e gli studenti.

5. Laura per il suo ultimo viaggio è andata
   a. in treno al mare.
   b. in crociera in Egitto.
   c. in autobus in montagna.
   d. in automobile in città.

6. Laura in vacanza
   a. ha dormito in albergo.
   b. ha dormito in cabina con sua sorella.
   c. ha mangiato cibo tipico egiziano.
   d. ha mangiato in treno.

7. Il viaggio più indimenticabile di Plinio è stato
   a. con Marco Polo.
   b. cinque anni fa.
   c. con l'aria condizionata.
   d. in Cina.

8. L'autobus di Plinio
   a. si è fermato nel deserto.
   b. era all'ombra.
   c. era moderno.
   d. era in ritardo.

13.34 Dopo aver guardato. Now imagine that you are on vacation. Write a postcard to a friend telling him/her where you have decided to go and what you are doing there.

_____

_____

_____

_____

_____

Attraverso la Campania

13.35 La Campania. Read the following passage about the island of Capri, and then give short answers to the questions below.

L'isola di Capri

Capri è una splendida isola nel golfo di Napoli, situata di fronte alla penisola sorrentina (*Sorrento Peninsula*). La costa dell'isola è frastagliata (*jagged*) con numerose grotte (*grottoes*) che si alternano a ripide scogliere (*cliffs*). Le grotte, nascoste sotto le scogliere, erano utilizzate in epoca romana come ninfei (*nymphaea*) delle sontuose ville che vennero qui costruite durante l'Impero. I ninfei erano grotte ornate (*embellished*) di piante acquatiche e statue in cui i romani organizzavano attività ricreative (*recreational*) o trascorrevano momenti di relax. La grotta più famosa è senza dubbio la Grotta Azzurra (*the Blue Grotto*), in cui magici effetti luminosi (*magical light effects*) sono stati descritti da moltissimi scrittori e poeti.

Caratteristici di Capri sono anche i famosi Faraglioni, tre piccole isole rocciose (*rocky isles*) a poca distanza dalla riva (*shore*) che creano uno spettacolare effetto scenografico e paesaggistico; ad essi sono stati attribuiti dei nomi per distinguerli: Stella per quello più vicino alla terraferma, Faraglione di Mezzo e Faraglione di Fuori (o Scopolo) per quello più lontano dall'isola.

Un'altra caratteristica di Capri è la Piazza Umberto I, più conosciuta come la Piazzetta di Capri, che è il cuore dell'isola, sia per i turisti che per gli abitanti del posto (*locals*). Chiunque arriva a Capri deve passare tra gli stretti spazi lasciati liberi dai tavolini dei vari bar (*narrow passages left between the tables of the various coffee bars*), coperti dagli ombrelloni utilizzati per riparare dal sole. In passato gli spazi della piazzetta erano occupati dai banconi (*stands*) del mercato del pesce e della verdura (*vegetable and fish markets*) ma nel 1938 un giovane isolano, Raffaele Vuotto, aprì il suo bar ed ebbe l'idea di sistemare alcuni tavolini con le sedie. Da quel momento la piazzetta è diventata il centro della vita mondana (*social life*) di Capri tanto che nel corso degli anni si è guadagnata il soprannome (*nickname*) di «salotto del mondo». Sotto gli ombrelloni degli storici bar ci si siede per fare colazione, bere un aperitivo dopo le lunghe ore trascorse in spiaggia o semplicemente chiacchierare con gli amici. In piazzetta, oltre ai bar, si trovano anche il chiosco dell'edicola (*newsstand*), il Municipio (*Town Hall*) di Capri e la stazione della Funicolare (*cable car*) Capri-Marina Grande.

1. Che cos'è Capri?

_____

2. Qual'è la grotta più famosa di Capri?

_____

3. Che cosa sono i Faraglioni?

_____

4. Come si chiamano i tre Faraglioni?

_____

5. Perché la Piazzetta di Capri è importante?

_____

6. Chi e quando ha trasformato la piazzetta in centro della vita mondana di Capri?

_____

7. Che cosa c'è nella Piazzetta di Capri oltre ai bar?

_____

4

Quante cose da fare in città!

Fare acquisti in città

VOCABOLARIO

Compriamolo in centro! *(Textbook, pp. 411–415)*

14.01 I negozi. The drawing below shows some of the common stores you find in an Italian city. Look at it, and then match the store name with each numbered building.

1. _____	6. _____
2. _____	7. _____
3. _____	8. _____
4. _____	9. _____
5. _____	10. _____

a. gli alimentari   **f.** il duomo

b. la pasticceria   **g.** il cinema

c. la cartoleria   **h.** la gelateria

d. l'edicola   **i.** il negozio d'abbigliamento

e. il ristorante   **j.** la farmacia

14.02 L'intruso. Select the word or expression that does not belong in each group.

1. **a.** la salumeria   **b.** la rosticceria   **c.** la farmacia
2. **a.** il gelato   **b.** la carne   **c.** la macelleria
3. **a.** la torta   **b.** la frutta   **c.** la pasticceria
4. **a.** un barattolo   **b.** una lattina   **c.** il dentifricio
5. **a.** l'abbigliamento   **b.** la sciarpa   **c.** un pacchetto
6. **a.** la banca   **b.** a fianco di   **c.** in fondo a
7. **a.** il dentifricio   **b.** lo spazzolino da denti **c.** il mercato all'aperto
8. **a.** il supermercato   **b.** la frutta   **c.** il cinema

🔊 **14.03 Facciamo la spesa.** You will hear six people talking about things they need to buy. First, listen to what they say. Then for each statement, select the store they should go to.

1. **a.** la macelleria   **b.** il mercato all'aperto   **c.** la farmacia
2. **a.** il negozio d'abbigliamento **b.** il fruttivendolo   **c.** la macelleria
3. **a.** il supermercato   **b.** la salumeria   **c.** la gelateria
4. **a.** il cinema   **b.** la banca   **c.** il centro commerciale
5. **a.** la rosticceria   **b.** la panetteria   **c.** il cinema
6. **a.** la farmacia   **b.** i grandi magazzini   **c.** la banca

GRAMMATICA

Il plurale di nomi e aggettivi *(Textbook, pp. 415–416)*

14.04 Dove si fanno queste cose? Complete the descriptions below with the appropriate place, building, or store names in their plural forms.

1. Nelle _____ si vendono medicine.

2. Nelle _____ si legge e si studia.

3. Nei _____ si va a fare footing o delle passeggiate.

4. Negli _____ si dorme quando si viaggia o si è in vacanza.

5. Quando si esce a cena, si mangia nei _____.

6. Le torte si comprano nelle _____.

🔊 **14.05 E se sono tanti?** You will hear a speaker saying the names of some of the buildings or stores you find in a city. Listen to the speaker, and then write the building or store names in their plural forms. Be sure to include the correct definite article for each.

1. _____   5. _____
2. _____   6. _____
3. _____   7. _____
4. _____   8. _____

L'imperativo informale con i pronomi *(Textbook, pp. 416–418)*

14.06 Un compagno d'appartamento premuroso (*thoughtful*). You are sick with the flu and must stay in bed. Your roommate asks you what he/she can do for you. Answer all his/her questions, using the imperative form of the verbs and substituting the underlined words with the appropriate pronouns. Be sure to follow the sentence structure of the model exactly.

ESEMPIO: Ti posso comprare <u>della zuppa</u>?
Sì, compramela. / No, non comprarmela.

1. Non abbiamo più acqua gassata, devo comprare <u>l'acqua</u>?

   _____

2. Devo comprare <u>del pane</u>?

   _____

3. Ti devo prendere <u>delle arance</u>? Contengono molta vitamina C.

   _____

4. Devo andare <u>in farmacia</u>?

   _____

5. Devo telefonare <u>ai tuoi genitori</u>?

   _____

6. Ti porto <u>la colazione</u> a letto?

   _____

14.07 Una cena impegnativa. A friend of yours has invited a few classmates and two of her professors over for dinner. However, she has some doubts about what to wear and what to offer them. Read her thoughts below and then answer them with a verb in the imperative form and a pronoun.

ESEMPIO: «Ho invitato a cena alcuni miei compagni e due dei miei professori e non so se vestirmi formalmente...»
Vestiti formalmente. / Non vestirti formalmente.

1. «Non so se mettermi la gonna lunga rossa; forse è troppo elegante...»

   _____

2. «Non so se preparargli un secondo piatto di carne; magari uno di loro è vegetariano...»

   _____

3. «Penso di offrirgli delle paste come dolce...»

   _____

4. «Non so se dare loro dello spumante con le paste...»

   _____

14.08 Scegli la risposta giusta. You will hear Pietro and Chiara asking their friend Viola questions about errands they are supposed to run. Select the answers that Viola gives, using the correct imperative forms and pronouns.

1.	**a.** Fatela!	**b.** Fammela!	4. **a.** Vacci!	**b.** Andateci!
2.	**a.** Prendila!	**b.** Prendetene!	5. **a.** Passateci!	**b.** Passaci!
3.	**a.** Comprateglielo!	**b.** Compratemelo!	6. **a.** Usatela!	**b.** Usala!

PERCORSO II

In giro per la città

VOCABOLARIO

Scusi, per andare... ? *(Textbook, pp. 419–421)*

14.09 Dove arrivi? Imagine that you are a tourist visiting Sicily and spending a day in Catania. A local tells you what you shouldn't miss and gives you directions to the places he thinks you should absolutely see. Look at the map of the historical center of Catania, read the directions given below, and write the name of the place to which each set of directions takes you.

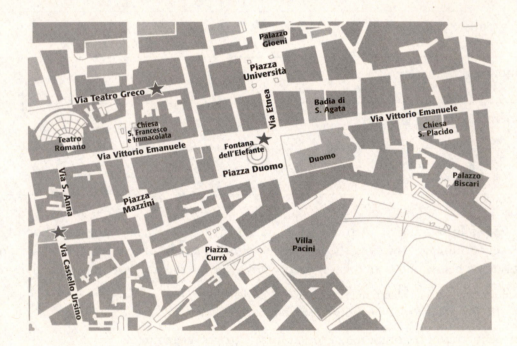

1. Sei in Piazza Università. Prendi via Etnea e vai sempre dritto fino a via Vittorio Emanuele.

   Attraversa la strada, vai nel centro della piazza ed è proprio lì, di fronte a te.

   _____

2. Sei in Piazza Mazzini e Piazza Duomo è dietro di te. Vai dritto e poi gira a destra in via S. Anna.

   Vai sempre dritto. È proprio lì, di fronte a te. _____

3. Sei in Piazza Duomo. Gira a destra in via Vittorio Emanuele e vai sempre dritto. Prosegui

   per 100 metri e la trovi alla tua destra. _____

4. Sei davanti alla Chiesa di San Placido. Prendi via Vittorio Emanuele e poi gira a destra in via

   Etnea. Questa è la piazza di fronte a te. _____

14.10 I tuoi luoghi preferiti. Using the expressions you learned to give and follow directions, complete the following sentences with respect to the city where you live.

1. Per andarci da casa mia al mio ristorante preferito,

_____ .

2. Per arrivarci da casa mia al supermercato,

_____ .

3. Per andarci da casa mia al mio parco preferito,

_____ .

4. Per arrivarci da casa mia alle mie lezioni d'italiano,

_____ .

14.11 Dove sono? Listen to the short conversations and select the location in which each one most likely takes place.

1. a. al supermercato
   b. al ristorante
   c. in città
   d. in banca

2. a. all'università
   b. al ristorante
   c. al supermercato
   d. in profumeria

3. a. al ristorante
   b. in banca
   c. al centro commerciale
   d. in città

4. a. in albergo
   b. al supermercato
   c. in macelleria
   d. in città

GRAMMATICA

L'imperativo formale *(Textbook, pp. 421–425)*

14.12 L'imperativo formale. Complete the following lists with the correct forms of the informal imperative.

VERBI REGOLARI (AFFERMATIVO)

	Singolare	Plurale
1. continuare	_____ !	*Continuino!*
2. prendere	_____ !	*Prendano!*
3. proseguire	_____ !	*Proseguano!*
4. spedire	_____ !	*Spediscano!*
5. sedersi	*Si sieda!*	_____ !
6. divertirsi	*Si diverta!*	_____ !

VERBI IRREGOLARI (AFFERMATIVO)

	Singolare	Plurale
7. andare	_____ !	*Vadano!*
8. fare	_____ !	*Facciano!*
9. bere	*Beva!*	_____ !
10. uscire	_____ !	*Escano!*
11. avere	*Abbia!*	_____ !
12. essere	_____ !	*Siano!*

14.13 Regole sociali. Read the following scenarios and choose whether the **formale** or **informale** imperative should be used in each situation.

14.14 Formale o informale? Read the scenarios below and select the most appropriate statement for each situation.

1. Un cliente alla panettiera
   a. Dammi un chilo di pane.
   b. Mi dia un chilo di pane.

2. Il cameriere di un ristorante a un cliente
   a. Se le piace il pesce, provi il risotto ai frutti di mare, è ottimo.
   b. Se ti piace il pesce, prova il risotto ai frutti di mare, è ottimo.

3. Una figlia a sua madre
   a. Mamma, se vai al supermercato, comprami uno spazzolino da denti nuovo.
   b. Mamma, se va al supermercato, mi compri uno spazzolino da denti nuovo.

4. Un turista a un passante
   a. Scusi, parla inglese?
   b. Scusa, parli inglese?

5. Una studentessa a un'altra studentessa
   a. Vada alla lezione d'italiano, è divertente!
   b. Va' alla lezione d'italiano, è divertente!

6. Uno studente universitario al suo professore di matematica
   a. Professore, dimmi se ho fatto bene il compito.
   b. Professore, mi dica se ho fatto bene il compito.

 14.15 Cosa si dice ai turisti? You will hear an Italian couple giving suggestions to some American tourists. Listen to the statements and select **Sì** if they are likely to be given as advice to tourists, and **No** if they are not.

1. Sì   No
2. Sì   No
3. Sì   No
4. Sì   No
5. Sì   No
6. Sì   No
7. Sì   No
8. Sì   No
9. Sì   No
10. Sì   No

PERCORSO III

Le spese per l'abbigliamento

VOCABOLARIO

Su, dai, provatelo! *(Textbook, pp. 426–428)*

14.16 Che cosa indossano? Match the following people with the outfit that each of them is most likely to wear.

I. un turista _____

2. una donna d'affari _____

3. un avvocato _____

4. una signora a una prima (*opening*) a La Scala _____

5. un atleta _____

6. un signore a una prima a La Scala _____

a. una maglietta di cotone, una tuta e le scarpe da ginnastica

b. una collana e degli orecchini d'oro e un abito da sera

c. la camicia, il papillon (*bow tie*), lo smoking e le scarpe nere eleganti

d. una camicia, una cravatta (*tie*), un vestito, le calze e un paio di scarpe

e. i pantaloncini, una camicia a fiori molto colorata e le scarpe da ginnastica

f. una camicetta di seta, un tailleur e un paio di scarpe con i tacchi

14.17 E tu, cosa indosseresti? Describe your favorite outfit for formal and informal occasions.

I. Formale: _____

_____

2. Informale: _____

_____

14.18 Che cosa preferisci? Complete the sentences with the most logical word from the word bank.

cotone	lino	lana	leggeri	pesanti	seta

I. In inverno, preferisco degli abiti di _____.

2. Quando faccio footing, preferisco una maglietta e dei pantaloncini di _____.

3. Quando fa molto caldo, preferisco degli abiti di _____.

4. Quando nevica e fa freddo, preferisco abiti _____.

5. Quando vado a un matrimonio, preferisco un abito di _____.

6. In estate, preferisco abiti _____.

14.19 Acquisti prima della partenza. Giulia and Mauro are packing for their next vacation. Listen to their conversation, and then give short answers to each of the questions below, as in the example.

ESEMPIO: Che cosa non hanno Giulia e Mauro?
Vestiti leggeri da mettere in valigia.

1. Dove vanno tra pochi giorni Giulia e Mauro?

_____

2. Perché decidono di entrare nel negozio?

_____

3. Che cosa si prova Giulia?

_____

4. Che cosa si misura Mauro?

_____

5. Che taglia porta Mauro?

_____

6. Che cosa compra di sicuro Giulia?

_____

GRAMMATICA

I verbi riflessivi con i pronomi di oggetto diretto *(Textbook, pp. 428–430)*

14.20 Un'amica curiosa. Your curious friend Stefania asks you questions about yourself and some other mutual friends of yours. Answer her questions with the appropriate reflexive verbs and direct-object pronouns.

ESEMPIO: Ti metti spesso il pigiama per andare a letto?
Sì, *me lo metto* spesso.

1. Ti metti il tailleur per andare all'università?

No, _____ per andare ai colloqui di lavoro.

2. Ti metti molti anelli di solito?

No, _____ uno solo.

3. Quando andate in un negozio d'abbigliamento, vi misurate molti abiti?

Sì, _____ sempre moltissimi!

4. Vi mettete spesso le scarpe con i tacchi alti?

Sì, _____ spesso.

5. Ti sei provata quella collana di perle di fiume?

No, _____. Costava troppo.

6. Hai visto Giada e Noemi ieri sera? Si sono messe i sandali nuovi?

Sì, _____. Gli stavano benissimo!

14.21 Come sono belli! Complete the sentences below with the appropriate reflexive verb forms with direct-object pronouns from the word bank.

| misurateveli | misurarmeli | misurarmela | mettitela | provatele | provatelo |

1. Che bella gonna! Posso _____?

2. Com'è bello quel giubbotto! Paolo, dai, _____!

3. Quelle scarpe con i tacchi alti ti starebbero bene. Dai, _____?

4. Che bei sandali marroni! Ragazze, _____!

5. Com'è bella quella tuta! Sergio, _____ e guardati allo specchio!

6. Quei guanti di pelle sono bellissimi. Posso _____?

14.22 Conosciamoci meglio. You will hear a speaker asking you six questions about your habits regarding clothing and accessories. Answer the questions affirmatively or negatively, in complete sentences. Be sure to use the correct direct-object pronouns in your answers.

ESEMPIO: Ti metti il cappello qualche volta?
Sì, me lo metto. / No, non me lo metto.

1. _____

2. _____

3. _____

4. _____

5. _____

6. _____

In pratica

14.23 Scusa, come arrivo a casa tua? You have invited a new friend over for dinner. She has just transferred from another university and still doesn't know her way around. She'll be coming to your place from the main library. Give her directions to your place orally and be as specific as possible.

 14.24 Posso aiutarla? You enter a clothing store in Italy because you saw a pair of pants in the window that you love. The store assistant asks you some questions in order to assist you. Listen to each of his questions and answer them orally.

1. ...

2. ...

3. ...

4. ...

5. ...

6. ...

7. ...

8. ...

LEGGIAMO

14.25 Prima di leggere. When you shop, you have to make decisions. Read the statements below and select whether each behavior describes a **responsabile** or **irresponsabile** consumer.

1. Leggere l'etichetta (*label*) di un prodotto.	Responsabile	Irresponsabile
2. Non leggere o domandare il prezzo del prodotto che si vuole comprare.	Responsabile	Irresponsabile
3. Informarsi sulla qualità di un prodotto prima di comprarlo.	Responsabile	Irresponsabile
4. Buttare via (*throw away*) la ricevuta (*receipt*).	Responsabile	Irresponsabile
5. Confrontare i prezzi di un prodotto in negozi diversi.	Responsabile	Irresponsabile
6. Comprare un prodotto solo perché è di una marca famosa.	Responsabile	Irresponsabile

14.26 Mentre leggi. The article below advises on how to be a responsible consumer. As you read it, make a list of both the words you already know and those you recognize as cognates.

Come diventare consumatori responsabili

a. Quando comprate un prodotto, ricordatevi che la vostra scelta avvantaggia un'azienda (*benefits one business*) piuttosto che un'altra.

b. Prima di fare un acquisto, confrontate i prezzi e la qualità dei prodotti di aziende diverse e dello stesso prodotto in negozi diversi.

c. Leggete attentamente le etichette dei prodotti e la data di scadenza (*expiration date*) dei prodotti alimentari e delle medicine. Queste informazioni devono sempre essere leggibili. Inoltre, se comprate un prodotto che deve essere installato o montato (*assembled*), le relative istruzioni devono essere chiare.

d. Prima di firmare un contratto di acquisto, leggetene attentamente tutte le sezioni, anche quelle scritte in caratteri molto piccoli (*the fine print*). Se c'è qualcosa che non capite, domandate spiegazioni al venditore (*seller*).

e. I documenti scritti in vostro possesso vi aiuteranno a risolvere eventuali problemi se il prodotto che comprate è difettoso. Verificate sempre che la vostra ricevuta contenga i dati del venditore, le informazioni sul prodotto che avete comprato ed il prezzo.

f. Ricordate che la pubblicità non da informazioni obbiettive. Il prodotto migliore non è necessariamente quello che si pubblicizza in televisione o sui giornali.

g. Consumate prodotti alimentari che non fanno male alla vostra salute. Comprate cibi senza additivi, fertilizzanti o conservanti artificiali.

h. Comprate prodotti in contenitori riciclabili o riutilizzabili, dando così il vostro contributo alla protezione dell'ambiente.

_____

_____

_____

14.27 Dopo la lettura. Now match the correct point of the article with the most appropriate statement of consumer advice.

1. Non si devono comprare alimenti dannosi (*harmful*) per la salute. _____

2. Non ci si deve fidare (*trust*) troppo della pubblicità. _____

3. Si deve leggere con attenzione l'etichetta di ogni prodotto che si compra. _____

4. Non ci si deve dimenticare che ogni acquisto che si fa è un «voto» all'azienda che lo produce. _____

5. Si devono sempre richiedere la ricevuta e la garanzia. _____

6. Si devono sempre confrontare prodotti simili di marche diverse. _____

7. Non si deve firmare nessun contratto senza prima averlo letto con attenzione. _____

8. Si deve contribuire alla protezione dell'ambiente. _____

a. Ricordatevi che la vostra scelta avvantaggia un'azienda (*benefits one business*) piuttosto che un'altra.

b. Confrontate i prezzi e la qualità dei prodotti di aziende diverse e in negozi diversi.

c. Leggete attentamente le etichette dei prodotti e la data di scadenza (*expiration date*).

d. Leggetene attentamente tutte le sezioni, anche quelle scritte in caratteri molto piccoli (*the fine print*).

e. Verificate sempre che la vostra ricevuta contenga i dati del venditore, le informazioni sul prodotto che avete comprato ed il prezzo.

f. Ricordate che la pubblicità non da informazioni obbiettive.

g. Consumate prodotti alimentari che non fanno male alla vostra salute.

h. Comprate prodotti in contenitori riciclabili o riutilizzabili per proteggere l'ambiente.

14.28 Scriviamo. Are you a responsible consumer? First, think about two things you usually do, two things you never do, and two things you sometimes do when purchasing a product. Then think about two other things that a responsible consumer should do. Finally, complete the following conclusions.

Per diventare un consumatore più responsabile, io devo incominciare a...

_____

_____

Devo anche smettere di...

_____

_____

E devo continuare a...

_____

_____

Secondo me, un consumatore davvero responsabile non dimentica mai di...

_____

_____

GUARDIAMO

14.29 Prima di guardare. In this videoclip, the people talk about shopping, specifically for groceries and clothes. Read the following statements and select whether they might be **possibile** or **impossibile**.

1. Ilaria può comprare il pane dal panettiere.   Possibile   Impossibile
2. Chiara compra una camicetta in un negozio d'abbigliamento. Possibile   Impossibile
3. Nel negozio di alimentari si vendono scarpe e collane.   Possibile   Impossibile
4. Il farmacista vende medicine.   Possibile   Impossibile
5. Nella gioielleria si vendono pantaloni.   Possibile   Impossibile
6. Nella macelleria si può comprare frutta.   Possibile   Impossibile

14.30 Mentre guardi. As you are watching the video, listen carefully for the answers to the following questions and select the phrase that best completes each sentence.

1. Ilaria, quando deve fare una spesa consistente, va
   a. al supermercato.
   b. dal panettiere.
   c. in autobus.
   d. a piedi.
2. Il proprietario del negozio di alimentari vende
   a. formaggio, prosciutto e yogurt.
   b. pantaloni, gonne, camicie e scarpe.
   c. orecchini, bracciali e frutta.
   d. affettati, gonne e tonno.
3. La borsa che vuole comprare la signora costa
   a. 50 euro.
   b. 60 euro.
   c. 55 euro.
   d. 75 euro.

14.31 Dopo aver guardato. List two things that the people mention in the video and write your answers in full sentences.

Ilaria:

1. _____

2. _____

Chiara:

1. _____

2. _____

Il proprietario del negozio di alimentari:

1. _____

2. _____

Fabrizio:

1. _____

2. _____

Attraverso la Sicilia

14.32 La Sicilia. Read the following passage about the city of Palermo, and then give short answers to each of the questions below.

Alla scoperta della città di Palermo

Palermo è il capoluogo della Sicilia. Per ragioni culturali, artistiche ed economiche è stata tra le maggiori città del Mediterraneo ed oggi è tra le principali mete (*destinations*) turistiche dell'Italia del sud. Molti visitatori ricordano Palermo per la bellezza dei suoi monumenti come la sua imponente (*imposing*) Cattedrale, la Chiesa della Martorana, affacciata (*overlooking*) alla prestigiosa piazza Bellini, ed i suoi Palazzi come quelli dei Normanni e della Zisa, la cui costruzione risale (*dates back*) all'epoca della dominazione araba (*Arab rule*) in Sicilia (AD 827–1091). Ma la ricordano anche per gli eventi sociali che la città offre, come i festeggiamenti (*festivities*) per la Santa patrona cittadina (*patron Saint of the city*), Santa Rosalia, il chiassoso (*noisy*) Ballarò, il più antico mercato della città, e il famoso Teatro dei Pupi («pupi» è la parola siciliana per marionette). Quest'ultimo è un tipo di teatro delle marionette (*puppets*) tipico della tradizione medioevale siciliana, i cui protagonisti sono Carlo Magno e i suoi paladini (*paladins*). A questo proposito, non si può dimenticare che a Palermo si può anche visitare il Museo delle Marionette, un museo internazionale fondato circa trent'anni fa, agli inizi del 1970, per conservare un'arte antica presente in tutta l'isola.

Anche la cucina palermitana, come del resto tutta la cucina siciliana, è un'arte antica che mostra contributi di tutte le culture che si sono stabilite (*settled*) in Sicilia negli ultimi duemila anni. Dalle abitudini alimentari (*eating habits*) della Magna Grecia ai dolci arabi fino alle prelibatezze (*delicacies*) dei cuochi francesi delle famiglie aristocratiche, tutto contribuisce a rendere varia la tradizione culinaria (*culinary tradition*) di questa città. Oggi la cucina palermitana è famosa per la bontà (*excellence*) dei gelati, della pasta con le sarde (*with sardines*) e delle «panelle», frittelle (*fritters*) preparate con la farina di ceci (*garbanzo bean flour*). Altre specialità culinarie locali sono i piatti base di pesce (*fish-based dishes*), le gustose pietanze di verdure come la caponata di melanzane (*eggplant «caponata»*) e, infine, due tipici dolci legati alla festa religiosa in onore di San Giuseppe, cioè le «sfince», ciambelline (*doughnuts*) con crema di ricotta, ed il torrone di mandorle (*almond nougat*).

1. Per che cosa ricordano Palermo molti visitatori?

_____

2. Quali sono alcuni importanti eventi sociali di Palermo?

_____

3. Che cos'è il Teatro dei Pupi?

_____

4. Qual è la caratteristica principale della cucina palermitana?

_____

5. Quali sono alcune specialità culinarie palermitane oggi?

_____

6. Che cosa sono le sfince ed il torrone di mandorle?

_____

15

Alla salute!

PERCORSO 1

Il corpo e la salute

VOCABOLARIO

Che fai per mantenerti in forma? *(Textbook, pp. 441–444)*

15.01 Le parti del corpo. Match each sentence fragment with the phrase that best completes it.

1. Gli stivali si mettono _____

2. I pantaloni si infilano _____

3. Il braccialetto si mette _____

4. L'orologio si mette _____

5. La collana si mette _____

6. Il cappello si mette _____

7. La maglietta si infila _____

8. La cintura si mette _____

a. intorno alla vita (*waist*).

b. al collo.

c. in testa.

d. nella parte superiore del corpo.

e. al braccio.

f. nelle gambe.

g. nei piedi.

h. al polso.

15.02 Con che parti del corpo le associ? Write the part of the body that you associate with each item of clothing or accessory pictured below. Be sure to write the words preceded by their definite articles.

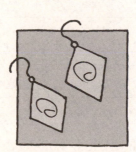

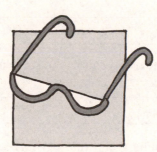

1. _____   2. _____   3. _____

4. _____

5. _____

6. _____

7. _____

15.03 L'intruso. Select the word or expression that does not belong in each group.

1. **a.** ingrassare   **b.** dimagrire   **c.** essere a dieta   **d.** essere nocivo

2. **a.** l'alimentazione sana   **b.** esagerare   **c.** fare bene   **d.** mantenersi in forma

3. **a.** fare sport   **b.** mantenersi in forma   **c.** ingrassare   **d.** prendere vitamine

4. **a.** sano   **b.** vegetariano   **c.** vegano   **d.** il fast-food

5. **a.** la bocca   **b.** il piede   **c.** le orecchie   **d.** gli occhi

6. **a.** le ossa   **b.** le vitamine   **c.** la pelle   **d.** il cuore

 15.04 Hai abitudini sane? Listen to the conversation between Simone and Mario about their eating habits. Then answer the following questions.

1. Dove si svolge la conversazione tra i due amici?

_____

_____

2. Perché, secondo Simone, Mario ha un'alimentazione sana? Scrivi almeno tre attività che fa per mantenersi in forma.

_____

_____

3. Quali sono le tre abitudini alimentari di Simone che sono nocive per la sua salute?

_____

_____

4. Le tue abitudini alimentari assomigliano di più (*are most similar*) a quelle di Mario o a quelle di Simone? Perché?

_____

_____

GRAMMATICA

Le espressioni impersonali + l'infinito *(Textbook, pp. 444–446)*

15.05 Che cosa non si consiglia in questi casi? Read the following statements. Then, for each of them, select the piece of advice that would be most *incorrect* to give.

1. Il tuo compagno di appartamento beve solo Coca-cola.
   a. È meglio bere dell'acqua.
   b. È necessario bere Coca-cola.
   c. Non bisogna bere solo Coca-cola.

2. Tuo fratello fa una vita molto sedentaria.
   a. È impossibile fare sport quando si fa un lavoro a tempo pieno.
   b. Bisogna fare sport.
   c. È meglio fare regolarmente un po' di attività fisica.

3. La tua migliore amica è molto stanca.
   a. Non è necessario studiare così tanto.
   b. Bisogna riposarsi e rilassarsi ogni tanto.
   c. È meglio non riposarsi mai.

4. Tua madre ha il raffreddore (*a cold*).
   a. È necessario prendere delle vitamine, specialmente della vitamina C.
   b. Bisogna andare subito all'ospedale.
   c. È meglio evitare di prendere freddo.

15.06 Che problemi hanno? Anna and Valentina have some problems. Below are the statements of advice they received from a friend. For each piece of advice, decide what the problem is and write it down.

ESEMPIO: Non bisogna fumare.
   Fumano. / Fumano troppo.

1. È meglio rilassarsi.

_____

2. Bisogna dimagrire.

_____

3. È meglio non andare da McDonald's.

_____

4. È necessario bere molta camomilla prima di andare a dormire.

_____

5. È possibile fare attività fisica due o tre volte alla settimana.

_____

6. Non è impossibile fare i compiti e studiare un po' tutti i giorni.

_____

15.07 Di che cosa parlano? Listen to the following short dialogues. Then select the subject of each conversation.

1. **a.** Lucia e Paola partono per una vacanza domani e devono ancora fare le valige.
   b. Lucia e Paola hanno un esame domani.
2. **a.** Sandra e Simona fanno molto sport.
   b. Sandra e Simona lavorano molte ore al giorno.
3. **a.** Mauro e Sergio parlano di come si fa a mantenersi sani.
   b. Mauro e Sergio devono assolutamente fare una dieta.
4. **a.** Carlo e Fabrizio vogliono dimagrire.
   b. Carlo e Fabrizio non vogliono ingrassare.

PERCORSO II

Dal medico

VOCABOLARIO

Come si sente? *(Textbook, pp. 447–449)*

15.08 Che disturbo hai? Match each health complaint with the appropriate piece of advice.

1. Ho mal di testa! _____

2. Mi fa male lo stomaco! _____

3. Ho la febbre alta e mal di gola! _____

4. Ho la tosse (*cough*)! _____

5. Ho l'influenza! _____

6. Mi sono fatto male a un ginocchio! Forse è rotto! _____

7. Ho mal di denti! _____

a. Va' dal dentista.

b. Prendi lo sciroppo.

c. Prendi un'aspirina ogni quattro ore, stai a letto e bevi molti liquidi.

d. Fai una radiografia.

e. Prendi l'antibiotico.

f. Prendi un'aspirina.

g. Prendi un antiacido (*antacid*).

15.09 L'influenza. Read the following conversation between two roommates, Marta and Elena. Elena caught the flu and Marta is willing to help in any way she can. After reading, fill in the blanks with the correct information.

MARTA: Elena, sei pallida (*pale*) oggi. Stai male?

ELENA: Ho mal di gola.

MARTA: Misurati la febbre!

ELENA: L'ho già misurata. È alta, ho la febbre a 39 gradi.

MARTA: Prendi subito un'aspirina e poi va' dal dottore.

ELENA: Sono andata dal dottore questa mattina. Mi ha visitata e mi ha detto che ho l'influenza. Devo prendere un'aspirina ogni cinque ore, lo sciroppo due volte al giorno e una compressa di antibiotico ogni dodici ore. Inoltre, devo riposarmi e bere molti liquidi per almeno tre giorni.

MARTA: Ti ha dato la ricetta per l'antibiotico? Devo andare in farmacia a comprartelo?

ELENA: Sì, grazie Marta, sei molto gentile. Io mi metto a letto perché ho i brividi (*chills*) e mi gira la testa (*I feel dizzy*).

MARTA: Va' a letto e riposati. Io vado subito in farmacia e quando torno ti faccio un buon tè caldo.

1. Febbre: _____

2. Sintomi: _____

3. Diagnosi del medico: _____

4. Consigli del medico: _____

_____

_____

5. Che cosa fa Marta per aiutare Elena? _____

_____

_____

15.10 Buoni consigli e cattivi consigli. Listen to two patients as they describe their ailments. After each description, read the four pieces of advice and select whether they are **buono** or **cattivo** for the patient.

Consigli per il paziente A:

1. Bisogna che tu stia a letto e ti riposi.	Buono	Cattivo
2. Devi andare in montagna a sciare.	Buono	Cattivo
3. È necessario che tu prenda l'aspirina e beva molto.	Buono	Cattivo
4. È importante che tu vada in piscina a nuotare.	Buono	Cattivo

Consigli per il paziente B:

5. Devi bere molti liquidi.	Buono	Cattivo
6. È importante che tu vada in palestra e faccia molta ginnastica.	Buono	Cattivo
7. Bisogna che il dottore ti faccia un'iniezione antidolorifica.	Buono	Cattivo
8. Riposati e stai a letto, se puoi. Prendi un'aspirina ogni quattro ore.	Buono	Cattivo

Il congiuntivo presente *(Textbook, pp. 450–451)*

15.11 Il congiuntivo presente. Complete the lists below by writing the missing present indicative and present subjunctive verb forms.

	Presente Indicativo	**Presente Congiuntivo**
A. ingrassare	1. (io) _____	che io ingrassi
	2. (tu) ingrassi	che tu _____
	3. (lui/lei) ingrassa	che lui/lei _____
	4. (noi) _____	che noi ingrassiamo
	5. (voi) ingrassate	che voi _____
	6. (loro) ingrassano	che loro _____
B. soffocare	7. (io) soffoco	che io _____
	8. (tu) soffochi	che tu _____
	9. (lui/lei) _____	che lui/lei soffochi
	10. (noi) soffochiamo	che noi _____
	11. (voi) _____	che voi soffochiate
	12. (loro) soffocano	che loro _____
C. soffrire	13. (io) soffro	che io _____
	14. (tu) _____	che tu soffra
	15. (lui/lei) soffre	che lui/lei _____
	16. (noi) soffriamo	che noi _____
	17. (voi) soffrite	che voi _____
	18. (loro) soffrono	che loro _____
D. dimagrire	19. (io) _____	che io dimagrisca
	20. (tu) dimagrisci	che tu _____
	21. (lui/lei) dimagrisce	che lui/lei _____
	22. (noi) _____	che noi dimagriamo
	23. (voi) dimagrite	che voi _____
	24. (loro) dimagriscano	che loro _____

Usi del congiuntivo *(Textbook, pp. 451–452)*

15.12 Dal medico. Complete the following statements, using the verbs from the word bank in the present subjunctive.

soffrire	riposarsi	dimagrire	mangiare
seguire	misurarsi	prendere	guarire

1. È importante che Lei _____ le medicine.
2. È bene che loro _____ e bevano molti liquidi.
3. Bisogna che voi _____ la febbre ogni cinque ore.
4. È meglio che Lei _____ poco per un paio di giorni. Ha fatto indigestione.
5. Penso che loro _____ presto.
6. È necessario che voi _____ almeno 4 o 5 chili.
7. Credo che Carlo _____ molto. Si è rotto la caviglia destra.
8. Dubito che i miei figli _____ i miei consigli.

15.13 Che pazienza! Tommaso's roommates are sick in bed with the flu. Since they have terrible sore throats, they write Tommaso notes to let him know what they need him to do for them. Read each note, and then write what his roommates want him to do, from Tommaso's point of view. Be sure to follow the example closely.

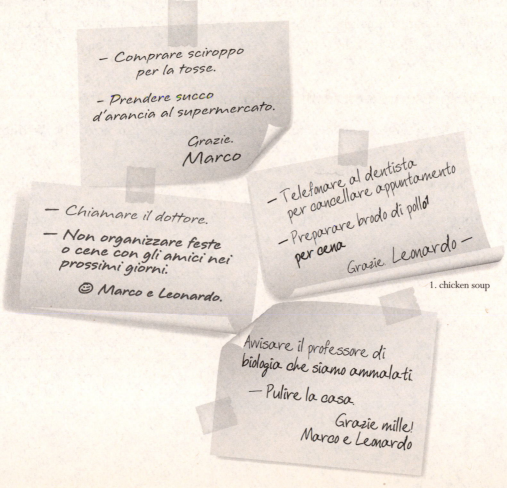

- Comprare sciroppo per la tosse.

- Prendere succo d'arancia al supermercato.

Grazie.
Marco

- Chiamare il dottore.
- Non organizzare feste o cene con gli amici nei prossimi giorni.
☺ *Marco e Leonardo.*

- Telefonare al dentista per cancellare appuntamento
- Preparare brodo di pollo[1] per cena

Grazie. *Leonardo* —

1. chicken soup

Avvisare il professore di biologia che siamo ammalati.
— Pulire la casa.

Grazie mille!
Marco e Leonardo

ESEMPIO: *Marco vuole che io gli compri lo sciroppo per la tosse in farmacia.*

1. _____
   _____.

2. _____
   _____.

3. _____
   _____.

4. _____
   _____.

15.14 Che cosa pensa il dottore? Listen to Dr. Monaco's comments and decide whether the following statements are **vero, falso,** or **non menzionato.**

1. Pensa che noi mangiamo al fast-food troppo spesso.	Vero	Falso	Non menzionato
2. Dubita che i suoi pazienti ascoltino i suoi consigli.	Vero	Falso	Non menzionato
3. Insiste sempre che il signor Ferrara dimagrisca un po'.	Vero	Falso	Non menzionato
4. Vuole che io mi prenda una lunga vacanza.	Vero	Falso	Non menzionato
5. Vuole che io prenda meno medicine.	Vero	Falso	Non menzionato
6. Pensa che la signora Mattei abbia l'influenza.	Vero	Falso	Non menzionato
7. È contento che voi siate ammalati.	Vero	Falso	Non menzionato
8. Teme che Grazia abbia un braccio rotto.	Vero	Falso	Non menzionato

Il congiuntivo presente dei verbi irregolari *(Textbook, pp. 453–455)*

15.15 Il congiuntivo presente dei verbi irregolari. Complete the lists below by writing the missing verb forms.

	avere	essere	stare	fare	potere	venire
1. che io	abbia	_____	stia	faccia	_____	venga
2. che tu	abbia	sia	_____	_____	possa	_____
3. che lui/lei	_____	_____	stia	_____	possa	venga
4. che noi	_____	_____	_____	facciamo	_____	veniamo
5. che voi	abbiate	siate	_____	_____	possiate	_____
6. che loro	_____	_____	_____	_____	_____	_____

15.16 Un paziente indisciplinato. Signor Battocchio is an undisciplined patient and, although he is running a fever, he refuses to listen to his doctor's advice. Rewrite the following statements using the present subjunctive.

ESEMPIO: Il signor Battocchio non prende il sciroppo.
La dottoressa vuole che *il signor Battocchio prenda il sciroppo.*

1. Il signor Battocchio ha la febbre alta.

   La dottoressa pensa che _____.

2. Il signor Battocchio non prende le medicine e non beve liquidi.

   La dottoressa desidera che _____.

3. Il signor Battocchio esce da casa anche con la febbre alta e va a lavorare.

   La dottoressa spera che _____.

4. Il signor Battocchio è molto testardo (*stubborn*) e non ascolta i consigli della dottoressa.

   Bisogna che _____.

5. Il signor Battocchio dice che basta un bicchiere di vino al giorno per levare il medico di torno (*to keep the doctor away*).

   È meglio che _____.

6. Al signor Battocchio non piacciono i dottori.

   È molto probabile che _____.

15.17 Sofia ha una brutta cera... Giulia and Martina are talking about a mutual friend who they think is in bad shape lately. Rewrite the following statements, using the expressions in parentheses in the present subjunctive.

ESEMPIO: Sofia è ammalata. (andare a letto)
È necessario che *vada a letto.*

1. Sofia ultimamente è molto pallida; forse è anemica. (fare una cura di ferro)

   È bene che _____.

2. Sofia mangia tutti i giorni al fast-food. (non esagerare con il fast-food)

   Bisogna che _____.

3. Sofia ha sempre mal di testa e non riesce a studiare. (andare dal dottore)

   È meglio che _____.

4. Sofia dorme pochissimo. (non uscire tutte le sere e non tornare a casa alle tre del mattino)

   È necessario che _____.

5. Sofia e il suo ragazzo vanno spesso in birreria. (non bere troppo)

   È importante che loro _____.

6. Sofia non sta bene, dobbiamo aiutarla! (volere il nostro aiuto)

   È improbabile che _____.

15.18 Qual è il consiglio migliore? You will hear two doctors describe some of their patients' health issues. Complete the following sentences by selecting the best suggestion for each problem.

1. È necessario che il signor Paoli...
   a. mangi esclusivamente frutta e verdura.
   b. faccia una dieta più equilibrata e dimagrisca un po'.
   c. stia a letto e si riposi.

2. Bisogna che la signora Rigoni...
   a. dimagrisca.
   b. vada all'ospedale immediatamente.
   c. prenda l'antibiotico e stia a letto per qualche giorno.

3. E bene che i signori Casu...
   a. facciano al più presto una radiografia; lei alla gamba e lui alla schiena.
   b. vadano in palestra regolarmente.
   c. si mantengano in forma.

4. Credo che i signori Corradetti...
   a. debbano prendere le vitamine tutti i giorni.
   b. non vogliano mai più andare in vacanza al mare.
   c. debbano prendere un'aspirina, bere molti liquidi e abbiano bisogno di riposarsi.

PERCORSO III

L'ambiente e le nuove tecnologie

VOCABOLARIO

Credo che le nuove tecnologie abbiano solo danneggiato l'ambiente *(Textbook, pp. 456–459)*

15.19 La protezione dell'ambiente. Complete the following lists with both a problem related to each topic and a possible solution for it.

Tema	Problema	Possibile soluzione
1. La natura	_____	_____
2. L'aria	_____	_____
3. I rifiuti	_____	_____
4. Le risorse naturali	_____	_____
5. Lo smog	_____	_____
6. Il cibo	_____	_____

15.20 Che cosa mangiamo? Complete the following food-related expressions by writing the missing parts of each word.

1. i _____cidi

2. i cons_____

3. il cibo b_____

4. la bio_____

5. gli alimenti tr_____

15.21 Il problema dell'alimentazione. You will hear a short speech about the problem of feeding the world's population. Listen to the speech, and then determine whether each of the following statements is **vero, falso,** or **non menzionato.**

	Vero	Falso	Non menzionato
1. In questo secolo sul nostro pianeta, tutti mangiano molto.	Vero	Falso	Non menzionato
2. Molto presto non ci sarà più acqua da bere.	Vero	Falso	Non menzionato
3. La popolazione mondiale diminuisce di anno in anno.	Vero	Falso	Non menzionato
4. Gli scienziati stanno lavorando per risolvere il problema dell'alimentazione nel Terzo Mondo (*Third World*).	Vero	Falso	Non menzionato
5. Nei Paesi del Terzo Mondo si coltivano soprattutto patate.	Vero	Falso	Non menzionato
6. L'ingegneria genetica ha già aiutato ad aumentare la produzione di riso.	Vero	Falso	Non menzionato
7. Il riso geneticamente modificato non esiste.	Vero	Falso	Non menzionato
8. Grazie alla ricerca scientifica, la produzione di riso e aumentata di circa il 60%.	Vero	Falso	Non menzionato

GRAMMATICA

Il congiuntivo passato *(Textbook, pp. 459–461)*

15.22 Problemi ecologici. Form sentences by matching the numbered phrases with those that best complete them.

1. Penso che l'agricoltura biologica _____

2. È certo che le risorse naturali del nostro pianeta _____

3. Crediamo che la deforestazione _____

4. Bisogna che i rifiuti _____

5. È possibile che a causa dell'inquinamento (*pollution*) dei mari _____

6. Per diminuire lo smog nelle città _____

7. Dubito che _____

8. Non dubitiamo che lo strato dell'ozono _____

a. vengano riciclati.

b. molti pesci si siano estinti.

c. sono quasi finite.

d. si possano coltivare piante che migliorano la qualità dell'aria.

e. sia la causa di molti tumori.

f. sia un'agricoltura che rispetta l'ambiente.

g. abbia causato danni irreparabili al nostro pianeta.

h. è necessario che tutti vadano a lavorare in bicicletta.

15.23 I pensieri di uno studente ecologicamente impegnato. Rewrite the following thoughts of an eco-friendly Italian college student, using the past subjunctive.

ESEMPIO: Penso che molte fabbriche inquinino i mari.
Penso che molte fabbriche abbiano inquinato i mari.

1. Credo che il governo italiano non faccia abbastanza per proteggere l'ambiente.

   _____.

2. Non dubito che il partito dei Verdi (*the Green party*) abbia delle proposte interessanti per la salvaguardia dell'ambiente.

   _____.

3. Penso, però, che poche persone li ascoltino.

   _____.

4. È improbabile che il governo obblighi gli italiani a riciclare, usare la benzina verde e riscaldare le case con forme di energia alternative.

   _____.

 15.24 Positivo o negativo? You will here six statements about the protection of the environment and our health. As you listen to them, select whether each statement reflects a **positivo** or **negativo** view of environmental protection.

1. positivo   negativo
2. positivo   negativo
3. positivo   negativo
4. positivo   negativo
5. positivo   negativo
6. positivo   negativo

 15.25 Presente o passato? Indicativo o congiuntivo? Listen to the statements from activity **15.24** once again and select whether the verb within the clause is in the **indicativo presente, congiuntivo presente**, or **congiuntivo passato**.

1. indicativo presente   congiuntivo presente   congiuntivo passato
2. indicativo presente   congiuntivo presente   congiuntivo passato
3. indicativo presente   congiuntivo presente   congiuntivo passato
4. indicativo presente   congiuntivo presente   congiuntivo passato
5. indicativo presente   congiuntivo presente   congiuntivo passato
6. indicativo presente   congiuntivo presente   congiuntivo passato

In pratica

PARLIAMO

15.26 Come ti mantieni in forma? Explain orally the things you do in order to stay healthy and keep in shape. Give as many details as possible.

15.27 Che cosa devono fare? Two of your Italian friends are not feeling well and they ask you what they should do in order to get better. Following the prompts below, describe orally at least four remedies for each health problem.

1. Gabriella ha il mal di stomaco.
2. Stefano ha la febbre alta.

LEGGIAMO

15.28 Prima di leggere. Do you know anyone with bad eating habits? Describe in detail four eating habits that may prevent people from keeping in shape and staying healthy,

1. _____
2. _____
3. _____
4. _____

15.29 Mentre leggi. The passage below is an instructional flyer that advises people on how to improve their eating habits. As you read it, write down all the good and bad eating habits that are mentioned.

Perché non riesci a dimagrire?

Per aiutarti a capirlo descriviamo le principali cattive abitudini alimentari che fanno ingrassare le persone, spiegandoti come trasformarle in buone abitudini:

- In genere non ti preoccupi di mangiare cibi a basso contenuto calorico e con pochi grassi.

L'olio, il burro, la margarina e i formaggi sono le maggiori fonti di grassi nella nostra dieta. Per questo motivo, bisogna che tu riduca l'uso di tutti questi prodotti. Elimina il burro, non usare più di un cucchiaio di olio per condire l'insalata e non mangiare formaggi più di due volte la settimana.

- Per motivi di lavoro mangi spesso al ristorante.

Quando vai al ristorante, è importante che tu ordini sempre piatti che non siano fritti o ad alto contenuto di grassi. Evita anche le salse e i sughi pesanti. Inoltre, è necessario che tu faccia molta attenzione ai dessert. Se puoi, lascia che li mangino gli altri. Per quanto riguarda il vino, non dimenticare che un bicchiere di vino ha 95 calorie. Per dimagrire, è meglio bere solo acqua minerale.

- Generalmente mangi bene ma non riesci a dire di no alle caramelle e ai biscottini che ti offrono i colleghi e gli amici.

È bene che controlli la tua frenesia da carboidrati! Non è certamente la fame che ti fa mangiare caramelle e biscottini ma l'ansia. Invece di caramelle e biscottini, mangia un po' di frutta oppure mastica dei *chewing gum* senza zucchero.

- Non fai attenzione a ciò che inghiotti (*swallow*), pensi di essere senza speranze e credi che non riuscirai mai a migliorare le tue abitudini alimentari.

È meglio che incominci immediatamente a fare attenzione non solo a ciò che mangi ma anche quando, dove e a che ora lo mangi. Questo ti costringerà a pensare alla tua routine alimentare. Successivamente, scegli una delle tue cattive abitudini e sostituiscila con una buona abitudine. Quando ci sarai riuscita, scegli un'altra cattiva abitudine e cambiala. Incomincerai a perdere peso perché avrai eliminato dalla tua dieta quotidiana molte calorie che non ti erano necessarie. Non è tanto una questione di autodisciplinarsi ma piuttosto di mettere a punto una strategia semplice ma efficace.

1. Buone abitudini alimentari:

_____
_____
_____
_____

2. Cattive abitudini alimentari:

_____
_____
_____
_____
_____

15.30 Dopo la lettura. Choose three of the bad eating habits that you have identified in the reading passage above, and write two useful pieces of advice which would help solve each problem. Base your answers on the information given in the passage.

1. Cattiva abitudine alimentare: _____

Consigli:

_____
_____

2. Cattiva abitudine alimentare: _____

Consigli:

_____
_____

3. Cattiva abitudine alimentare: _____

Consigli:

_____
_____

SCRIVIAMO

15.31 Scriviamo. Now write a paragraph about your lifestyle and eating habits. Do you lead a healthy lifestyle? Do you keep in shape? If so, how? Also explain what your eating habits are and what is important for you to do in order to make better choices.

I miei propositi alimentari per il futuro

_____

_____

_____

_____

_____

_____

_____

_____

_____

GUARDIAMO

15.32 Prima di guardare. In this videoclip, the people talk about their health and the environment. Complete the following concepts that they mention with the correct present subjunctive form of the verb in parentheses.

1. Gaia crede che il melone (essere) _____ molto fresco.

2. Fabrizio pensa che oggi molti (fare) _____ attenzione alle problematiche sociali.

3. Tina pensa che il medico (andare) _____ a visitarla a casa.

4. È possibile che Gaia (mangiare) _____ molte insalate.

5. Plinio crede che il cittadino (dovere) _____ stare attento a non inquinare.

6. Per Plinio è importante che tutti (trovare) _____ il tempo di camminare.

15.33 Mentre guardi. As you watch the video segment, indicate whether the following statements are **vero, falso,** or **non menzionato.**

1. Gaia fa danza due o tre volte alla settimana.   Vero   Falso   Non menzionato

2. Gaia adora il gelato.   Vero   Falso   Non menzionato

3. A Gaia piace la cucina elaborata.   Vero   Falso   Non menzionato

4. Per Fabrizio l'Italia di vent'anni fa era più forte economicamente.	Vero	Falso	Non menzionato
5. Vent'anni fa in Italia tutti andavano in bicicletta.	Vero	Falso	Non menzionato
6. Fabrizio crede che l'economia industriale stia devastando l'Italia.	Vero	Falso	Non menzionato

7. Tina ama mangiare la carne.	Vero	Falso	Non menzionato
8. Tina ha molti problemi di salute.	Vero	Falso	Non menzionato
9. Tina non va spesso dal medico.	Vero	Falso	Non menzionato

10. Plinio dubita che il problema dell'inquinamento si possa risolvere.	Vero	Falso	Non menzionato
11. Plinio crede che la società e il cittadino debbano prendersi cura uno dell'altro.	Vero	Falso	Non menzionato
12. Plinio vuole evitare una vita troppo sedentaria.	Vero	Falso	Non menzionato

 15.34 Dopo aver guardato. Now write a paragraph describing your own lifestyle, in comparison with that of one of the people in the videoclip. What kinds of foods do you eat and what activities do you do to keep yourself healthy? Why do you think this is important?

_____

_____

_____

_____

_____

_____

_____

Attraverso l'Abruzzo

15.35 L'Abruzzo. Read the following passage about the seven "wonders" of the Abruzzo region, and then give short answers to each of the questions below.

Le sette meraviglie dell'Abruzzo

Un famoso settimanale italiano ha recentemente intervistato un campione significativo (*representative sample*) di abruzzesi (*inhabitants of the Abruzzo region*) e gli ha chiesto quali fossero, secondo loro, al di là delle classiche attrazioni turistiche—come l'antica cittadina di Sulmona; L'Aquila, il capoluogo dell'Abruzzo; Pescara, città natale di Gabriele D'Annunzio e il Gran Sasso d'Italia (*Great Stone of Italy*), la montagna più alta degli Appennini—le sette cose da non perdere visitando la loro regione. Ecco il risultato del sondaggio con le sette «meraviglie» in ordine di importanza:

1. Il Parco Nazionale d'Abruzzo – Diventato parco nazionale nel 1922, si estende (*ranges*) su 44.000 ettari e include (*overlaps with*) anche le regioni del Molise e del Lazio (per 1/4 della superficie totale). Il Parco offre 150 itinerari escursionistici (*hiking trails*) e dieci sentieri-natura (*nature trails*).

2. La costa dei trabocchi – I «trabocchi», antiche palafitte (*pile-dwelling*) per la pesca (*fishing*) sospese sul mare, sono caratteristici di un lungo tratto della costa meridionale abruzzese da Ortona a Vasto.

3. La Cattedrale di San Giustino (Chieti) – È di origine antichissima. L'edificio attuale risale al secolo XIV ed è stato parzialmente ristrutturato (*renovated*) nel Settecento; conserva un elegante campanile (*bell tower*) costruito tra il 1335 ed il 1498, oltre ad interessanti affreschi (*frescos*).

4. L'eremo (*hermitage*) di Celestino – Fra' Pietro da Morrone, importante eremita (*hermit*) delle montagne della Majella, lasciò le sue montagne nell'estate del 1294 (all'età di 79 anni) quando venne eletto papa e prese il nome di Celestino V. Dopo pochi mesi, però, rinunciò al papato (*renounced the papacy*) per tornare a fare l'eremita sulle montagne della Majella. A causa della (*Due to*) sua rinuncia al papato, Dante Alighieri nell' *Inferno* (la prima delle tre cantiche della *Divina Commedia*) lo descrive come «colui che fece per viltade il gran rifiuto (*he who by his cowardice made the great refusal*)».

5. Alba Fucens – Si trova su un'altura a 1000 metri di quota (*above sea level*) ed è la più importante città romana d'Abruzzo, edificata nel 303 a.C. Sono particolarmente interessanti i resti della basilica, dell'anfiteatro e delle terme (*baths*) romani. Imponenti (*imposing*) sono anche le mura megalitiche (*megalithic walls*) del periodo pre-romano.

6. Gli arrosticini – Sono un piatto tipico della cucina abruzzese, apprezzati sia in Italia che all'estero. Sono degli spiedini (*skewers*) di carne di pecora o di agnello. Nascono dalla tradizione pastorizia (*stock raising*) della regione, infatti il gran numero di pecore (*sheep*) e agnelli (*lambs*) allevati in Abruzzo hanno fatto sì che questa carne fosse molto grande utilizzata.

7. La pasta – Sono molte le specialità abruzzesi a base di pasta. Riportiamo qui le quattro più votate nel sondaggio: i ravioli di ricotta e spinaci, la zuppa di sagne (*diamond-shaped pasta*) e ceci con i bastardoni (peperoni secchi rossi), gli anellini alla pecorara (*shepherd's style*) e i maccheroni alla chitarra con ragù d'agnello (*lamb sauce*).

1. Quali sono le classiche attrazioni turistiche dell'Abruzzo?

   _____

2. Quali sono, secondo il campione significativo di abruzzesi intervistati per il sondaggio, le sette «meraviglie» dell'Abruzzo?

   _____

3. Che cosa offre il Parco Nazionale d'Abruzzo?

   _____

4. In quale importante opera (*work*) di Dante Alighieri è descritto Celestino V?

   _____

5. Che cos'è Alba Fucens?

   _____

6. Che cosa sono gli arrosticini?

   _____

16

Gli italiani di oggi

PERCORSO I

Il governo italiano e gli altri Paesi

VOCABOLARIO

Com'è il governo italiano? *(Textbook, pp. 473–477)*

16.01 Le caratteristiche di uno stato democratico. Complete the following words or expressions with the correct vowels. Be careful: the nouns are preceded by their definite articles.

Le elezioni

1. _ l _ g g _ r _

2. _ _ v _ t _

3. _ _ g _ v _ r n _

La democrazia

4. _ _ C _ s t _ t _ z _ _ n _

5. _ _ _ l _ z _ _ n _

6. _ _ d _ r _ t t _

I diritti dei cittadini

7. _ _ s _ n d _ c _ t _

8. _ _ l _ b _ rt _ d _ p _ r _ l _

16.02 Il cruciverba. Complete the following puzzle with the corresponding words in Italian, according to the clues given. Then, use the letters that intersect to spell the name of another European nation that borders on Italy.

1. Si attraversa per andare da una nazione all'altra

2. L'insieme dei rappresentanti dei partiti votati dai cittadini

3. Il diritto di esprimere le proprie idee

4. Altro nome per l'Italia

5. Divide una nazione dall'altra

6. Una democrazia

7. Protegge le persone che lavorano

16.03 L'Unione Europea. Having read about the European Union in your text, listen to the following short description giving more information and decide whether the following statements are **vero, falso,** or **non menzionato.**

1. I bambini italiani di oggi sono solo cittadini europei.	Vero	Falso	Non menzionato
2. L'Unione Europea è anche chiamata Comunità Europea.	Vero	Falso	Non menzionato
3. Chi non ha una cittadinanza europea viene chiamato «extracomunitario».	Vero	Falso	Non menzionato
4. Il sogno di creare l'UE esiste dal 1960.	Vero	Falso	Non menzionato
5. L'Unione Europea non è ancora completa.	Vero	Falso	Non menzionato
6. I cittadini italiani possono lavorare in qualsiasi nazione dell'Unione Europea.	Vero	Falso	Non menzionato
7. L'euro è la moneta comune a tutte le nazioni dell'EU.	Vero	Falso	Non menzionato
8. L'euro è diventata la moneta comune dell'EU nell'anno 2000.	Vero	Falso	Non menzionato

GRAMMATICA

Il congiuntivo o l'indicativo *(Textbook, pp. 477–478)*

16.04 La Repubblica Italiana. You and a friend are working on an assignment for your Italian class. You must prepare a presentation on the Italian government. Your friend is certain about the characteristics of the Italian government, but you are not. Rewrite each sentence below to reflect your doubts and uncertainties, as in the example.

ESEMPIO: Sono certa che l'Italia è una democrazia.
Credo che l'Italia sia una democrazia.

1. So che l'Italia è una repubblica parlamentare.

   _____

2. Sono sicuro/a che il Presidente della Repubblica Italiana è eletto dal Parlamento.

   _____

3. È certo che il Presidente della Repubblica Italiana ha soprattutto funzioni rappresentative.

   _____

4. È ovvio che il Parlamento è eletto dai cittadini.

   _____

16.05 La politica italiana. Now write four sentences in which you express what you think you know about politics in Italy. Be sure to follow the example.

ESEMPIO: *Credo che il capo della coalizione di destra si chiami Silvio Berlusconi.*

1. _____
2. _____
3. _____
4. _____

Il congiuntivo o l'infinito *(Textbook, pp. 478–479)*

16.06 Giovani impegnati in politica. Giusi, Franco, and Luca are friends with different political views. Match each phrase with the one that best completes the sentence.

1. Giusi è un'idealista e spera _____
2. Giusi dubita _____
3. Franco e Luca pensano _____
4. Franco e Luca non vogliono _____
5. È certo che Giusi, Franco e Luca _____
6. È difficile che Giusi, Franco e Luca _____

a. che Giusi entri nel sindacato.
b. di cambiare il mondo.
c. hanno posizione politiche diverse.
d. continuino ad essere amici.
e. di non partecipare alla manifestazione organizzata da Giusi.
f. che Franco e Luca partecipino alla manifestazione.

congiuntivo or the **infinito** is used.

1. congiuntivo   infinito
2. congiuntivo   infinito
3. congiuntivo   infinito
4. congiuntivo   infinito
5. congiuntivo   infinito
6. congiuntivo   infinito

Il congiuntivo imperfetto (I) *(Textbook, pp. 479–481)*

16.08 Il congiuntivo imperfetto. Conjugate the following verbs in the imperfect subjunctive.

	io	tu	lui/lei	noi	voi	loro
1. aiutare	_____	_____	_____	_____	_____	_____
2. eleggere	_____	_____	_____	_____	_____	_____
3. finire	_____	_____	_____	_____	_____	_____
4. essere	_____	_____	_____	_____	_____	_____
5. avere	_____	_____	_____	_____	_____	_____
6. fare	_____	_____	_____	_____	_____	_____
7. dire	_____	_____	_____	_____	_____	_____

16.09 Congiuntivo presente o imperfetto? Read each statement and decide whether the present subjunctive or the imperfect subjunctive is needed. Then complete the sentences by selecting the correct verb form.

1. Alberto credeva che il nuovo governo (diminuisca / diminuisse) le tasse.
2. Fabio e Silvia credevano che i loro amici (votino / votassero) per la coalizione di sinistra.
3. Non pensavo che tu e Marta vi (interessiate / interessaste) di politica.
4. Penso che il Parlamento italiano si (riunisca / riunisse) quasi tutti i giorni.
5. Non dubito che tu (possa / potessi) diventare un uomo politico importante.
6. Mio padre dubita che io (abbia / avessi) le sue stesse idee politiche.
7. Era necessario che noi (votiamo / votassimo).
8. È possibile che ci (sia / fosse) presto una crisi di governo.

16.10 Prima delle elezioni. Giulio is describing the feelings and experiences he had before the last elections. Complete the paragraph below with the correct imperfect subjunctive form of the verbs in parentheses.

Prima delle elezioni politiche della scorsa primavera mi ero informato sui programmi dei partiti e sui loro candidati. Io credevo che (1. essere) _____ facile decidere per chi votare ma mi sbagliavo. Pensavo che tutti i candidati (2. preoccuparsi) _____ degli italiani e che loro (3. volere) _____ veramente risolvere i problemi dell'Italia. Speravo che discutere con gli amici mi (4. aiutare) _____ a capire le intenzioni dei vari partiti, sia di sinistra che di destra, ma non è stato così. Pieno di speranze (*hopes*), avevo incominciato a domandare ai miei amici quale partito (5. avere) _____ intenzione di votare. Dubitavo che i miei amici (6. interessarsi) _____ molto di politica ma non credevo che (7. essere) _____ completamente disinteressati. Io ero convinto che noi giovani (8. dovere) _____ partecipare alla vita politica del nostro Paese e non credevo che i miei coetanei (*peers*) (9. considerare) _____ la politica una cosa noiosa.

PERCORSO II

I nuovi italiani

VOCABOLARIO

Chi vive in Italia? *(Textbook, pp. 482–485)*

16.11 L'intruso. Select the word or expression that does not belong in each group.

1. a. discriminare	b. accettare	c. avere la mentalità aperta
2. a. la straniera	b. l'immigrata	c. la classe sociale
3. a. illegale	b. legale	c. industrializzato
4. a. la tolleranza	b. il pregiudizio	c. lo stereotipo
5. a. il Paese industrializzato	b. il visto	c. il Paese emergente
6. a. il pregiudizio	b. l'assistente familiare	c. la mentalità chiusa

16.12 La convivenza nella società multiculturale. Based on the chapter vocabulary, make a list of four attitudes that facilitate living together peacefully in a multicultural society and four attitudes that make it difficult.

1. Aiuta la convivenza: _____

_____

2. Non aiuta la convivenza: _____

_____

16.13 I problemi dell'immigrazione. You will hear six statements about the issue of immigration. Listen to them and decide whether each statement is **vero** or **falso**.

1. Vero Falso	3. Vero Falso	5. Vero Falso
2. Vero Falso	4. Vero Falso	6. Vero Falso

Il congiuntivo imperfetto (II) *(Textbook, pp. 485–486)*

16.14 Desideri di un'immigrata. Below are some things that Sanije, a young Albanian immigrant, would like to happen. Match each phrase with the one that best completes the sentence.

1. Vorrei che gli italiani _____
2. Vorrei che le mie figlie _____
3. Vorrei che la vita _____
4. Mi piacerebbe che anche i miei genitori _____
5. A mio marito piacerebbe che io _____
6. Vorrei che l'Albania _____

a. fosse meno cara in Italia.
b. lavorassi di meno.
c. venissero in Italia.
d. dessero più facilmente lavoro agli immigrati albanesi.
e. entrasse nell'Unione Europea.
f. studiassero e trovassero un buon lavoro.

16.15 Metti in ordine le frasi. Unscramble the sentences and conjugate the verbs in the present conditional or imperfect subjunctive to reveal the hopes and desires of some students. Be sure to follow the example.

ESEMPIO: io / volere / essere / tu / che / meno intollerante / essere
Io vorrei che tu fossi meno intollerante.

1. che / esistere / piacere / il pregiudizio / mi /non

_____

2. volere / il governo / dei problemi dell'immigrazione / noi / che / seriamente / occuparsi *(deal with)*

_____

3. ci / che / gli immigrati / tutti / un lavoro / trovare / piacere

_____

4. gli immigrati / che / accettati / essere / volere / noi

_____

Frasi con il *se* *(Textbook, pp. 486–489)*

16.16 Ancora sull'immigrazione. A young Italian man is commenting on the status of immigration in Italy. Complete each sentence with the correct imperfect subjunctive form of the verb given.

1. Io voterei per il candidato dei Verdi se lui (occuparsi) _____ di più dei problemi dell'immigrazione.
2. La convivenza sarebbe migliore se tutti (essere) _____ più tolleranti.
3. Tu non potresti lavorare in Italia se non (avere) _____ un permesso di soggiorno.
4. Jorge e Maria comprerebbero una casa se (guadagnare) _____ di più.

16.17 All'ufficio immigrazione. You will hear four short dialogues that take place at the immigration office. Listen to each of them, and then complete the following sentences with an *if*-clause.

1. Se Maria _____, potrebbe fare un corso d'italiano per stranieri.
2. Se Olzaina e Luan _____, potrebbero rinnovare il permesso di soggiorno.
3. Se Cecilia e Jesus _____, potrebbero andare in Perù l'estate prossima.
4. Se Sanije _____, potrebbe andare a trovare sua sorella a Detroit.

PERCORSO III
La presenza italiana nel mondo

VOCABOLARIO

Da dove vieni? Dove vai? *(Textbook, pp. 490–493)*

16.18 Una vita da emigrante. Complete the following passage on Italian immigration in the world with the appropriate words or expressions from the word bank.

pregiudizi	perseverare	abbandonare	radici
fare fortuna	discriminazione	nostalgia	coraggio
patria	emigranti	difficoltà economiche	

Una volta gli italiani emigravano a causa delle (1) _____ e speravano di
(2) _____ in un Paese straniero. Oggi quasi tutti gli italiani che lasciano il proprio
Paese sono (3) _____ intellettuali. Qualsiasi sia il motivo, ci vuole molto
(4) _____ per (5) _____ la propria (6) _____ e
le proprie (7) _____. La (8) _____ è un sentimento che non
abbandona mai gli emigranti, né quelli di ieri né quelli di oggi. Bisogna fare molti sacrifici e
(9) _____ per cambiare radicalmente la propria vita. Inoltre, la
(10) _____ e i (11) _____ rendono spesso difficile
l'inserimento degli emigranti nella nuova realtà sociale.

16.19 Nei panni di (In the shoes of) un emigrante. Answer the following questions about immigration in complete sentences, from your point of view.

1. Quali sono i motivi per cui una persona emigra dal suo Paese d'origine?
   _____

2. Tu emigreresti? In quale Paese andresti? Perché?
   _____

3. Quali sentimenti proveresti se dovessi emigrare?
   _____

4. Che cosa ti mancherebbe di più del tuo Paese?
   _____

16.20 Maria racconta... Listen to Maria's story, and then answer the following questions in complete sentences.

1. Da dove viene Maria?
   _____

2. Quanti anni aveva quando ha abbandonato l'Italia?
   _____

3. Come sono stati i suoi primi anni passati negli Stati Uniti?
   _____

4. Durante i primi anni negli Stati Uniti, Maria ha mai pensato di ritornare in patria? Perché?
   _____

5. Chi le ha fatto cambiare vita? Perché?

_____

6. Da quanti anni Maria vive negli Stati Uniti?

_____

GRAMMATICA

Il congiuntivo: l'uso dei tempi _(Textbook, pp. 493–495)_

16.21 Commenti sull'emigrazione. Read the comments on Italian immigration below and complete them by selecting the correct form of the subjunctive: present, past, or imperfect.

  1. Penso che le tradizioni italiane (siano / siano state / fossero) ancora importanti per gli emigrati.

  2. Non credo che oggi gli emigrati di seconda o terza generazione (parlino / abbiano parlato / parlassero) il dialetto dei loro nonni.

  3. Non sapevo che ci (siano / siano stati / fossero) più amalfitani a New York che ad Amalfi.

  4. Penso che il governo non permetterà che la fuga dei cervelli (diventi / sia diventata / diventasse) un problema per la ricerca scientifica italiana.

  5. Sono contenta che i miei nonni (tornino / siano tornati / tornassero) in Italia dopo la fine della guerra (_war_).

  6. Mi piacerebbe che le mie cugine di Chicago (vengano / siano venute / venissero) a trovarmi a Potenza!

16.22 I ricordi di un emigrante. An elderly man recalls how and why he left his village in the northeast of Italy and emigrated to the U.S. Complete the following sentences with the correct form of the subjunctive: present, past, or imperfect.

Sono nato in un paesino del Veneto, non lontano da Verona. La mia famiglia era una famiglia di contadini (_farmers_) e i tempi erano duri. Quando ero piccolo, mi vergognavo che la mia famiglia (1. essere) _____ povera. Speravo che mio padre (2. diventare) _____ ricco improvvisamente (_suddenly_) e (3. comprare) _____ una casa in una grande città.

Un giorno, quando avevo quindici anni, mio padre mi ha detto: «Vorrei che tu (4. andare) _____ in America. Lo zio Giuseppe ti aiuterà a trovare un buon lavoro». Così ho abbandonato il mio paese e la mia famiglia e sono emigrato. Credevo che in America le persone (5. essere) _____ tristi e antipatiche. Invece ho trovato persone molto gentili che mi hanno aiutato. Immaginavo che gli americani non (6. divertirsi) _____ mai e (7. lavorare) _____ sempre. Invece ho incontrato persone simpatiche e allegre.

Adesso sono contento che mio padre mi (8. mandare) _____ in America a lavorare. Credo che lui (9. fare) _____ la cosa giusta. Non so se si (10. vivere) _____ meglio in Italia o in America. Penso che ci (11. essere) _____ cose positive in entrambi (_both_) i Paesi e che (12. essere) _____ importante apprezzare (_appreciate_) gli aspetti positivi di sia dell'Italia che dell'America.

Come mi piacerebbe che i miei figli (13. vedere) _____ l'Italia e (14. visitare) _____ il paesino del Veneto dove sono nato!

Il passato remoto *(Textbook, pp. 495–498)*

16.23 Che cosa fecero? Next to each of the following forms of the **passato remoto**, write both the appropriate personal pronoun and the infinitive of the verb.

	Chi?	Infinito
1. partimmo	_____	_____
2. emigrai	_____	_____
3. abbandonarono	_____	_____
4. nacque	_____	_____
5. scrivesti	_____	_____
6. veniste	_____	_____
7. lesse	_____	_____
8. dissi	_____	_____

16.24 Prime esperienze in un Paese straniero. Rewrite each of the following sentences, using the **passato prossimo** instead of the **passato remoto**.

ESEMPIO: Voi emigraste durante la seconda guerra mondiale.
Voi siete emigrati durante la seconda guerra mondiale.

1. All'inizio voi affrontaste molte difficoltà economiche.

_____.

2. Tu fosti molto fortunato ad incontrare persone che ti aiutarono.

_____.

3. La mia famiglia non abbandonò mai le tradizioni italiane.

_____.

4. Noi volemmo partire per trovare un lavoro migliore.

_____.

5. Io venni negli Stati Uniti nel 1950.

_____.

6. Giuseppe ed Antonio scrissero una lettera al padre dicendogli di non preoccuparsi.

_____.

16.25 Passato remoto o passato prossimo? Listen to the following statements and decide whether the **passato remoto** or the **passato prossimo** is used.

1. passato remoto	passato prossimo
2. passato remoto	passato prossimo
3. passato remoto	passato prossimo
4. passato remoto	passato prossimo
5. passato remoto	passato prossimo
6. passato remoto	passato prossimo

In pratica

16.26 Dove ti piacerebbe vivere? A friend of yours wants to know if you would ever want to live in Italy. Following the prompts given below, explain your reasons orally.

- motivo / motivi principale/i
- città
- periodo di tempo
- caratteristiche positive dell'Italia
- caratteristiche negative dell'Italia
- sentimenti che proveresti vivendo in Italia

16.27 Una società multiculturale perfetta. What would be the characteristics of a flawless multicultural society? Think about five characteristics and describe them orally.

LEGGIAMO

16.28 Prima di leggere. Read the following facts about scientific research in Italy, and then answer the questions below.

I fatti:

- La legge sulla ricerca del 21 gennaio 2001 stabilisce che il governo italiano paghi il 95% dello stipendio degli scienziati italiani sparsi per il mondo che accettano di tornare a lavorare in Italia.
- Nel sistema universitario italiano i professori ordinari (*full professors*) con meno di 35 anni sono 9 su 18.651 e quasi tutti i direttori (*chairs*) dei dipartimenti del CNR (Consiglio Nazionale delle Ricerche)* hanno più di 63 anni.

The CNR is the Italian equivalent of the NSF (National Science Foundation).

---

1. Che immagine emerge dell'università italiana?

_____

_____

2. Secondo te, quali sono le principali differenze tra il sistema universitario italiano e quello americano?

_____

_____

16.29 Mentre leggi. Read the article below and decide whether the following statements are vero, falso, or non menzionato.

Il ritorno di un cervello mai fuggito

In Italia, il problema della fuga dei cervelli (*brain drain*) non è un tema nuovissimo. Basti pensare, in tempi meno recenti, a uomini come Filippo Mazzei (amico di Thomas Jefferson e ispiratore di un pezzo della dichiarazione d'indipendenza americana), Lorenzo Da Ponte (il librettista di Mozart) o Enrico Fermi (padre dell' energia atomica). O in anni più vicini, l'inventore del microchip Federico Faggin o il direttore delle ricerche del Sloan Kettering di New York Pier Paolo Pandolfi. Una fuga collettiva non solo malinconica per chi se ne va, ma dannosa (*harmful*) sia per l'immagine che per l'economia del Paese. Un'esagerazione? Forse. Ma è per risolvere questo problema che, nel gennaio del 2001, era nata l'idea di una legge che regolasse il «rientro dei cervelli». Proprio grazie a questa legge, un mese fa un'università italiana ha assunto (*hired*) Guido Brambilla come professore di geografia economica. L'età del «giovane» neoassunto (*rookie*) è interessante: sessant'anni. Ancora più interessante, però, è il nome della prestigiosa università alla quale l'Italia lo ha strappato (*snatched*). Stanford? Princeton? Yale? Berkeley? No: l'Università Zokhiomj di Ulaanbaatar, in Mongolia. Se la cerchiamo su Internet, non la troviamo, ma il professor Guido Brambilla ha dichiarato ai giornalisti: «Esiste, esiste. Vi assicuro che c'è. In passato ci andavo per almeno un mese all'anno. Ora non ci vado più». È indubbio che il professor Brambilla conosca bene il Paese di Genghis Khan. Ha scritto una guida turistica, una raccolta di poesie, una di fiabe e anche un manuale di economia mongola. Nonostante ciò (*Despite all this*), la domanda che molti italiani si fanno è: serve a questo la legge sul rientro dei cervelli? Serve per riportare in Italia un anziano signore che, tranne brevi viaggi in Mongolia insieme alla moglie, ha sempre vissuto in Italia?

1. In Italia, la fuga dei cervelli è un problema recente.   Vero   Falso   Non menzionato
2. La legge sul rientro dei cervelli regola il ritorno degli emigrati italiani nel mondo.   Vero   Falso   Non menzionato
3. Guido Brambilla ha meno di 35 anni.   Vero   Falso   Non menzionato
4. A Guido Brambilla piace molto la Mongolia.   Vero   Falso   Non menzionato
5. Guido Brambilla è di Milano.   Vero   Falso   Non menzionato
6. Guido Brambilla non ha mai scritto niente sulla Mongolia.   Vero   Falso   Non menzionato
7. Il titolo dell'articolo «Il ritorno di un cervello mai fuggito» suggerisce come la legge sul rientro dei cervelli non dia sempre i risultati voluti.   Vero   Falso   Non menzionato
8. La moglie di Guido Brambilla è nata in Mongolia.   Vero   Falso   Non menzionato

16.30 Dopo la lettura. Now correct the statements below with examples from the text.

1. In Italia, la fuga dei cervelli è un problema recente.

_____.

2. La legge sul rientro dei cervelli regola il ritorno degli emigrati italiani nel mondo.

_____.

3. Guido Brambilla ha meno di 35 anni.

_____.

4. A Guido Brambilla non sa nulla della Mongolia.

_____.

5. Guido Brambilla non ha mai scritto niente sulla Mongolia.

_____.

16.31 Scriviamo. Interview an Italian-American person you know and ask him/her the following questions. Then, write a paragraph based on the answers you receive and describe your interviewee's experiences and feelings as far as his/her Italian origins are concerned.

1. Da quale paese o regione italiana viene la tua famiglia?

_____

2. Il tuo primo parente che è immigrato negli Stati Uniti è arrivato da solo o con altri parenti?

_____

3. Se è arrivato con altri parenti, chi erano?

_____

4. Dove è andato negli Stati Uniti e che cosa ha fatto?

_____

5. Quali sono le tradizioni italiane che tu e la tua famiglia rispettate ancora?

_____

6. Qual è una ricetta italiana che ancora si cucina nella tua famiglia?

_____

7. Pensi che l'Italia contemporanea sia diversa dal Paese che i tuoi parenti avevano lasciato? Perché?

_____

_____

_____

_____

_____

_____

_____

_____

_____

GUARDIAMO

16.32 Prima di guardare. In this video segment, you will meet some of the people again, who like most Italians, are very interested in politics and contemporary issues. Before watching the video, familiarize yourself with the terminology they might use. Then match each Italian word with its English equivalent.

1. sistema politico _____   a. *traditions*
2. cittadino _____   b. *society*
3. tradizioni _____   c. *luck*
4. immigrazione _____   d. *government*
5. società _____   e. *political system*
6. fortuna _____   f. *elections*
7. governo _____   g. *immigration*
8. elezioni _____   h. *citizen*

16.33 Mentre guardi. As the different people talk about their lives, select the phrase that best completes each statement.

1. Vittorio pensa che il sistema politico italiano
   a. abbia pochissima rappresentanza.
   b. sia giusto per l'Italia.
   c. non sia equilibrato.

2. Dejan pensa che l'integrazione totale delle razze
   a. non sarà mai possibile.
   b. sia possibile nel futuro.
   c. sarà presto possibile.

3. Ilaria
   a. non ha mai votato.
   b. ha votato solo due volte.
   c. ha sempre votato.

4. Fabrizio crede che
   a. si debba essere comprensivi ed accoglienti con gli immigrati.
   b. gli immigrati non debbano votare.
   c. si debbano accogliere solo gli immigrati provenienti da paesi in cui c'è la guerra.

16.34 Dopo aver guardato. Look at the pictures of these characters and list at least three attitudes each that they mention with regard to the social or political situation in Italy.

1. _____

2. _____

3. _____

4. _____

Attraverso il Molise e la Basilicata

16.35 Il Molise e la Basilicata. Reread the cultural section in your textbook (pp. 506–507) and answer the following questions in short answers, based on the highlighted Italian regions.

1. Dove sono il Molise e la Basilicata?

_____

2. Quali sono le regioni italiane che confinano con il Molise?

_____

3. Quali sono le regioni italiane che confinano con la Basilicata?

_____

4. Qual è il mare del Molise?

_____

5. Qual è il mare della Basilicata?

_____

6. Qual è la città più importante del Molise? E della Basilicata?

_____

7. Quali sono due attrazioni turistiche da visitare in Basilicata? Che cosa sono?

_____

8. Qual è la principale caratteristica sia del Molise che della Basilicata?

_____

Grammatical Expansion: *Ancora un po'*

Altri usi di *ci* e *ne*

As you learned, **ci** can be used to replace nouns and phrases referring to places, and **ne** can replace a direct object preceded by a quantity. **Ci** and **ne** are always placed directly in front of conjugated verbs.

— Vai spesso **al cinema**?	— *Do you go to the movies often?*
— No, non **ci** vado mai.	— *No, I never go (there).*
— Cosa metti **nel vaso**?	— *What are you going to put in the vase?*
— **Ci** metto delle belle rose gialle.	— *I'm going to put some yellow roses (in it).*
— Quante **rose** metti nel vaso?	— *How many roses are you going to put in the vase?*
— **Ne** metto sei.	— *I'm going to put six (of them).*

1. **Ci** can also be used to replace **a** + an infinitive phrase after verbs such as **andare** and **venire**.

— Quando vai **a giocare a tennis**?	— *When are you going to play tennis?*
— **Ci** vado sabato.	— *I'm going on Saturday.*
— Venite con noi **a ballare**?	— *Are you coming dancing with us?*
— Sì, **ci** veniamo volentieri.	— *Yes, we would love to come.*

2. **Ci** can also replace a prepositional phrase introduced by **a** after the verbs **credere a** and **pensare a**.

— Credi **ai racconti** del ragazzo?	— *Do you believe the boy's stories?*
— Certo, **ci** credo veramente.	— *Sure, I really believe in them.*
— Pensate molto **al passato**?	— *Do you think a lot about your past?*
— No, non **ci** pensiamo affatto.	— *No, we don't think about it at all.*

3. **Ne** can also replace a prepositional phrase introduced by **di** and **da**.

— Abbiamo paura **dello smog**.	— *We are afraid of smog.*
— **Ne** avete paura per la salute?	— *Are you afraid (of it) for your health?*
— Il professore ha parlato **di Michelangelo**?	— *Did the professor talk about Michelangelo?*
— Sì, **ne** ha parlato ieri.	— *Yes, he spoke of him yesterday.*
— Quando sei uscita **da scuola**?	— *When did you get out of school?*
— **Ne** sono uscita alle due.	— *I came out (of there) at two o'clock.*

4. In compound tenses, when **ne** replaces a prepositional phrase, the past participle does not agree with the noun replaced.

— Hanno discusso **della pittura** del Rinascimento?	— *Did they discuss Renaissance painting?*
— Sì, **ne** hanno parlato a lungo.	— *Yes, they discussed it quite a bit.*

GE.01 La vita in piazza. Un amico ti chiede cosa fate tu e i tuoi amici quando vi ritrovate in piazza. Rispondi alle domande e sostituisci i nomi in corsivo con **ci** o **ne**.

ESEMPIO: — Parlate *di calcio*?
— Certo, *ne parliamo spesso*. o No, *non ne parliamo mai*.

1. Andate tutte le sere *nella stessa piazza*?

_____

2. I giovani pensano *alla scuola* quando sono insieme?

_____

3. Discutete *di politica*?

_____

4. Restate *in piazza* fino a tardi?

_____

5. A che ora tornate *a casa*?

_____

6. Parlate *di canzoni* americane qualche volta?

_____

7. Andate *in pizzeria* qualche volta?

_____

8. Entrate *in un bar* quando piove?

_____

Altri pronomi relativi

You have already studied the relative pronouns **che** and **cui**. Below are some other common relative pronouns.

chi	*the person(s) who, he/she/those who*
quello ciò che	*what, whatever, that which*
Chi viaggia molto ha una mentalità aperta.	*Those who travel a lot have an open mind.*
Non capite **quello che** dico.	*You don't understand what I say.*

1. Chi always refers to people and is often used in proverbs. The verb that follows **chi** is always singular.

Ascolto **chi** mi capisce.	*I listen to those who understand me.*
Voglio dare aiuto **a chi** ne ha bisogno.	*I want to give help to those who need it.*
Chi dorme non piglia pesci.	*The early bird catches the worm.* (Literally: *He who sleeps, doesn't catch fish.*)

2. Quello / Ciò che refers only to things.

Sai **quello che** è successo a Marta?	*Do you know what happened to Marta?*
Non capisco **ciò che** vuoi dire.	*I don't understand what you mean.*
Ordina **quello che** vuoi: pago io!	*Order what (whatever) you want: I'm paying!*

GE.02 Le vacanze. Sei appena tornato/a dalle vacanze e racconti quello che hai fatto. Completa le frasi scegliendo il pronome relativo corretto.

ESEMPIO: Ecco le fotografie (di cui / chi / <u>che</u>) ho fatto al mare.

1. Ho fatto tutto (quello che / cui / che) ho voluto!
2. Non capisco (che / cui / chi) non si diverte al mare!
3. Ecco la barca (cui / chi / che) abbiamo affittato.
4. Ecco la spiaggia in (che / quello / cui) ho passato tutti i pomeriggi.
5. Questa è la ragazza con (che / cui / chi) sono uscito spesso.
6. Gli amici (quello/ che / chi) ho conosciuto in vacanza sono simpaticissimi.
7. Ho fatto (chi / quello che / cui) mi avevano consigliato tutti.
8. (Cui / Che / Chi) ama il mare come me, dovrebbe avere vacanze più lunghe.

Il futuro anteriore

1. The future perfect, **il futuro anteriore**, expresses an action that will have taken place by a specific time in the future, or an action that will take place before another action in the future (*I will have seen, I will have gone*). It is frequently used after **appena** (*as soon as*) **dopo che** (*after*), **quando** (*when*), and **se** (*if*).

Alle nove, **avrò finito** di studiare.	*At nine o'clock, I will have finished studying.*
Sabato **saranno già tornati** a casa.	*Saturday they will have already returned home.*
Andrò al cinema **dopo che avrò finito** di studiare.	*I will go to the movies after I have finished studying.*

2. The future perfect is also used to indicate probability in the past or speculation about an action that might have taken place.

Oggi Anna non è venuta a lavoro.	*Today Anna didn't come to work.*
Dove **sarà andata**?	*Where could she have gone?*
— Dov'è Carlo?	*— Where is Carlo?*
— **Sarà partito.**	*— He probably left.*
Chissà come **avrà fatto** a trovare quel posto!	*Who knows how he managed to find that position!*

3. The future perfect is formed with the future of **avere** or **essere** + *the past participle* of the verb. As in the **passato prossimo**, transitive verbs are conjugated with **avere**; intransitive, reflexive, and reciprocal verbs are conjugated with **essere**. When the verb is conjugated with **essere**, the past participle agrees in gender and number with the subject. When the verb is conjugated with **avere**, it agrees with the direct-object pronoun.

	incontrare	uscire	divertirsi
io	avrò incontrato	sarò uscito/a	mi sarò divertito/a
tu	avrai incontrato	sarai uscito/a	ti sarai divertito/a
lui/lei	avrà incontrato	sarà uscito/a	si sarà divertito/a
noi	avremo incontrato	saremo usciti/e	ci saremo divertiti/e
voi	avrete incontrato	sarete usciti/e	vi sarete divertiti/e
loro	avranno incontrato	saranno usciti/e	si saranno divertiti/e

GE.03 Quando lo faranno? Completa le frasi con il futuro anteriore dei verbi.

I. Prima dell'estate, (noi / finire) _____ tutti gli esami!

2. Ti telefoneremo quando (noi / arrivare) _____ al mare.

3. Giulio e Marina si sposeranno prima di Natale, certamente dopo che (trovare)

   _____ lavoro tutti e due.

4. Ti risponderò appena (io / ricevere) _____ la tua lettera.

5. Quando comprerai una macchina nuova? Dopo che (tu / trovare) _____ un buon

   posto?

6. Appena (laurearsi) _____, cercheranno un posto di lavoro.

7. Prima della fine di ottobre, (io / fare) _____ già diverse domande di lavoro.

8. Ci prepareremo solo dopo che Carla (venire) _____ a prenderci.

GE.04 Cosa avranno fatto? Hai organizzato una festa a casa tua e diversi amici non sono ancora arrivati. Ti domandi cosa avranno fatto. Completa le frasi con la forma corretta del futuro anteriore.

I. Chissà dove (andare) _____ Giulia e Marisa! (sbagliare) _____
   strada?

2. Maria (fare) _____ tardi per comprare il gelato!

3. Lorenzo (uscire) _____ per andare a prendere la sua ragazza!

4. Giulia (decidere) _____ di venire a piedi.

5. Marco e Carla (prendere) _____ l'autobus sbagliato.

6. Forse io non gli (dire) _____ l'ora esatta!

7. Chissà se tu gli (dare) _____ l'indirizzo giusto!

8. (perdersi) _____ tutti per strada?

Il gerundio

The gerund, **il gerundio,** is equivalent to the English *-ing* form of the verb (*seeing, going, working*). The gerund is formed by adding **-ando** to the infinitive stem of **-are** verbs and **-endo** to the infinitive stem of **-ere** and **-ire** verbs.

Passano molto tempo **ascoltando** musica.	*They spend a lot of time listening to music.*
Dormendo poco, non ti riposi mai.	*By sleeping little, you never rest.*

Il gerundio		
parlare	scrivere	aprire
parlando	scrivendo	aprendo

The verbs **fare, dire,** and **bere** have irregular gerunds based on an archaic form of the infinitive.

fare (**facere**)	dire (**dicere**)	bere (**bevere**)
facendo	dicendo	bevendo

1. The gerund has many different English equivalents.

Dicendo ciò, hai offeso gli amici.	*Saying this, you offended your friends.*
Facendo i compiti, penso agli esami.	*While I'm doing my homework, I think of my exams.*
Bevendo solo acqua, non vi sentirete male.	*By drinking only water, you won't feel sick.*

2. As you already learned, **stare** + *gerund* can be used to indicate an action in progress.

— Che state **facendo**?	*— What are you doing?*
— Stiamo **riposando**.	*— We are resting.*

3. Unlike in English, the gerund cannot be used as the subject or the direct object of a sentence. In these cases, the infinitive is used.

Fumare fa male alla salute.	*Smoking is bad for one's health.*
Preferite **parlare** italiano o inglese?	*Do you prefer speaking Italian or English?*

GE.05 Quante cose contemporaneamente! Riscrivi le frasi usando il gerundio e spiega cosa fanno le seguenti persone. Fa' tutti i cambiamenti necessari.

ESEMPIO: Leggevo *mentre cucinavo*.
Leggevo *cucinando*.

1. *Mentre guidavo* verso l'aeroporto, ho fatto alcune telefonate.

   _____

2. Ascoltava musica *mentre studiava*.

   _____

3. *Mentre ballava* con Giulia, pensava a Monica.

   _____

4. *Quando parli* al telefono, fai sempre dei disegni.

   _____

5. *Mentre guidate,* qualche volta leggete il giornale!

   _____

6. Carlo e Maria lavorano sempre, anche *quando viaggiano* in aereo.

   _____

GE.06 Che fate? Un amico malato ti telefona e vuole sapere cosa tu e i tuoi amici fate a casa tua questo pomeriggio. Completa le frasi con il gerundio o l'infinito dei verbi.

1. Allora, che state (fare) _____?

2. Io sto (suonare) _____ la chitarra e Marcello sta (cantare) _____.

   E tu? Non stai (parlare) _____ troppo, se hai mal di gola?

3. Sì, ma mi sto (annoiare) _____. Preferirei (leggere) _____

   o (guardare) _____ la TV, ma mi fanno male gli occhi. Vi sto (telefonare)

   _____ dal letto.

4. Forse (bere) _____ molto succo d'arancia potresti stare meglio.

5. E voi, cosa volete (bere) _____ e (mangiare) _____ questo

   pomeriggio?

6. Con la pizza preferiamo (bere) _____ la Coca-cola.

7. C'è qualcuno che sta (ballare) _____?

8. Certo, anche (parlare) _____ con te continuiamo a ballare!

Il condizionale passato

The past conditional (*I would have bought, I would have eaten*) expresses past wishes, intentions, and possibilities that can no longer be realized.

Avrei preferito studiare musica.	*I would have preferred to study music.*

1. The past conditional is formed with the present conditional of **avere** or **essere** + *the past participle* of the verb. As in the **passato prossimo**, transitive verbs are conjugated with **avere**; intransitive, reflexive, and reciprocal verbs are conjugated with **essere**. When the verb is conjugated with **essere**, the past participle agrees in gender and number with the subject. When the verb is conjugated with **avere**, it agrees with the direct-object pronoun if one is used.

— **Hai mangiato** il gelato?	— *Did you eat the ice cream?*
— No, ma lo **avrei mangiato** volentieri.	— *No, but I would have liked to eat it!*
Avrei giocato a calcio tutto il pomeriggio.	*I would have played soccer the whole afternoon.*
Sarebbero venuti anche a piedi.	*They would have even come by foot.*

	pagare	partire	alzarsi
io	avrei pagato	sarei partito/a	mi sarei alzato/a
tu	avresti pagato	saresti partito/a	ti saresti alzato/a
lui/lei	avrebbe pagato	sarebbe partito/a	si sarebbe alzato/a
noi	avremmo pagato	saremmo partiti/e	ci saremmo alzati/e
voi	avreste pagato	sareste partiti/e	vi sareste alzati/e
loro	avrebbero pagato	sarebbero partiti/e	si sarebbero alzati/e

2. The past conditional is also used to express a future action from a past point of view. English, by contrast, uses the present conditional in such cases.

Sapevo che **sarebbe venuto** a trovarmi il giorno dopo.	*I knew he would come to visit me the next day.*
Mi ha scritto che **sarebbe partito** presto.	*He wrote me that he would leave soon.*
Hanno detto che **avrebbero portato** i CD.	*They said that they would bring the CDs.*
Gli abbiamo telefonato che **saremmo arrivati** tardi.	*We called him (to say) that we would arrive late.*

3. The past conditional of **dovere** expresses the English *should have (ought to)* + *past participle*.

Avresti dovuto studiare prima degli esami.	*You should have studied before your exams.*
Si sarebbe dovuto vestire meglio per la festa.	*He should have dressed better for the party.*

4. The past conditional of **potere** expresses the English *could (might) have* + *past participle*.

Non **avrei potuto** mangiare più niente.	*I could not have eaten anything else.*
Sareste potuti arrivare in tempo!	*You could have arrived on time!*

5. The past conditional of **volere** expresses the English *would have liked* + *infinitive*.

Avrei voluto studiare all'università.	*I would have liked to go to college.*
Avrebbero voluto parlargli.	*They would have liked to talk to him.*

GE.07 Le promesse. La tua migliore amica è andata a studiare in Italia. Prima di partire ha fatto molte promesse. Riscrivi le frasi e spiega cosa ha promesso. Usa il condizionale passato.

ESEMPIO: Scriverò ogni giorno.
Ha promesso che avrebbe scritto ogni giorno.

1. Spenderò poco.

_____

2. Studierò molto.

_____

3. Tornerò a casa prima di Pasqua.

_____

4. Cercherò un lavoro.

_____

5. Telefonerò una volta alla settimana.

_____

6. Mi addormenterò sempre presto.

_____

7. Parlerò solo italiano.

_____

8. Non andrò sempre in macchina.

_____

GE.08 È troppo tardi. Il weekend è finito e nessuno ha fatto le cose che avrebbe dovuto fare. Completa le frasi con il condizionale passato dei verbi **dovere**, **potere** e **volere**.

1. Giuseppe (dovere) _____ portare la spazzatura fuori.

2. Tu (potere) _____ pulire la casa.

3. Carlotta (volere) _____ andare al cinema.

4. Tu e Gianna (dovere) _____ fare i compiti d'italiano.

5. Luisa e Marco (dovere) _____ prepararsi per il nuovo lavoro.

6. Noi (volere) _____ vedere alcuni amici.

7. Silvio (potere) _____ chiedere un consiglio a sua madre.

8. Voi (potere) _____ passare il weekend al mare.

9. Tu (dovere) _____ partire per l'Italia ma il tuo volo è stato cancellato.

10. Io e Giorgio (volere) _____ arrivare puntuali a casa di Anna.

Il congiuntivo trapassato

The pluperfect subjunctive, **il congiuntivo trapassato,** is formed with the imperfect subjunctive of **avere** or **essere** + *the past participle* of the verb. As in the **passato prossimo,** transitive verbs are conjugated with **avere;** intransitive, reflexive, and reciprocal verbs are conjugated with **essere.** When the verb is conjugated with **essere,** the past participle agrees in gender and number with the subject. When the verb is conjugated with **avere,** it agrees with the direct-object pronoun if one is used.

Pensavo che **fossero arrivati** prima di noi.		*I thought they arrived before us.*
Credeva che io **avessi già visto** quel film.		*He thought I had already seen that movie.*

	lavorare	venire	vestirsi
che io	avessi lavorato	fossi venuto/a	mi fossi vestito/a
che tu	avessi lavorato	fossi venuto/a	ti fossi vestito/a
che lui/lei	avesse lavorato	fosse venuto/a	si fosse vestito/a
che noi	avessimo lavorato	fossimo venuti/e	ci fossimo vestiti/e
che voi	aveste lavorato	foste venuti/e	vi foste vestiti/e
che loro	avessero lavorato	fossero venuti/e	si fossero vestiti/e

1. The pluperfect subjunctive is used when the verb in the main clause is in a past tense and requires the subjunctive. It expresses an action that took place before that of the main clause.

Sperava che noi **fossimo già arrivat.**	*He was hoping we had already arrived.*
Ho creduto che voi **aveste prenotato** il ristorante.	*I thought you had made a reservation at the restaurant.*
Era impossibile che **avessero capito** tutto.	*It was impossible they had understood everything.*
Avevo paura che **fossero partiti** senza i passaporti.	*I was afraid they had left without their passports.*

2. The pluperfect subjunctive is also used when the verb in the main clause is in the conditional and the action of the dependent clause took place before the action of the main clause.

Vorrei che tu non **avessi creduto** alla sua storia.	*I wish you had not believed his story.*
Avrei preferito che tu non **fossi andato.**	*I would have preferred that you had not gone.*

GE.09 Non lo sapevo che... Cambia le seguenti affermazioni dalla certezza al dubbio. Riscrivi le frasi usando un verbo che richiede il congiuntivo trapassato e fa' tutti i cambiamenti necessari.

ESEMPIO: Sapevo che era partito.
Non credevo che fosse partito.

1. Ha detto che non erano partiti.

_____

2. Era vero che non si erano svegliati tardi.

_____

3. Era chiaro che aveva mangiato troppo.

_____

4. Ho saputo che eri andata al cinema.

_____

5. Diceva che eravate tornati tardi.

_____

6. Era evidente che non avevo capito.

_____

7. Era ovvio che non avevamo dormito abbastanza.

_____

8. Sapevo che avevi fatto un viaggio.

_____

GE.10 I dubbi. Usa le espressioni in parentesi e rispondi alle domande con il congiuntivo trapassato facendo tutti i cambiamenti necessari.

ESEMPIO: Era nato a Genova? (Credevo)
Credevo che fosse nato a Genova.

1. Era arrivato molto tardi? (Era impossibile)

_____

2. Erano partiti senza di lui? (Marco aveva paura)

_____

3. Anna era andata in crociera? (Era strano)

_____

4. Avevate scelto l'albergo sbagliato? (Dubitavano)

_____

5. Avevate perso le valigie? (Pensavano)

_____

6. Avevi già prenotato il volo? (Luisa credeva)

_____

GE.11 Ti ricordi? Tu e i tuoi amici ricordate una gita che avete fatto al mare molto tempo fa. Completa le frasi con la forma corretta del congiuntivo trapassato.

1. Credevo che voi (portare) _____ da bere.

2. Luigi pensava che tu (venire) _____ da solo.

3. Non sapevamo che Anna e Luigi (fidanzarsi) _____ .

4. Era strano che Paola e Chiara non (portare) _____ il costume da bagno!

5. Sembrava che Marco (finire) _____ la benzina.

6. Pensavo che la tua amica americana (arrivare) _____ in treno.

7. Avremmo preferito che le tue sorelle non (venire) _____ . Sono troppo piccole!

8. Era incredibile che i miei genitori mi (dare) _____ il permesso di venire.

Il congiuntivo con le congiunzioni

The following conjunctions are always followed by verbs in the subjunctive.

affinché	*so that*
perché	
benché	
sebbene	*although, even though*
nonostante che	
a meno che non	*unless*
prima che	*before*
a condizione che	*provided*
purché	*that*
senza che	*without*

Sta facendo molti sacrifici **perché** i figli continuino a studiare.	*He is making many sacrifices so that his children continue to study.*
Hanno comprato una macchina nuova, **sebbene** non abbiano molti soldi.	*They bought a new car, even though they don't have much money.*
Questa sera vado al cinema, **a meno che non sia** troppo stanco.	*Tonight I will go to the movies, unless I'm too tired.*
Prepariamo tutto **prima che** arrivino!	*Let's prepare everything before they arrive!*
Veniamo a cena da voi, **purché** non lavoriate troppo.	*We will come to your place for dinner, provided that you don't work too hard.*
Abbiamo fatto una festa a sorpresa per Marisa, **senza che** lei lo capisse.	*We had a surprise party for Marisa, without her realizing it.*

1. **Perché** can mean *because* or *so that*. When it means *because*, it is followed by a verb in the indicative. When it means *so that*, it is followed by a verb in the subjunctive.

Mangio perché **ho** fame. *I'm going to eat because I'm hungry.*

Lavoro perché **possano** mangiare. *I work so they can eat.*

2. **Prima che** and **senza che** are followed by the subjunctive only when the subjects of the two clauses are different. When the subject is the same, **prima di** and **senza** + *infinitive* are used.

Sono arrivati **prima che** io fossi pronta. *They arrived before I was ready.*

Ti telefono **prima di** partire. *I will call you before I leave.*

Sono partiti **senza che** noi li vedessimo. *They left without our seeing them.*

Siamo partiti **senza** vederli. *We left without seeing them.*

GE.12 Perché...? Usa la congiunzione in parentesi per unire le frasi che seguono. Fa' tutti i cambiamenti necessari.

ESEMPIO: Faccio una passeggiata. Piove. (sebbene)
Faccio una passeggiata sebbene piova.

1. Scrivo ai miei cugini. Vengono per la mia laurea. (affinché)

_____

2. Studia con me. Gli spiego la matematica. (perché)

_____

3. Salutiamo i genitori. Partono per le vacanze. (prima che)

_____

4. Compra i biglietti per il concerto. Luisa gli dà i soldi. (purché)

_____

5. Perché suonate il piano? Preferite la chitarra? (benché)

_____

6. Ti presto i miei CD. Tu non me lo chiedi. (senza che)

_____

GE.13 L'opera. Tu ed alcuni amici parlate di andare all'opera. Completa le frasi con una delle congiunzioni della lista.

purché	benché	nonostante
prima che	senza che	a condizione che

1. Pensate che ci siano ancora posti _____ sia l'ultimo giorno?

2. Ho paura che avremmo dovuto comprare i biglietti _____ fosse cosí tardi!

3. Come avremmo potuto, _____ confermassero la data!

4. Pensi che Andrea Bocelli canterà _____ abbia l'influenza?

5. Penso di sì, _____ non abbia la febbre alta.

6. Allora, vado io a comprare i biglietti per tutti, _____ mi diate i soldi subito.

Frasi ipotetiche al passato

If sentences that indicate situations no longer possible (*If you had slept better, you would feel fine. / If you had seen him, he would have told you.*), are expressed in Italian by using **se** + *the pluperfect subjunctive* and the present or past conditional in the result clause.

Sarei di buon umore, **se avessi dormito** di più.   *I would be in a good mood, if I had slept more.*

Se lo **avessimo saputo** in tempo,   *If we had known on time, we would have come*
   saremmo venuti a trovarti.   *to visit you.*

Se clause	Main clause
Pluperfect subjunctive	Present conditional
	Past conditional

Note that the conditional is used in the main clause, never after **se**.

GE.14 Troppo tardi! Cambia le frasi seguenti al passato.

ESEMPIO: Se sapessi sciare, verrei con voi.
   Se avessi saputo sciare, sarei venuto con voi.

1. Se tu sapessi il prezzo, non lo compreresti.

_____

2. Se parlassimo la stessa lingua, ci capiremmo meglio.

_____

3. Se avesse tempo, ci scriverebbe ogni giorno.

_____

4. Se arrivaste tardi, ci telefonereste.

_____

5. Se potessi farti un favore, te lo farei volentieri.

_____

6. Se volessero, potrebbero benissimo prestarci la macchina.

_____

GE.15 Se... Completa le frasi con il tempo corretto del congiuntivo o del condizionale e indica come le cose in passato sarebbero potute andare diversamente fra te e un'amica. Fa' tutti i cambiamenti necessari.

ESEMPIO: Se lei mi avesse chiesto scusa...
Se lei mi avesse chiesto scusa, *le avrei chiesto scusa anch'io.*

1. Le avrei telefonato, se anche lei mi...

_____

2. Se lei mi avesse scritto, anch'io le...

_____

3. Se fosse passata da casa mia, anch'io...

_____

4. Avrei ricordato il suo compleanno, se anche lei...

_____

5. Le avrei comprato un regalo di Natale, se anche lei...

_____

6. Se lei non avesse parlato male di me, io non...

_____

GE.16 Cosa avresti fatto? Prepara una lista di quattro cose che non hai fatto l'anno scorso e indica perché non le hai fatte. Poi scrivi frasi con il **se** per indicare come sarebbero potute andare le cose.

ESEMPIO: fare una crociera
Non ho fatto una crociera. Non avevo soldi.
Avrei fatto una crociera se avessi avuto soldi.

1. _____

_____

2. _____

_____

3. _____

_____

4. _____

_____

Il congiuntivo dopo il superlativo relativo

A verb in the subjunctive follows the relative superlative.

È il ristorante **più caro che ci sia** in città.   *It's the most expensive restaurant that is in the city.*
È la città **piu bella che abbia mai visto!**   *It's the most beautiful city I have ever seen!*

GE.17 Il viaggio in Italia. Alcuni amici ti fanno tante domande su quello che hai visto e che hai fatto in Italia. Rispondi usando il congiuntivo passato con il superlativo relativo.

ESEMPIO: Conosci un buon ristorante a Firenze? (Sabatini)
Sabatini è il ristorante più buono che io conosca a Firenze.

1. Hai visto una bella piazza? (Piazza di Spagna)

_____

2. Hai ascoltato un'opera interessante? (*Aida*)

_____

3. Hai visitato una grande città? (Milano)

_____

4. Hai preso un treno veloce? (L'Eurostar)

_____

5. Hai fatto una vacanza faticosa? (Questa vacanza)

_____

6. Hai visto un affresco famoso a Roma? (*Il Giudizio universale*)

_____

Fare + l'infinito

Fare + *the infinitive* is used to express *to have something done* or *to have someone do something.*

Riparo la macchina.	*I fix the car.*
Faccio riparare la macchina.	*I have the car fixed.*
Si è tagliato i capelli.	*He cut his hair.*
Si è **fatto tagliare** i capelli.	*He had his hair cut.*

1. Object pronouns usually precede **fare.**

Faccio prenotare il ristorante; **lo faccio** prenotare per le otto di sera.	*I have the restaurant reserved; I have it reserved for eight o'clock in the evening.*
Voglio far leggere dei racconti; voglio **farli** leggere per lunedì.	*I want to have some stories read; I want to have them read for Monday.*

2. When the **fare** + *the infinitive* construction has only one object, it is a direct object. When the construction has two objects, the *thing* is a direct object and the *person who acts* is an indirect object.

Faccio scrivere Carlo; **lo faccio** scrivere prima di uscire.	*I have Carlo write; I have him write before going out.*
Faccio scrivere le cartoline; **le faccio scrivere** subito.	*I have the cards written; I have them written immediately.*
Faccio scrivere le cartoline a Marco; **gliele faccio** scrivere prima della partenza.	*I have Marco write the postcards; I have him write them before our departure.*
Non vi facciamo vedere film violenti; non **ve li facciamo** vedere mai.	*We won't have you watch violent movies; we never have you watch them.*

3. Farsi + *the infinitive* is used to express *to have something done for oneself*. If the person or the name of the person performing the action is expressed, it is preceded by **da**.

Ci facciamo comprare le riviste.	*We have the magazines bought for us.*
Ti fai tagliare i capelli dal parrucchiere.	*You have your hair cut by the hairdresser.*

4. When **fare** + *the infinitive* is used in a compound tense, the past participle **fatto** agrees in gender and number with the direct object. **Farsi** + *the infinitive* is always conjugated with **essere** in compound tenses.

I giornali? **Li ho fatti** comprare.	*The newspapers? I had them bought.*
Le scarpe? **Me le hanno fatte** misurare in fretta.	*The shoes? They made me try them on in a hurry.*
I capelli? **Se li è fatti** tagliare dal parrucchiere.	*His hair? He had it cut by the hairdresser.*

GE.18 A chi lo fa fare? Usa i seguenti elementi e scrivi delle frasi complete per spiegare chi fa che cosa per le persone che seguono. Usa **fare** + l'infinito.

ESEMPIO: Il professore / scrivere le frasi / studenti
Il professore fa scrivere le frasi agli studenti.

1. La professoressa / fare le fotocopie / la segretaria

_____

2. Il direttore / mandare le mail / me

_____

3. Il fotografo / stampare le fotografie / te

_____

4. La manager / scrivere le lettere / assistente

_____

5. I genitori / lavare i piatti / i figli

_____

6. La dottoressa / fare le analisi / infermiera

_____

GE.19 L'ho già fatto fare. Rispondi alle domande e spiega a chi hai fatto fare le seguenti cose. Usa **fare** + l'infinito.

ESEMPIO: Hai preparato la torta? (Mario)
L'ho fatta preparare a Mario. o
La ho fatta preparare a Mario.

1. Hai scritto il tema? (mia sorella)

_____

2. Hai spedito le lettere? (mio fratello)

_____

3. Hai lavato la macchina? (meccanico)

_____

4. Hai comprato i dolci? (Luisa)

_____

5. Hai pagato i biglietti? (un'amica)

_____

6. Hai fatto la prenotazione? (agenzia)

_____

7. Hai pulito la stanza? (Giovanni)

_____

8. Hai fatto i biscotti? (mia nonna)

La forma passiva

In the active voice, the subject of the sentence performs the action.

I cittadini **eleggono** il presidente?   *Do citizens elect the president?*

In the passive voice, **la forma passiva**, the subject of the sentence is acted upon.

Il presidente **è eletto** dai cittadini?   *Is the president elected by citizens?*

The passive voice in Italian is formed the same as in English. It consists of a form of **essere** in the required tense + *the past participle* of the verb. The past participle agrees in gender and number with the subject of the sentence. If expressed, the agent (the person or people performing the action), is introduced by the preposition **da**.

soggetto + **essere** + participio passato (+ **da** + persona)

Il presidente **sarà eletto** da tutti i cittadini?   *Will the president be elected by all citizens?*

Il Presidente del Consiglio non è **nominato** dal presidente.   *The Prime Minister is not nominated by the president.*

Le elezioni **sono state vinte** dal centrosinistra.   *The elections were won by the left-centerists.*

Penso che questa legge **sia stata scritta** per risolvere il problema della droga.   *I think that this law has been written to solve the drug problem.*

The passive voice can consist of two words in the case of simple tenses (*was read*), or of three words in the case of compound tenses (*had been read*). In compound tenses, both participles agree in number and gender with the subject of the sentence.

Active: Gli italiani **mangiano** la pasta.   **Active:** I ragazzi **avranno mangiato** la pasta.

Passive: La pasta è **mangiata** dagli italiani.   **Passive:** La pasta **sarà stata mangiata** dai ragazzi.

GE.20 Cosa è stato fatto? Riscrivi le seguenti frasi cambiando dalla forma attiva alla forma passiva. Fa' tutti i cambiamenti necessari.

ESEMPIO: I partiti formano una nuova coalizione.
          Una nuova coalizione è formata dai partiti.

1. Michelangelo ha scolpito il *Davide*.

   _____

2. Botticelli ha dipinto *La primavera*.

   _____

3. Alessandro Manzoni riscrive *I promessi sposi* a Firenze.

   _____

4. Chi vincerà le prossime elezioni?

   _____

5. Il Senato e la Camera dei deputati formano il Parlamento italiano.

   _____

6. Gli italiani hanno approvato la costituzione.

   _____

GE.21 Le feste natalizie. Un'amica ti chiede chi ha fatto e chi farà le seguenti cose a casa tua. Rispondi alle domande con la forma passiva del verbo e indicando l'agente.

ESEMPIO: Chi prepara la cena di Natale? (mia madre)
          La cena di Natale è preparata da mia madre.

1. Chi ha comprato i regali per i bambini? (i miei genitori)

   _____

2. Chi ha addobbato l'albero di Natale? (mio fratello)

   _____

3. Chi farà i biscotti? (la nonna)

   _____

4. Chi preparerà la tavola? (mia sorella)

   _____

5. Chi mangia il panettone? (tutti)

   _____

6. Chi canta le canzoni natalizie? (una cugina)

   _____

7. Chi ha ricevuto molti regali? (mio nonno)

   _____

8. Chi porterà i giocattoli ai bambini il 6 gennaio? (la Befana)

   _____

9. Chi ha cucinato i ravioli? (mio zio)

   _____

10. Chi ha portato lo spumante? (gli zii)

   _____